プロフィシェンシーと日本語教育

鎌田修　山内博之　堤良一　編

ひつじ書房

はじめに

　プロフィシェンシーという言葉を日本語教育の現場に運び込んだのは、おそらく OPI であろう。OPI とは、言うまでもなく、Oral Proficiency Interview のことであり、その中心に位置するものがプロフィシェンシー（proficiency）である。

　当初は、OPI の付属物であるかのように見られたプロフィシェンシーであるが、OPI に対する理解が深まるにつれ、また、OPI が客観的に観察されるようになるにつれ、プロフィシェンシーそのものにも注目が集まるようになってきた。それがシンポジウムという形に結実したのが、2006 年 6 月に南山大学で行なわれた『プロフィシェンシーと日本語教育―日本語の総合的能力の研究と開発をめざして―』である。本書は、このシンポジウムがきっかけとなって生まれることとなった。

　本書は、3 部から構成されている。第 1 部は「プロフィシェンシーとは何か」、第 2 部は「プロフィシェンシーのインパクト」、第 3 部は「プロフィシェンシーと教室活動」である。

　まず、第 1 部冒頭の鎌田論文「ACTFL-OPI における"プロフィシェンシー"」では、プロフィシェンシーの本家とも言える ACTFL-OPI におけるプロフィシェンシーの考え方が述べられている。まさに、これが、日本語教育におけるプロフィシェンシーの出発点であると言える。

　続く坂本論文では、「第二言語習得研究からの視点」と題し、そのタイトルのとおり、第二言語習得研究からの視点でプロフィシェンシーを眺めている。プロフィシェンシーと日本語教育は、OPI という 1 点において結びつくものではなく、学習者の日本語習得という、日本語教育の主目的であるとも考えられる広範な事柄を通して結びつくものであることが、この論文では示されている。

次の宇佐美論文「『伝達意図の達成度』『ポライトネスの適切性』『言語行動の洗練度』から捉えるオーラル・プロフィシェンシー」は、プロフィシェンシーの中身・内容について、OPIとは異なる、新たな提案を行なうものである。OPIにおけるプロフィシェンシーは、概ね「伝達意図の達成度」という範疇に収まるものであったが、宇佐美氏は、さらに「ポライトネスの適切性」と「言語行動の洗練度」をプロフィシェンシーの射程に含めるべきであるとの主張を行なっている。

第1部の最後に掲載されている春原論文「社会文化的プロフィシェンシーとは何か―社会的交渉を可能にする公共的プロフィシェンシー試論―」では、さらに広い視点からプロフィシェンシーがとらえられている。ここでは、プロフィシェンシーが個人内にとどまる能力ではなく、コミュニティの力であるということまでが論じられている。冒頭の鎌田論文を最も狭義のプロフィシェンシー論であるとすれば、それと対極をなす、この春原論文は、現時点での最も広義のプロフィシェンシー論であると考えられる。

以上のように、第1部では、「プロフィシェンシーとは何か」ということについて、4つの観点から議論が行なわれているが、それに続く第2部では、「プロフィシェンシーのインパクト」に議論の焦点が移る。

第2部の最初の論文は、嶋田論文「プロフィシェンシーを軸にした教教育―OPIの手法を活かして―」である。この論文では、OPIの中心に位置するプロフィシェンシーの考え方が、日本語教師の能力の向上に大きく貢献し得ることを、豊富な事例を挙げて論じている。教師研修という分野においては、プロフィシェンシー及びOPIの、かなりダイレクトなインパクトが見込めるようである。

次の迫田論文「第二言語習得研究におけるリサーチデザインとプロフィシェンシー」は、第二言語習得研究を行なう際に研究者が陥りやすい盲点について、プロフィシェンシーの視点から解説するものである。プロフィシェンシーと第二言語習得の関わりについては、第1部の坂本論文でも述べられているが、両者の関わりの深さを実感させられる論文である。

第2部の最後が、堤論文「プロフィシェンシー研究と言語研究の接点―間投詞アノ・ソノの考察を通して―」である。堤論文では、プロフィシェンシー

の考え方を言語研究に取り入れることにより、間投詞のアノとソノの違いをクリアに描き出せるようになることを示している。第1部の春原論文は、本書の中では最もマクロな視点を持つものであるが、堤論文は、それとは対極に位置しており、本書の中では最もミクロな視点を持つものであると言える。

　以上のように、第2部では「プロフィシェンシーのインパクト」、具体的には、①教師研修、②第二言語習得研究、③言語研究のそれぞれへのインパクトについて論じるが、第3部では、「プロフィシェンシーと教室活動」について述べる。

　最初の論文が、山内論文「『話』技能ガイドライン試案」である。ここでは、OPIのガイドラインに、語彙・文法という日本語の言語形式を加え、さらに、具体的な言語活動の事例も添えた形での、新たな「話」技能ガイドラインの提示が行なわれている。

　次のボイクマン論文「『聞いて話す』プロフィシェンシーとその養成のための教室活動」では、まず「配慮のある話し方」という点でOPIのガイドラインには問題があることが指摘され、それを踏まえた上で、どのように聞いてどのように話せばよいのか、という点に関し、具体的な教室活動案が提示されている。

　最後の論文は、由井論文「プロフィシェンシーと書く能力の開発―機能を考慮した作文教育を目指して―」である。由井論文においては、文書が持つ機能から、文書の中で使用される語彙までを考慮した作文教育のあり方が論じられ、その結論としての教材例が提示されている。

　以上の3つが、第3部に掲載された論文である。読者からの批判を受けることになるかもしれないが、何らかの具体的な提案がなされていることが、第三部の論文の特徴である。

　「プロフィシェンシーとは何か」「プロフィシェンシーのインパクト」「プロフィシェンシーと教室活動」という三部で構成された本書のテーマは、「プロフィシェンシーの自立と発展」である。今後、様々な面からのプロフィシェンシー研究の成果が、OPIという枠組みを超えて、どこまで広く、どこまで深く日本語教育に浸透していくのであろうか。それが編者らの最大の

関心事であり、楽しみでもある。本書を読んでくださったみなさまと、その楽しみを共有していきたいと思う。

2009 年春

鎌田　修
山内博之
堤　良一

目　次

はじめに
　鎌田　修・堤　良一・山内博之 ———————————— i

第1部　プロフィシェンシーとは何か

第1章　ACTFL-OPI における"プロフィシェンシー"
　　鎌田　修 ———————————————————— 3
　1. はじめに …………………………………………………… 3
　2. OPI の構造―概略 ………………………………………… 4
　3. Tester Training Manual にみる Proficiency …………… 6
　4. ガイドラインに見る"proficiency" ……………………… 9
　5. プロフィシェンシーの構成概念 ………………………… 11
　6. 問題点―言語活動遂行能力、文化能力、plurilingualism など ……… 16
　7. まとめ ……………………………………………………… 18

第2章　第二言語習得研究からの視点
　　坂本　正 ———————————————————— 21
　1. はじめに …………………………………………………… 21
　2. プロフィシェンシーとは ………………………………… 22
　3. コミュニケーション能力とプロフィシェンシー ……… 23
　4. プロフィシェンシーと OPI ……………………………… 25
　5. プロフィシェンシーの習得 ……………………………… 27
　6. 第二言語教育の目標 ……………………………………… 27

7. プロフィシェンシーと臨界期 …………………………………… 28
   8. プロフィシェンシー研究の必要性 ……………………………… 29
   9. おわりに …………………………………………………………… 30

第3章　『伝達意図の達成度』『ポライトネスの適切性』『言語行動の洗練度』から捉えるオーラル・プロフィシェンシー

宇佐美まゆみ ———————————————————————— 33
  1. はじめに …………………………………………………………… 33
  2. 談話研究の成果に基づく視点を生かした「プロフィシェンシー」の捉え方 ……………………………………………………… 34
  3. 談話研究の観点からの会話の分析例 …………………………… 42
  4. 談話研究の成果に基づく観点が、これからの日本語教育に貢献できること ……………………………………………………………… 61
  5. おわりに …………………………………………………………… 62

第4章　社会文化的プロフィシェンシーとは何か
　　　　—社会的交渉を可能にする公共的プロフィシェンシー試論—

春原憲一郎 ———————————————————————— 69
  1. はじめに …………………………………………………………… 69
  2. 前提 ………………………………………………………………… 69
  3. 問い1：プロフィシェンシー／この力の所有者はだれか？
     仮説1：間主体的に分かちもたれる能力 ……………………… 72
  4. 問い2：豊かなプロフィシェンシーとは何か？
     仮説2：関係の豊かさへ ………………………………………… 73
  5. 問い3：多言語多文化的プロフィシェンシーとは？
     仮説3：多文化共生から多言語多文化交渉へ ………………… 79
  6. おわりに—世界を生みだす豊かな力としてのプロフィシェンシー ……… 95

第2部　プロフィシェンシーのインパクト

第5章　プロフィシェンシーを軸にした教師教育
― OPI の手法を活かして ―

嶋田和子 ———————————————————— 101
1. はじめに …………………………………………………… 101
2. プロフィシェンシーと日本語教師 ……………………… 102
3. OPI の教師研修への応用 ………………………………… 106
4. 会話試験開発と教師研修 ………………………………… 113
5. ロールプレイ研究と教師研修 …………………………… 117
6. 「学びの共同体」としての学校作り …………………… 118
7. まとめと今後の課題 ……………………………………… 120

第6章　第二言語習得研究におけるリサーチデザインとプロフィシェンシー

迫田久美子 ———————————————————— 125
1. はじめに …………………………………………………… 125
2. 調査対象者について―母語転移の研究から― ………… 125
3. 調査方法について―文法習得・指導効果の研究から― … 128
4. 調査結果について―異なった学習環境の研究から― … 133
5. おわりに …………………………………………………… 139

第7章　プロフィシェンシー研究と言語研究の接点
―間投詞アノ・ソノの考察を通して―

堤　良一 ———————————————————— 143
1. プロフィシェンシーと OPI …………………………… 144
2. OPI を応用した言語研究 ………………………………… 146
3. 間投詞アノ・ソノ ………………………………………… 149
4. 非母語話者のアノ・ソノ ………………………………… 156

5. おわりに ……………………………………………………………… 160

第3部　プロフィシェンシーと教室活動

第8章　「話」技能ガイドライン試案
山内博之 ——————————————————————— 167
1. 言語活動のプール ………………………………………………… 167
2. 改善案 ……………………………………………………………… 169
3. レベルについて …………………………………………………… 170
4. 文法について ……………………………………………………… 171
5. 語彙について ……………………………………………………… 175
6. 言語活動の領域について ………………………………………… 180
7. まとめ ……………………………………………………………… 183

第9章　「聞いて話す」プロフィシェンシーとその養成のための教室活動
ボイクマン総子 —————————————————————— 189
1. はじめに …………………………………………………………… 189
2. 会話における「聞いて話す」プロフィシェンシー …………… 190
3. 配慮のある話し方 ………………………………………………… 196
4. 配慮とプロフィシェンシーと教室活動 ………………………… 209
5. おわりに―教師ができること …………………………………… 214

第10章　プロフィシェンシーと書く能力の開発
―機能を考慮した作文教育を目指して―
由井紀久子 ——————————————————————— 221
1. はじめに …………………………………………………………… 221

2. ACTFLライティングの評価基準 …………………………………… 222
3. プロフィシェンシーを高めるための作文教育試案 …………… 225
4. プロフィシェンシーをより高めるための日本語教育 ………… 231
5. プロフィシェンシーを高めるための教材 ……………………… 235
6. おわりに ………………………………………………………… 239

あとがき ……………………………………………………………… 245

第1部

プロフィシェンシーとは何か

第 1 章
ACTFL-OPI における
"プロフィシェンシー"

鎌田　修

1. はじめに

　本章は Oral Proficiency Interview(「面接式口頭能力測定」以下、OPI)の根幹をなす "proficiency"(プロフィシェンシー)という概念をその原点に立ち戻って考察することを目的にする。「プロフィシェンシー」は「アチーブメント」と対称的に用いられるテスティング用語であり、いわゆる、カリキュラムなどに左右されずに実施される「実力」の測定に関する概念である。一方、後者は、教科、あるいは、カリキュラムにおいて予め設定された学習事項をどれだけ達成したかを測る「達成テスト」(例えば、ユニットテスト)に関わる用語である。しかし、どのようなテストであれ、測るべき対象そのものの規定なくして、その能力差を示すことは不可能である。外国語の能力測定においても、まず、対象とする外国語能力とは何かという、その規定なくして、それに続く能力のレベル差を付けるということはできない。外国語の能力テストとして極めて高い妥当性が認められる OPI におけるプロフィシェンシーの意味を探ることは、本書で繰り広げられる議論にとって、ひとつの礎になるのではないかと思われる。
　筆者は 1980 年代初期、OPI がまだ公式に実施されていなかった頃、米国北東部にある外国語教育で有名な M 大学の夏季集中講座を担当していた。そこでは、OPI の実施を促進すべく American Council on the Teaching of Foreign Languages(「米国外国語教育協会」以下、ACTFL)が何度となく

そのためのワークショップを行い、筆者もそれらに参加する機会を得た。対象は、フランス語、スペイン語等主要外国語の教員のみならず、我々、日本語、中国語の東洋言語の教員も含めた極めて国際的な集まりであった。実際、ACTFL-OPI が目指している外国語能力規定は汎言語的なものであり、そのときのワークショップも極めて挑戦的で、かつ、刺激的であった。本章は、筆者のそのような経験を含め、これまで刊行された OPI テスター養成マニュアルと ACTFL Oral Proficiency Guidelines を再び観察することで、OPI におけるプロフィシェンシーの基本的理念を掘り下げたい。

　本章の構成は、まず、OPI になじみの薄い読者のために、その概略を紹介する。それから、OPI のテスター養成マニュアルとしてもっとも古い 1982 年版 *ETS Oral Proficiency Testing Manual*[1]、さらに、それを大きく改正し ACTFL 自体の発行となった 1989 年版 *The ACTFL Oral Proficiency Training Manual*、そして、それを更に改定した 1999 年版 *The ACTFL Oral Proficiency Training Manual*、それら全てにおいて一貫して変わらない proficiency の概念を探る。また、そもそも proficiency とは外国語能力には高低があることを前提とした概念であり、そのレベル差がどのような考えに基づいているのかを知る必要がある。ACTFL Oral Proficiency Guidelines は、これまで 2 度の改定を経ているが、その前身である Defense Language Institute 作成による Oral Proficiency Guidelines から一貫して変わらない外国語能力評価観がある。本章の目的は、したがって、テスター養成マニュアルとプロフィシェンシー・ガイドラインを基に、proficiency とは何か、そして、それはどのような考えにおいて差別化されているのか、という 2 点を明らかにすることである。最後に、OPI の捉える proficiency の問題点をいくつか指摘し、今後の課題を探る。

2. OPI の構造—概略

　OPI とは、外国語の口頭能力を対面式("face-to-face")インタビューという手法によって測定するものである[2]。30 分という限られた時間内に[3]、被験者に最大の能力を発揮させ、その能力判定のために必要、最大限の発話デー

タ収集を図る。インタビューは被験者に及ぼす心理的影響を最小限にする方法で録音し、後程、そこで得られた発話データを *ACTFL Oral Proficiency Guidelines*（「プロフィシェンシー・ガイドライン」）に照らし合わせ、レベル判定を下す。能力レベルは、初級 "Novice"、中級 "Intermediate"、上級 "Advanced"、超級 "Superior" の4つに大別され、そのうち、初級、中級、上級には「－上／中／下（－ Low ／－ Mid ／－ High）」の下位区分があり、合計10段階のレベルが設定されている。

　ここで「外国語能力」の規定という意味で、注目に値するのは、最初のレベルを "Novice" と呼んでいる点である。微妙な違いとはいえ、"Beginning" ではない。前者は、ラテン語の novicius を語源に持ち、「新しい、初々しい、出来立て、新米」といったような意味合い[4]を持つが、後者は、古典的に有名な日本語教科書、*Beginning Japanese*（1962年 Eleanor Jorden 著）のタイトルにもあるように、学習・教育という背景をもった呼び方である。novice というのは、学習・教育という背景を持たない、むしろ、「言語使用」という観点からの用語と考えられる。実際、プロフィシェンシー・ガイドラインで使われている Novice, Intermediate, Advanced, Superior という区分けは、後程、詳しく見るように、一般の教科書や教育機関で使用されている Beginning, Intermediate, Advanced などといった「行政的」な意味合いのあるレベル分けとは全く異なるので注意が必要である。とりわけ、文型シラバスに基づいた教科書などで使われている「初級」「中級」「上級」などとは全く関係がないので注意が必要だ[5]。

　次に、インタビューの手順は OPI が公的に実施され始めた1980年代初頭から次の構造で行われ、現在もその形を保っている。

［OPI の構造］
(1) 　ウォームアップ：ウォームアップをしつつ、この間に簡単な会話ができるかどうか確かめる
　　　　⇩
(2) 　下限探し（フロアチェック）：容易なタスクを与え、被験者が楽に話せる下限レベルを確かめる

⇓⇑　・・・プロービング(細部調査)⁶：上限、下限がしっかり分かるまで繰り返す
(3)　上限探し(「突き上げ」)：難易度の高いタスクを与え、被験者が話すのに困難を感じるレベル(シーリング)を探る
⇓
(4)　ロールプレイ：面接とは異なるモードにおけるタスクをロールプレイとして与え、それまでの仮判定の検証を行う⁷
⇓
(5)　ワインダウン：被験者を満足させて面接から解放する

　通常、ウォームアップではお互いが自己紹介をし、被験者の身の回りに関する簡単な情報を得る。テスターはその間に、被験者のフロア(これより、下がることはないという下限レベル)を探し、だいたいの能力レベルの目安をつける。そして、それまでに集めた情報をもとに、上限レベル(シーリング)を探りはじめる。例えば、被験者がロンドン出身であるとすれば、ロンドンはどんな町か、それが簡単に説明できるようであれば、ロンドンの最近の政治的様子等(例：テロ対策、環境問題など)に言及し、市政府がどのような対策を打っているか、それについてどう思うかなど、「ら旋(spiral)」的に、難易度をあげていく。そのように、下限レベル、上限レベルの確認を繰り返し、仮判定を下す(もちろん、頭の中で)。そして、その仮判定を確認するために、インタビューモードではない、より現実場面に近いタスクとしてロールプレイを与える。仮判定の確認ができたら、ワインダウンとして締めくくる。

3.　Tester Training Manual にみる Proficiency

　前節では、OPI に関する非常に概略的な説明を行った。ここでは、OPI が測定の対象とする外国語能力、つまり、本章の中心的課題である、OPI で認識されている proficiency とは、そもそも何なのか、これまで三度にわたって改正されてきたテスター養成マニュアルを検討し、その問いに取り組

む。このマニュアルの目的は、言うまでもなく、OPIテスターの養成に当たって、まず、"proficiency"とは何であるかを示し、その理解を基に測定法を指導することである。実際、筆者を含め、50を超える言語のOPIテスター養成官が相当な数いるが、テスター養成に関わる質的コントロールはすべてこのマニュアルによって行われている。つまり、プロフィシェンシーとは何かの規定も、すべて、このマニュアルにおける記述を原点とするわけである。

　前述のごとく、ACTFLは、1982年、Educational Testing Service(ETS)から発行された *ETS Oral Proficiency Testing Manual* をもとに、1989年に *The ACTFL Oral Proficiency Training Manual* を作成、さらに、それを改正した1999年版のテスター養成マニュアルを出版してきた。そのうち、最もあたらしい *Tester Training Manual*（1999: 1）からの記述をまず紹介する。

"The ACTFL Oral Proficiency Interview, …, is a standardized procedure for the global assessment of <u>functional speaking ability</u>; i.e., it measures language production holistically…"
"ACTFL-OPIは・・・<u>機能的スピーキング能力</u>を総合的に評価するための標準化された方法、つまり、言語生産を全体的に測るもの、である。"（日本語訳及び下線、筆者）

　つまり、"functional speaking ability"（機能的スピーキング能力）というわけである。さらにこのマニュアルではproficiencyの特性を次のように強い表現で表す（ibid: 2）。

"In this assessment of functional language skills, it is <u>irrelevant to the tester when, where, why and under what conditions speakers learned the language.</u> The OPI is <u>not an achievement test</u> assessing a speaker's acquisition of various specific aspects of course and curriculum content. The OPI assesses language performance in terms of <u>the ability to use the language effectively and appropriately in real-life situations.</u> …"

"この機能的言語スキルの測定において、その話者が、いつ、どこで、なぜ、そして、どういう環境でその言語を学んだかということはテスターにとっては全く関係がない。OPIはあるコースやカリキュラムの特定の内容に関する習得を測るアチーブメントテストではない。OPIは現実生活における効果的で適切な言語使用能力という点における言語運用力を測るものである。"(日本語訳及び下線、筆者)

　被験者(外国語学習者)が「いつ、どこで、どのような環境で」その言語を学習したかは、機能的言語スキルの評価、つまり、OPIには無関係であること。また、OPIは教科学習における到達度を測るアチーブメントテストではなく、「現実の生活」において、いかに効果的、かつ、適切にことばを使用できるかを見る言語運用能力の測定である、という。学習環境を問わないということは、どんな教科書を使い、どんな教授法で、どんな先生に指導を受けたかを問題としない「実力テスト」だという主張である。
　このようにはっきりした機能的外国語能力観は、1982年版 *ETS Oral Proficiency Testing Manual*、さらにその前身で、1950年代に開発された *Manual for LS Oral Interview Workshops* (Pardee Lowe, Jr., Chief of Testing at the Language School of the Central Intelligence Agency)から継承されている。後者は政府機関(CIA)における語学学校(LS, Language School)で外交官等の実質的な外国語会話能力を測定するために作られたインタビューマニュアルである。外国の赴任地で現地の言語を使って十分任務が果たせるようにするのが目的であり、機能的言語能力観に立った能力測定が要求されるのも当然である。一方、それを「教育用」に改正した前者(1982年度版、TOEFL等を制作している教育研究機関であるETSによる制作)も、対象は宣教師やPeace Corp(平和部隊)等、海外派遣に赴く人たちの外国語能力測定であり、"The purpose of language proficiency testing is to assess the examinee's language performance in terms of the extent to which he or she is able to use the language effectively and appropriately in real-life situations." (*ETS Oral Proficiency Testing Manual* p.11:「言語プロフィシェンシーテストの目的は現実場面において、どの程度、効果的かつ適切にその言語が使えるかを調べることである」。筆者訳)という現実生活における運用能力を proficiency とみなすわけである。

このマニュアルをさらに「教育機関用」に改編したのが1989年版の *The ACTFL Oral Proficiency Training Manual* であり、機能的言語能力観はそこにもしっかりと引き継がれ、米国にて1980年代半ばから始まった"proficiency-oriented instruction"(プロフィシェンシー志向の指導)、さらに、*Standards for Foreign Language Learning*[8](『外国語学習のためのスタンダード』)の作成という動向に発展している。

4. ガイドラインに見る "proficiency"

前節で述べたプロフィシェンシー、つまり、「現実生活における機能的言語能力」を軸に外国語能力をレベル分けし、それぞれのレベルの能力が何を意味するのか、記述したものが ACTFL Proficiency Guidelines(以下、「ガイドライン」)である。まず、82年に暫定的なもの(*The ACTFL Provisional Proficiency Guidelines*)が発行され、そして、86年には最初の公式ガイドラインが、さらに、99年には現在の改訂版として出版された[9]。対面式で最大30分に及ぶインタビューの実施後、そこで得られたデータ、つまり、極めて個別的なデータに、より一般的(客観的)評価を下すために使われるのがガイドラインである。つまり、個別的でかつ具体的データに客観的・一般的な評価を下す際のガイドにするものである。OPIは被験者間の比較による「相対的評価」ではない。プロフィシェンシーという抽象的概念を基にした「基準準拠("criterion-based assessment")」による「絶対的評価」を下すための極めて大切なものであるが、ガイドラインの記述は、OPIを専門的に行うテスターのみならず、被験者、つまり、一般の外国語話者が読んでも理解できるように記述されている。

ここで、ガイドラインの全てを検討することは意図しないが、プロフィシェンシーの概念を理解する意味で、適当なところを何ヶ所か抜粋してみる。例えば、次の99年版ガイドラインからIntermediate-Low(「中級―下」)の記述を見てみよう。若干、長くなるので、その一部だけ取り上げる。

INTERMEDIATE LOW

Speakers at the Intermediate-Low level are able to handle successfully a limited number of underlined{uncomplicated communicative tasks} by creating with the language in straightforward social situations.（中略）At the Intermediate-Low level, speakers are primarily underlined{reactive} and struggle to answer direct questions or requests for information, but they are also able to ask a few appropriate questions.

　Intermediate-Low speakers express personal meaning by combining and recombining into short statements what they know and what they hear from their interlocutors. Their utterances are often filled with hesitancy（中略）. Their pronunciation, vocabulary and syntax are strongly influenced by their first language（中略）Intermediate-Low speakers can generally be understood by underlined{sympathetic interlocutors}, particularly by those accustomed to dealing with non-natives.

中級の下

「中級―下」レベルの話者は、単純な社会状況では、自分なりに文を作ることによって、限られた数の複雑でないコミュニケーション・タスクをうまく遂行することができる。（中略）「中級―下」レベルでは、話者は主として受け身であり、直接的な質問に答えたり求められた情報を提供しようとするので精一杯である。しかし、数は少ないが、適切な質問をすることもできる。

　「中級―下」の話者は、すでに知っていることと相手から聞いたことを組み合わせたり組み替えたりしながら短い文章を作って、自分の意図することを表現する。（中略）発音、語彙、統語などは、彼らの母語の影響を強く受けている。（中略）好意的な対話の相手、特に母語話者でない人に慣れている相手であれば、普通理解してもらえる。（訳は牧野成一監修『ACTFL-OPI Tester Training Manual』(2001 アルク) より抜粋。下線は筆者。）

下線部（"uncomplicated communicative tasks" "reactive" "sympathetic interlocutors"）等が示すように表現そのものは一般的なものではあるが、その奥には専門性のある意味が含まれているため、若干の説明が必要になる。OPIの最大の目的は的確な能力判定を下すことであり、テスター養成については、そのための訓練に相当の時間と労力を費やす。誰が、どこで、どの

ようなテスター養成を受けたとしても、同じ判定が可能な、いわゆる、高い"inter-rater reliability"(テスター間の信頼度)が要求され、それには、プロフィシェンシーという概念の理解とその具現化のプロセスを十分に理解することが必要となる。テスター養成マニュアルの目的は、正しくレベル判定ができる能力、被験者の言語運用能力を直接示すデータを最大限抽出できる能力、そして、それらを可能にするインタビュー構成能力の養成を大きな目的とし、とりわけ、最初の、レベル判定能力の養成が最も重要な課題となっている。つまり、プロフィシェンシーという概念が機能的言語運用能力であると同時に、それは常に「高低差」、あるいは平易な表現で言えば「良くできる」「あまりできない」とか「まあ、まあ」「へっちゃら」など「能力差」を示す要素を内包しているということの十分な理解を必須とする[10]。次に、そのプロフィシェンシーが内包する「能力差」とは何であるか、考察する。

5. プロフィシェンシーの構成概念

　OPI の最初の実施(つまり、82年版の暫定的ガイドラインに基づいた OPI)には、前述の *ETS Oral Proficiency Testing Manual* がまず用いられた。そして、暫定的ガイドラインが正式のものとなった86年版ガイドラインは、89年にそのための *OPI Testing Manual* が、さらに、99年版には現在も使われている *Testing Manual* が発行された。これらのマニュアルには様々な改定がなされているものの、評価の対象である言語活動そのものの捉え方は一貫している。それは、どのような言語活動も何らかの社会的場面("context")に置かれ、何らかの機能("function")と内容("content")を有し、それが、何らかの正確さ、言語形態("accuracy")を伴い表出するという考えである。いわゆる、"functional trisection"(82年版マニュアル)という概念である。さらに、89年版マニュアルから表層的な形を示すテキストの型("text type")を加え、総合的評価を下す形になった。以下、proficiency を決定するこれらの要素について、82年版、89年版、そして、99年版の全てのマニュアルをもとに説明を加える。

　なお、それぞれのマニュアルには、改定に伴う構成上の違いが存在するの

は事実である。例えば、今殆ど入手の難しい82年版は、他のマニュアルと比べ、原理的な説明にかなり多くのページが割かれているが、89年版以降は、マニュアルそのものの簡素化に伴い、むしろ、技術的なことに重きが置かれていると言えよう。また、82年版、89年版では能力の低いレベルから高いほうへと説明がなされているが、99年版は「大は小を兼ねる」という考えが更に徹底したためか、能力の高いほうから低いほうへと説明が移行している。前述の「テキスト・タイプ」の追加も99年版からのものである。ただ、proficiencyの構成概念そのものに関する根本的な考え方に変化はなく、また、それらに差異についてここで論じることは本章の目的ではなく、別の機会に譲ることになる。

5.1 「機能(function)」つまり「グローバル・タスク(global task)」ということについて

マニュアルは「機能」とは何かという根源的な点に直接触れることなく、しかし、多くの事例を挙げることにより、「機能＝グローバル・タスク」とする。そして、OPIとは言語を介してどのような「総合的タスク」が遂行できるか、その能力を測るものであるとする。それらの難易度を決定する概念として、次のような考えが82年版マニュアルから99年版マニュアルの全てに使われている。

(a) 身近なタスクであればあるほど、容易に遂行できる。
(b) 意味交渉がストレートなタスクから複雑なものになるに従い、難易度が増す。
(c) 予測性の高いタスクほど容易で、逆に、予測性が低いタスクほど、難易度が増す。
(d) 具体性が高いタスクほど容易で、逆に、抽象性の高いタスクほど、難易度が増す。

マニュアルにおいてこれらの考え方は以下のようにまとめられている。

表1：総合的タスクと機能

	GLOBAL TASKS OR FUNCTIONS
SUPERIOR	Discuss topics extensively, support opinions and hypothesize, deal with a linguistically unfamiliar situation （いろいろな話題について広範囲に議論したり、意見を裏付けたり、仮説を立てたり、言語的に不慣れな状況に対応したりすることができる）
ADVANCED	Narrate and describe in major time frames and deal effectively with an unanticipated complication （主な時制の枠組みの中で、叙述したり、描写したりすることができ、予期していなかった複雑な状況に効果的に対応できる）
INTERMEDIATE	Create with language, initiate, maintain, and bring to a close simple conversations by asking and responding to simple questions 自分なりの文を作ることができ、簡単な質問をしたり相手の質問に答えたりすることによって、簡単な会話なら自分で始め、続け、終わらせることができる）
NOVICE	Communicate minimally with formulaic and rote utterances, lists and phrases（丸暗記した型通りの表現や単語の羅列、句を使って、最小限のコミュニケーションをする）

5.2 「場面」(context)／「内容」(content)について

総合的タスクが行われる場面を"context"、そこで扱われるトピックス、内容を"content"と呼ぶ。そして、それぞれの難易度は次のような概念で説明される。

(a) インフォーマルな場面であればあるほど、処理しやすく、逆にフォーマルなものほど処理し難い。

(b) 日常的、具体的、個人的内容であればあるほど処理しやすく、逆に、抽象性、多様性の高い内容ほど処理し難い。

表2：場面と内容

		CONTEXT AND CONTENT
SUPERIOR	Context	Most formal and informal settings （ほとんどのフォーマル／インフォーマルな場面）
	Content	Wide range of general interest topics and some special fields of interest and expertise （広範囲にわたる一般的な話題、及びいくつかの特別な関心事や専門領域に関する話題）
ADVANCED	Context	Most informal and some formal settings （ほとんどのインフォーマルな場面といくつかのフォーマルな場面）
	Content	Topics of personal general interest （個人的・一般的な興味に関する話題）
INTERMEDIATE	Context	Some informal settings and a limited number of transactional situations （いくつかのインフォーマルな場面と、事務的・業務的な場面の一部）
	Content	Predictable, familiar topics related to daily activities and personal environment （日常的な活動や自分の身の回りの事柄に関連した、よそう可能で、かつ、身近な話題）
NOVICE	Context	Most common informal settings （最もありふれたインフォーマルな場面）
	Content	Most common aspects of daily life （日常生活における、最もありふれた事柄）

5.3 「正確さ」(Accuracy)

「正確さ」は、流暢さ(fluency)、文法(grammar)、語用論的能力(pragmatic competence)、発音(pronunciation)、社会言語学的能力(sociolinguistic competence)、語彙(vocabulary)の6つの要素からなり、それらが相互に影響しあった結果、聞き手(母語話者)にどれだけ「正確に」聞こえるか、で判断される。逆に言うと、聞き手の理解度に及ぼす影響(違和感)が正確さを下げるという考えである。母語話者との同一化に及ぼす「障害」の度合いが能力レベルを左右すると解釈できる。

（a）聞き手への負担(違和感)が少なければ少ないほど、正確な発話とな

り、負担が多くなればなるほど、不正確な発話となる。
(b) 非母語話者との会話に対する「慣れへの要求度」が高ければ高いほど、正確さが低くなり、「慣れへの要求度」が低ければ低いほど、正確さは高くなる。

表3：正確さ

	ACCURACY
SUPERIOR	Errors virtually never interfere with communication or distract the native speaker from the message （誤りがあっても、実質的には、コミュニケーションに支障をきたしたり、母語話者を混乱させたりすることはない）
ADVANCED	Can be understood without difficulty by speakers unaccustomed to dealing with non-native speakers （母語話者でない人との会話に不慣れな聞き手でも、困難なく理解できる）
INTERMEDIATE	Can be understood, with some repetition, by speakers accustomed to dealing with non-native speakers （母語話者でない人との会話に慣れている聞き手には、何度か繰り返すことなどによって、理解してもらえる）
NOVICE	May be difficult to understand, even for speakers accustomed to dealing with non-native speakers （母語話者でない人との会話に慣れている聞き手でさえ、理解するのが困難である）

5.4 「テキスト・タイプ」(Text Type)

99年版マニュアルから追加されたもので、ある内容を持った総合的タスクは、ある場面で、ある正確さを伴い、最終的に「テキスト」として表出し、ある話者の言語能力をもっとも表面的に示すものとされる。99年版マニュアルはその大まかな姿を次のように記述する。

表4：テキストタイプ

SUPERIOR	ADVANCED	INTERMEDIATE	NOVICE
Extended discourse（複段落）	Paragraphs（段落）	Discrete sentences（文）	Individual words and phrases（単語と句）

ここで詳細に触れることができないが、これらの意味するところは80年代から急速に発達した談話分析や第二言語習得研究の成果と大いに関係がある。牧野成一氏の名訳（？）「単語人間」「文人間」「段落人間」「複段落人間」という表現もそれぞれのレベルの話者の表面的特徴をうまく捉えたものと言えよう。しかし、その特性から proficiency の評価がややもすると表面的な言語表現に偏りがちになることは注意を要する点である。

　以上が、ACTFL Proficiency においてその根幹をなす4つの概念の意味するところで、ガイドラインにおける各レベルの能力記述はこれらが「総合的」に結集したものとして表される。総合的な能力評価において、それぞれの要素が同じような重みを持つのか、そうだとすればどのようにその重みを測定するのかなど、非常に言語表現化するのが困難な問題を持ってはいるが、ある話者のプロフィシェンシーとは、一言で言えば、どのような「機能・タスク・内容」がどのような「場面」において、どのような「正確さ」で達成され、それが、どのような「表現形態(テキスト)」で表出するか、その判断がなされるということになる。

6.　問題点―言語活動遂行能力、文化能力、plurilingualism など

　前節で見たように OPI は、proficiency とは実生活における種々の言語活動の総合的遂行能力であると捉らえる。そして、そこに見られる能力差を記述したものがガイドラインである。しかし、OPI そのものが実生活上の種々の言語活動を真に直視したものか、また、ガイドラインの記述・構成はそのような能力差を真に記述しているか、それらの問いに満足の行く答えがあるとは言えない。以下、OPI の持つプロフィシェンシー規定についていくつかの問題点を挙げ、本章を閉じる。

（1）　OPI はインタビューという固定した「対話場面」のもとで展開される言語活動であるため、ロールプレイ以外、別の難易度を持つ多種多様な「場面」を成立させられない。したがって、被験者に「人生を取材する」(牧野成一他 2001: 11)ことはできても、テスターと被

験者という固定した枠を超えるような対話[11]や、2人以上の会話参与者からなるような複雑な場面における会話能力の測定が困難である。OPIにおける「場面」という概念が社会的コンテキストを意味しているにも関わらず、それがテスターと被験者という固定された関係でしか会話が展開できないという問題点はインタビューによる能力評価という枠組みにおいてはどうすることもできないものなのかもしれない。
(2) 「機能・タスク（function/task）」の遂行能力、「場面・内容（context/content）」の処理能力、そして、「正確さ（accuracy）」生成能力の3つの要素の区別が曖昧である。とりわけ、「正確さ」を構成する「社会言語学的能力」「語用論的能力」は「文法」「発音」などの要素とは区別して扱い、むしろ、「場面処理」「機能遂行」に関わるものとすべきであろう。
(3) 能力評価が「正確さ」の表面化した「テキスト・タイプ」の分析に偏りがちになる。上記(1)で指摘したように、OPIは対面式インタビューという形態を取るため「場面」が固定される。その一方、その固定した場面における「内容（あるいは、テーマ）」は被験者の能力レベルに応じて多種多様なものが扱えることになる。しかし、その結果、どうしても、採集された発話サンプルは「語り」としての性格を濃く残すことになり、評価が表面的なテキスト・タイプの分析に偏ってしまう。上記(2)で指摘したように、機能面、場面・内容面の能力評価方法をさらに精緻化すべきであると考えられる。
(4) OPIにおける「文化」の扱いが不透明である[12]。それは、1つに、OPIが固定した「場面」で行われることに由来するのかも知れない。つまり、「総合的タスク遂行能力」と言いつつも、実際は、そのほんの一部の能力しか見ていないと言えよう。同様、ノンバーバルな側面を能力評価の対象にすることも行われていない。この点も「面接」という枠組みを超えた言語活動の観察を必要とする大きな根拠であると言える。
(5) 複言語主義的発想の欠如。Superiorの設定を、かつては、"educated

native speaker"（86 年版ガイドライン）としていたが、それが何を意味するかということについて多くの批判を受け、今では、その表現は外している。しかし、とりわけ、「正確さ」の記述においては、母語話者が持つ「負担」「違和感」を軸にしている点、欧州共通枠組み（Common European Framework, CEFR）に見るような複言語主義（plurilingualism）的発想[13]に欠けている。母語話者の能力を頂点とする、いわば、バイリンガリズム的発想は、母語話者能力が何であるかを問わない限り、その能力を頂点とする評価のモデル化は容易であるが、いったん、母語話者が非母語話者に対して抱く「違和感」とは何か、を追求し始めると、一筋縄では行かない議論へと発展する。しかし、それなら複言語主義的発想を評価基準に持ち込めばどうなるかというと、最上レベルの能力基準の定め方はより困難を極めることになり、簡単に解決する問題ではない。実際、欧州共通枠組みにおける能力評価基準の曖昧さはどんなに大目に見ても無視できるものではなく、OPI のように実用化できるレベルに達するにはまだまだ道のりは遠いものであろう。これからの大きな課題である。

7. まとめ

　本章はプロフィシェンシーとは何かという問いに答えるべく、その、おそらく、もっとも強い影響力を持っていると考えられる ACTFL Oral Proficiency Interview における proficiency の捉え方を考察した。OPI テスターの養成に使われる 82 年版マニュアル、それを改定し ACTFL 公式のマニュアルとした 89 年版、それを更に改定した 99 年版マニュアルに一貫して見られる機能的外国語能力観を基本に据え、さらに、その能力の高低を定める 4 つの概念、「機能・タスク」「場面・内容」「正確さ」「テキスト・タイプ」が何であるのか述べた。また、それらに関わる言語能力がどのような原理でレベル化されるのかを検討した。最後に、OPI が捉える proficiency が持つ問題点を指摘し、今後の研究課題を提供した。ここでの議論が、外国語能力とはいったい何なのだという大変興味深い疑問に対し、何らかの刺激になっ

たのであれば幸いである。

注

1 当時は Educational Testing Service（TOEFL 等を作成する教育機関）が ACTFL に委託してマニュアルを作成していた。
2 最近、アメリカでは電話による OPI が行われているが、それを「対面式（"face-to-face"）」と呼ぶことはできない。
3 「30 分以内」という設定は「経験的」判断によるものであり、それが妥当かどうかは検討の余地がある。
4 例えば、有名なフランスワイン beaujolais nouveau。
5 その意味で、「初級」という日本語訳より「ノービス」という外来語をあてがうべきであろうが、今では、「初級」が一般化しているのでどうしようもない。
6 プロービングそのものは、「細部調査」という意味であり、一方、突き上げとは「上限探し」のことである。
7 「中級」に及ぶ可能性のない場合は行われない。
8 米国における幼稚園から大学に至る外国語教育の目標を定めたもの。
9 82 年、86 年版には 4 技能全ての記述が設けられたが、99 年版には speaking のみの記述しかない。
10 Alice Omaggio Hadley（1986, 1993, 2003）が指摘しているように "communicative competence" と "proficiency" との根本的な違いは何かというと、どちらも言語運用能力を指すという点で変わりはないが、その能力の高低を問題にし、とりわけ、外国語教育を射程においているのが後者であると言える。
11 被験者自身がインタラクションを開始したり、あるいは、テスターとの話し合いの中で、自分から話題転換を図るなどといった行為である。しかし、OPI そのものはテストであり、超級レベルの OPI でたまに観察されるようなテスターが被験者に「舵」を握られてしまうようなことがあっても良いという意味ではない。
12 かつて 1986 年版のガイドラインには「文化能力ガイドライン」が加えられていたが、評価の複雑さからそれが使用されることはなく、1999 年版のガイドラインから文化の能力に関する評価はされなくなった。第 4 回国際 OPI シンポジウム（2004）にて議

論、「予稿集」参照。
13 外国語教育の目的は新たに理想化された母語話者を生み出すことではなく、いくつかの言語を同時に相互活用しコミュニケーションを測れる能力を養うという考え。

参 考 文 献

The ACTFL Provisional Proficiency Guidelines（1982）
The ACTFL Proficiency Guidelines（1986）
The ACTFL Proficiency Guidelines – Speaking（1999: revised）
ETS Oral Proficiency Testing Manual（1982）
The ACTFL Oral Proficiency Interview Tester Training Manual（1989,1999: revised）
Council of Europe（2001）*Common European Framework of References for Languages: Learning, Teaching and Assessment*
関西 OPI 研究会（2004）『第 4 回国際 OPI シンポジウム予稿集』
鎌田修（2005）「OPI の意義と異議」『言語教育の新展開—牧野成一教授古希記念論文集』ひつじ書房
牧野成一、鎌田修、山内博之、斎藤真理子、萩原雅佳子、伊藤とく美、池崎美代子、中島和子（2001）『ACTFL-OPI 入門―日本語学習者の「話す力」を客観的に測る―』アルク

追記：本稿の作成に「2008 年度南山大学パッへ研究奨励金 I-A-2」の支援を頂いた。ここに謝意を表する。

第 2 章
第二言語習得研究からの視点

坂本　正

1.　はじめに

　最近、小学校から英語教育をという声がいろいろなところで聞かれ、既に、小学校の授業で英語の授業を導入し始めたところも増えていると聞く。子どもを持つ親は自分の子どもにどのような英語能力をつけてほしいと思っているのであろうか。子どもを持つ親でなくても、世の中には自分の母語以外にできればもう1つ自由に操れることばを身につけたいと思う人はたくさんいると思われる。が、その場合も、どのような言語能力を思い浮かべているのであろうか。

　1つの言語を母語として身につけた者は、自分の考え、気持ちなどをその言語を用いて、大抵の場合はあまり苦労もせず自由に表現することができる。小学校から英語教育を行おうとしているのも、母語の日本語と同じように第二言語としての英語で自分の考え、気持ちなどを自由に表現することができるような人に育てたいという気持ちからであろう。これらは、言語教育の分野でよく使われるプロフィシェンシーということばと関連している。プロフィシェンシーとは、一般的には、ある言語がどのくらい自由に使えるかという程度を表している。

　本章では、第二言語習得研究の視点からプロフィシェンシーに焦点を当て、これまでプロフィシェンシーとはどのように考えられてきたかを振り返ると共に、これからの第二言語の教育について考えるところを述べてみたい。

2. プロフィシェンシーとは

　まず、プロフィシェンシーの定義はどうなっているのだろうか。以下の言語に関する辞典にあたってみた。『新版日本語教育事典』(大修館)、『応用言語学事典』(大修館書店)、『英語学用語辞典』(三省堂)、『文部省学術用語集　言語学編』(丸善)、『外国語教育学大辞典』(大修館書店)、*Routledge Encyclopedia of Language Teaching and Learning*(Routledg)、*Longman Dictionary of Language Teaching & Applied Linguistics*(Longman)、*Linguistic Terms and Concepts*(St. Martin's Press)。しかし、驚いたことに、これらの辞典には、プロフィシェンシー、または、proficiency ということばは見出し語としては出ていなかった。ただ、一冊だけ見出し語として出ていたのは、『英語教育用語辞典』(大修館書店)であった。それには、

proficiency(熟達度)
　言語を運用する総合的な能力。第二言語／外国語においては、学習者が習得した言語知識をさまざまな状況の中で、正確に、流暢に、かつ、適切に使いこなす程度を proficiency と呼ぶことが多い。(中略)proficiency の定義が、さまざまな形で試みられているが、確立された定義はまだ完成していない。(245 頁)

とその訳語も含めて定義が出ているが、まだ確立された定義はないという。語学教育関係の学会、研究会などでは頻繁に出てくることばだが、言語学、応用言語学や言語教育学の分野においては専門用語としてはまだ確固たる地位を得ていないようだ。

　この定義を見てみると、プロフィシェンシーは「使いこなす程度」と呼ばれることが多いとあるように、主に**言語の産出**に関わっていると思われているようだ。話すこと、書くことは耳に聞こえる、目に見えるという観察可能なものなので、どの程度使いこなせているかが判断しやすいのであろう。しかし、このプロフィシェンシーに関する定義は少し狭すぎるのではないだろうか。言語には少なくとも４つの技能があり、残り２つの聞くこと、読むこ

とはプロフィシェンシーとは関係ないのであろうか。筆者は，**言語の産出**だけでなく，**言語の受容・理解**に関してもプロフィシェンシーという概念が関係あるのではないかと考えている。

次にプロフィシェンシーが議論される際に、同時に議論の中でよく用いられるコミュニケーション能力（communicative competence）についての定義をみていく。

3. コミュニケーション能力とプロフィシェンシー

この『英語教育用語辞典』で communicative competence の説明を見てみると、

（コミュニケーション能力／伝達能力）言語を正確に理解し、実際の状況の中で、適切に使用する能力。（64 頁）

となっており、言語の受容と産出の両方に関係した説明になっている。

この説明からすると、言語を「使いこなす」狭い意味のプロフィシェンシーとは、コミュニケーション能力の一部(産出部分)ということになる。しかし、前述したように、プロフィシェンシーは、読む、書く、話す、聞くの4技能すべてについて関わっているという立場からすると、プロフィシェンシーを**4技能において言語を処理する能力の程度**とみなすことができよう。

では、言語の理解、使用に関するコミュニケーション能力はこれまでどのように捉えられてきたのであろうか。ここではいくつか代表的なものを挙げるに留める。Canale and Swain(1980)、Canale(1983)の定義によると、コミュニケーション能力は4つの能力から構成されているという。語彙、文法などを使いこなす力の文法能力(grammatical competence)、まとまりのある文章、会話を理解、産出する力の談話能力(discourse competence)、コミュニケーションを円滑に進めるための方略能力(strategic competence)、その社会で適切に言語を使用する力の社会言語能力(sociolinguistic competence)である。前述の『英語教育用語辞典』(大修館)のプロフィシェンシーの定義の中

で、「…さまざまな状況の中で、正確に、流暢に、かつ、適切に…」という記述があったが、Canale らの定義で言えば、「正確に」は文法能力、「適切に」は社会言語能力に相当すると言えよう。しかし、言語を「使いこなす」プロフィシェンシーに関連する「流暢に」というところが、この Canale らの定義ではどれに相当するのかはっきりしない。

　柳瀬(2006: 106)は Taylor(1988)がコミュニケーション能力を3分類して、知識を表す「能力」(competence)、力を表す「実力」(proficiency)、結果を表す「パフォーマンス」(performance)の3つに分類していることを紹介している。知識を表す「能力」は、構造、状態、あるいは形式を扱う静的な概念で、力を表す「実力」は、その能力を使用する力であり、結果を表す「パフォーマンス」は実力が使用されたときになされるものであると言う。料理に例えて解釈すると、野菜、肉、油、調味料などが「知識・能力」(competence)で、それをどのように使用、処理するかが「実力」(proficiency)で、その結果出来上がったものが「パフォーマンス」(performance)ということであろうか。非常に分かりやすく、我々の直感に訴えるところが大きい。Taylor の3分類は、Canale らのコミュニケーション能力の下位分類とはかなり視点が違うことが理解できる。Canale らのコミュニケーション能力は、文法能力(grammatical competence)、談話能力(discourse competence)、方略能力(strategic competence)、社会言語能力(sociolinguistic competence)とすべてに competence ということばが使われていることから推察されるように、Taylor の3分類で言えば、知識を表す「能力」のところだけに言及していて、知識の使用・処理に関する proficiency とその結果出来上がった performance に関しては明らかでないようだ。

　筆者は、プロフィシェンシーは読む、書く、話す、聞くの4技能と関係していると前述したが、これと Taylor(1988)の3分法を合わせて考えると、次のようなことが言えよう。

表1　Taylor(1988)の3分法と4技能の関係

コミュニケーション能力	技能	competence	proficiency	performance
受容能力	読む	様々な知識	知識の使用能力	文章理解
受容能力	聞く	様々な知識	知識の使用能力	音声理解
産出能力	話す	様々な知識	知識の使用能力	発話
産出能力	書く	様々な知識	知識の使用能力	文章

　コミュニケーション能力は大きく受容能力と産出能力に分かれ、受容能力は更に「読む」と「聞く」に、産出能力は「話す」と「書く」に分かれる。それぞれが言語、表記などの様々な知識としてのcompetenceを持ち、その知識を「読む」、「聞く」、「話す」、または「書く」際に使用・処理するproficiencyと関連し、その使用の結果のperformanceとして、それぞれ音声理解、文章理解が成立し、また、発話、文章が形成される。このように考えると、従来考えられてきた言語運用(performance)はより厳密に言うと、使用・処理する能力のproficiencyとその結果としてなされるperformanceによって構成されていると言えよう。

　コミュニケーション能力に関しては、その後、Backman(1990)、Backman and Palmer(1996)、Brown(2000)、村野井(2006)などで新たな展開を見せているが、本章でのテーマ、プロフィシェンシーから大きく逸脱する恐れがあるので、コミュニケーション能力について詳しく知りたい方はこれらに当たられたい。

　ここで改めて、筆者なりのプロフィシェンシーの定義を述べておく。

プロフィシェンシーとは、(様々な知識を有することを前提として、その)知識を正しく、適切に、一貫性を持って、理解、産出の両面で処理する能力の程度を表す。

4.　プロフィシェンシーとOPI

　ここでは、OPIが実際にプロフィシェンシーを測っているのかという点に焦点を当て、牧野他(2001: 18–19)を元にOPIの「超級」の判定基準を例

に見てみる。

判定基準(概略)
機能・タスク(裏付けのある意見が述べられる。仮説が立てられる。言語的に不慣れな状況に対応できる)
場面／話題(フォーマル／インフォーマルな状況で、抽象的な話題、専門的な話題を幅広くこなせる。)
テキストの型(談話構成能力)(複段落)
正確さ
　　文法(基本構文にまず間違いがない。低頻度構文には間違いがあるが、伝達には支障は起きない。)
　　語彙(語彙が豊富。特に、漢語系の抽象語彙が駆使できる。)
　　発音(誰が聞いてもわかる。母語の痕跡がほとんどない。)
　　社会言語学的能力(くだけた表現もかしこまった敬語もできる。)
　　語用論的能力(ストラテジー)(ターンテイキング、重要な情報のハイライトの仕方、間の取り方、相づちなどが巧みにできる。)
　　流暢さ(会話全体が滑らか)

　以上、OPIにおける「超級」の判定基準を見ると、OPIが口頭能力測定ということで、「書く」「読む」の2技能は考慮から外すが、口頭能力に関して、機能・タスクの処理、場面／話題の処理、テキストの構成・産出、様々な言語活動レベルにおける正確さの生成、さらに、最後に流暢さということばから処理速度に関する基準も設けられている。これらは、筆者のプロフィシェンシーの(産出面での)定義と軌を一にしていると言えよう。OPIは主に言語の産出に関わる口頭能力の測定を行っているものだが、会話形式のインタビューであることから、言語の産出のみならず、前提として言語の理解に関する能力も暗黙のうちに間接的に測っていると言えよう。このように考えると、OPIは「聞く」「話す」の口頭面に関する理解・産出の両面に関わるプロフィシェンシーを測っていると言えるであろう。

5. プロフィシェンシーの習得

　プロフィシェンシーが言語の理解と産出に関する処理能力という概念であることから、言語の処理速度がその習得には大きく関係していると言えよう。処理速度ということばから思い浮かぶのが流暢さ、より具体的に言えば、言語の自動化という概念である。McLaughlin(1978、1987)はある言語行動が繰り返し行われると、最初は注意を払って、意識して行っていたものが、繰り返しを重ねるうちに次第に注意を払わなくても自動的にできるようになると述べている。また、Anderson(1983, 1985)は、長期記憶にあるとされる宣言的知識(事柄についての知識)と手続き的知識(仕方、方法についての知識)の2つの知識を用いて、宣言的知識を何度も繰り返し用いることによって、徐々に流暢さが増し、手続き知識が自動化されると考えている。更に、O'Malleyら(1987)も同様の考えを持っており、獲得された宣言的知識が繰り返し用いられることによって、自動化され、手続き的知識に変わっていくとしている。

　プロフィシェンシーの習得が言語の理解、産出においてその処理速度をつけることであると考えるならば、プロフィシェンシーの習得というのは、ことばを変えて言えば、手続き的知識の習得と言っても過言ではなかろう。

　ただ、第二言語習得においてもすべての知識が宣言的知識からスタートしているわけではない(つまり、知らないうちに身につけている知識もある)ので、もっと幅のある解釈が必要であろう。宣言的知識のみならず、意識のレベルにも上がらない、ことばで説明もできないような知識(仮に非宣言的知識とでも呼んでおこう)をも自動化し、手続き的知識に変えていく必要がある。そういう広い意味での手続き的知識の習得がプロフィシェンシーの習得であると言えよう。

6. 第二言語教育の目標

　一般的に(外国語教育も含めた)第二言語教育の目標とは、その言語を母語として話す母語話者レベルの言語運用能力をつけることを目標にしているこ

とが多いのではないだろうか。第二言語習得研究においても誤用の研究は多いが、その場合も母語話者が用いる形式を正用として、その形式に誤用を犯した学習者がどの程度近づいていくかを研究することが多い。つまり、母語話者の言語運用能力というものを究極のゴールラインと考えている。

　しかし、プロフィシェンシーの観点からみると、本当に母語話者が第二言語学習者の目標であると言っていいのであろうか。母語話者であれば、誰でもプロフィシェンシーが十分ついているのであろうか。筆者は数年前韓国のある学会に出たが、日本人の発表でも十分プロフィシェンシーがついているとは言えないような発表者もいたし、逆に日本語の非母語話者である韓国人研究者の中には、一般の日本人よりもずっと日本語のプロフィシェンシーがあると思うような人も少なくなかった。日本人の間でもプロフィシェンシーは同じではなく、かなりバリエーションが見られるし、また非母語話者であってもかなり日本人並の、またはそれ以上のプロフィシェンシーをつけている人もいる。プロフィシェンシーの観点から母語話者と非母語話者は区別することが可能であろうか。統計的にみても、おそらく両者が重なる部分が出るのではないだろうか。母語話者と非母語話者というのは、プロフィシェンシー上は連続帯をなしているとは言えないだろうか。

　Chomsky(1957)では半世紀も前に理想的な母語話者ということばが使われているが、「理想的な母語話者」というのは、一体どんな話者なのであろうか。また、そういう話者は存在するのか。我々言語教育者はその「理想的な母語話者」を最終的な目標にして、言語教育を行うのか。その「理想的な母語話者」のプロフィシェンシーとはどういうものなのか。このように考えると、第二言語教育の目標をその言語の母語話者に設定するのが妥当なのか疑問に思う。母語話者に関する議論はPaikeday(1985)とDavies(2003)が大変参考になるので参照されたい。

7. プロフィシェンシーと臨界期

　母語話者を少し異なる視点から見てみよう。第二言語習得研究の書物を手にすると、臨界期の仮説という用語が必ず出て来る。Lenneberg(1967)は、

言語を習得するには最適な時期があり、その年齢を越えると次第に習得は難しくなると言う。この臨界期の期間内に言語に十分接するとその言語の母語話者になる確率が高くなる。Seliger(1978)、Scovel(1988)やLong(1990)は、言語の領域によって、複数の臨界期があるのではないかと述べ、Hyltenstam and Viberg(1993)は音声面を、Johnson and Newport(1989)は文法性判断能力を、Patkowski(1980)は話し言葉の表現能力を調査し、それぞれ臨界期の仮説に対して肯定的な結果を報告している。しかし、成人になって、母語話者と差がないような能力を身につけた学習者の例(Bongaerts, 1999; Ioup他, 1994; White & Genesee, 1996 ほか)も少なくなく、臨界期の存在に関しての真偽はまだまだ決着がついておらず、今後の研究が待たれる。

　ここで、筆者が問題にしたいのは、これらの研究の多くが文法と発音に関する能力を調べていることである。つまり、前述の表1で言うと、知識としてのcompetenceを主に見ているのではないだろうか。文法性判断テストで文法能力を、音声知覚テストで音素の聞き分け能力を測っていることが多く、これらはプロフィシェンシーを測るというよりも知識としてのcompetenceを測っていると言ってもよいであろう。

　では、プロフィシェンシーの習得に関しては、臨界期が存在するのであろうか。現在、日本人の話しを聞いた瞬間に理解し、また、雄弁な日本人のように日本語を正確に、かつ、流暢に話す(成人になってから日本語を学んだ)外国人をテレビで目にすることが多くなったが、彼らを見ていると、プロフィシェンシーの習得に関しては、臨界期は存在しないのではないかと思う。彼らに文法性判断テストを行えば、知識としての文法に関するcompetenceは日本人と多少異なる結果が出るかもしれないが、プロフィシェンシーに関しては、異なるとは言えないであろう。

8. プロフィシェンシー研究の必要性

　プロフィシェンシーを高める教材とは一体どのようなものであろうか。日本語の母語話者・非母語話者にかかわらず、日本語のプロフィシェンシーが非常に高いと思われる人を目標にした教材とは一体どのようなものであろう

か。どのような教材かを考える前に、口頭能力面に絞って言えば、まず日本語のプロフィシェンシーが非常に高いと思われる人たちの話し方の特徴を研究する必要がある。さらに、プロフィシェンシーが高いとは言えない人たちの話し方の特徴も研究する必要がある。その相違点はどのようなところにあるのだろうか。

　さらに、プロフィシェンシーと言っても、筆者の定義から言えば、当然理解・産出に関わる4技能についてもそれぞれ考えなければならない。「聞くためのプロフィシェンシー」「話すためのプロフィシェンシー」「読むためのプロフィシェンシー」「書くためのプロフィシェンシー」と4技能に関するプロフィシェンシー研究の展開が今後期待される。「聞くためのプロフィシェンシー」と「話すためのプロフィシェンシー」はどちらも会話能力を構成するので、将来的には1つにまとめて「インターアクションのためのプロフィシェンシー」としてもよかろう。プロフィシェンシー研究が進んでいけば、それぞれの技能に関する教育、教材開発に大きく貢献することになろう。

9.　おわりに

　プロフィシェンシーに関して、これまで第二言語習得研究の分野でも特にそれだけを取り上げて議論することはあまりなかったのではないだろうか。今回、プロフィシェンシーに特化した学術書が創刊されると聞き、この学術書を通して、プロフィシェンシー研究が益々深化し、言語研究、言語教育の分野に大きく貢献していくことを切に望んでいる。

参　考　文　献

Anderson, John R. (1983). *The Architecture of Cognition*. Cambridge, Mass: Harvard University Press.

Anderson, John R. (1985). *Cognitive Psychology and Its Implications*. New York: Freeman.

Backman, Lyle F. (1990). *Fundamental Considerations in Language Testing*. Oxford, UK, Oxford University Press.［池田央・大友賢二（監訳）(1997)『言語テスト法の基礎』CSL 学習評価研究所］

Backman, Lyle F. and Adrian S. Palmer. (1996). *Language Testing in Practice*. Oxford UK, Oxford University Press.［大友賢二・ランドルフ・シュラッシャー（訳）(2000)『実践言語テスト作成法』大修館書店］.

Bongaerts, Theo. (1999). Ultimate attainment in L2 pronunciation: The case of very advanced late L2 learners. In Birdsong, David. (Ed.), *Second Language Acquisition and the Critical Period Hypothesis* (pp. 133–159). Mahwah, NJ: Erlbaum.

Brown, Douglas H. (2000). *Principles of Language Learning and Teaching* (4th ed.). New York, NY, Pearson Education/Longman.

Canale, Michael. (1983). From communicative competence to communicative language pedagogy. *Language and Communication*. J. Richards and R. Schmidt. London, Longman: 2-27.

Canale, Michael and Merrill Swain. (1980). Theoretical bases of communicative approaches to second language teaching and testing. *Applied Linguistics* 1-1: 1-47.

Chomsky, Noam. (1957). *Syntactic Structure*. The Hague: Mouton.

Davies, Alan. (2003). *The Native Speaker : Myth and Reality*. Clevedon, Buffalo: Multilingual Matters.

Ioup, Georgette, Boustagui, Elizabeth, Tigi, Manal E. and Martha Moselle. (1994). Reexamining the critical period hypothesis: A case study of successful adult SLA in a naturalistic environment. *Studies in Second Language* Acquisition, 16, 73–98.

Lenneberg, Eric H. (1967). *Biological Foundations of Language*. New York: Wiley.

Long, Michael H. (1990). Maturational constraints on language development. *Studies in Second Language Acquisition*, 12, 251-285.

McLaughlin, Barry. (1978). The Monitor Model: Some methodological considerations. *Language Learning*, 28, 309-332.

McLaughlin, Barry. (1987). *Theories of Second Language Learning*. London, UK: Edward Arnold.

O'Malley, Michael J., Chamot, Anna U. and Walker, Carol. (1987). Some applications of cognitive theory to second language acquisition. *Studies in Second Language Acquisition*, 9, 287-306.

Paikeday, Thomas M. (1985). *The Native Speaker Is Dead!* Toronto; New York: Paikeday Publishing Inc.［松本安弘・松本アイリン（訳）(1990)『ネーティブスピーカーとは誰のこと？』丸善］

Taylor, David S. (1988).The meaning and use of the term 'competence' in linguistics and applied linguistics *Applied Linguistics* 9-2: 148-168.

White, Lydia and Genesee, Fred. (1996). How native is near-native ? The issue of ultimate attainment in adult second language acquisition. *Second Language Research*, 12, 233-265.

牧野成一・鎌田修・山内博之・齋藤眞理子・荻原稚佳子・伊藤とく美・池崎美代子・中島和子(2001).『ACTFL-OPI入門―日本語学習者の「話す力」を客観的に測る―』アルク.

村野井仁(2006).『第二言語習得研究から見た効果的な英語学習法・指導法』大修館書店.

柳瀬陽介(2006).『第二言語コミュニケーション力に関する理論的考察―英語教育内容への指針―』溪水社

第3章
『伝達意図の達成度』『ポライトネスの適切性』『言語行動の洗練度』から捉えるオーラル・プロフィシェンシー

宇佐美まゆみ

1. はじめに

　本章の論点は、2006年6月に開催された南山日本語教育シンポジュウムの「プロフィシェンシーと日本語教育—日本語の総合的能力の研究と開発をめざして—」における以下の3つの「共通課題」に、「談話研究」の観点から答えることをきっかけにして発展させてきたものである。

(1) 談話研究から考えて「プロフィシェンシー」とは何か？
(2) その考え方に基づくと、どのような研究が必要で、且つ、可能か。また、そのためにはどのような能力開発が必要で、且つ、可能か？
(3) 上記の考えはこれからの日本語教育、とりわけ、日本語の会話能力の研究・開発にどう貢献するか？

　本章では、これらの問いに改めて答えながら、「談話研究の視点から捉え直したプロフィシェンシー」の新たな観点を提示したい。
　南山日本語教育シンポジュウムの「プロフィシェンシーと日本語教育—日本語の総合的能力の研究と開発をめざして—」という題目の副題(2006)にあるように、「プロフィシェンシー[1]とは、言語運用の総合的能力のことを指す」ということについては、ある程度、共通理解ができていると考えられる。もし、そうであるとするならば、プロフィシェンシーの「研究と開発」

のためには、自然会話データにおける「言語運用の総合的分析」に基づく「談話研究」の視点を生かすことが不可欠であるというのが、談話研究の実践と成果に基づく筆者の考えである。

　宇佐美(2006b、2008)は、談話研究の成果を踏まえて、「オーラル・プロフィシェンシー」を、「伝達意図の達成度」「ポライトネスの適切性」「言語行動の洗練度」の3つの観点から複合的に捉えることを提案している。本章では、この3つの観点について、幾つか例を示しながら、「オーラル・プロフィシェンシー」の新たな捉え方を示す。また、プロフィシェンシーをこの3つの観点から捉えることによって、日本語の会話教育に何が示唆できるのかを論じる。

2. 談話研究の成果に基づく視点を生かした「プロフィシェンシー」の捉え方

　まず、シンポジウムの共通課題における問いの「(1)談話研究から考えて『プロフィシェンシー』とは何か？」について考えるために、ACTFL Oral Proficiency Guidelines に見る「プロフィシェンシーの定義」を整理しておく。

2.1　ACTFL Oral Proficiency Guidelines に見る「プロフィシェンシー」の概念

　鎌田(2000: 18–19)によると、ACTFL Oral Proficiency Guidelines に見る「プロフィシェンシー」の概念は次のとおりである。

4大構成素：
(1)　機能／タスク(function/task)遂行能力：
　a.　「活動(タスク)」そのものとそれが持つ「機能」を果たす能力
　b.　常々繰り返され、単に「習慣的」あるいは「ストレート」に行われる活動であればあるほど遂行能力は低くてもよい。しかし、意味交渉によじれがあり、予期しない(慣れていない)活動や、相手の立場や、第

３者(あるいは、架空のもの)の立場に立つことを要求する活動(例えば、説得をすること)の遂行にはより高度な能力が必要となる。
(2)　場面／内容(context/content)処理能力：
　a.　「活動」の「内容」と「活動」が置かれている「言語環境(場面)」を処理する能力
　b.　話者にとって身近な場面・内容であればあるほど処理しやすく、話者自身から疎遠な場面・内容であるほどより高度の処理能力を要する。
(3)　正確さ(accuracy)生成能力：
　a.　「活動」を言語化する能力(文法、発音、語彙、語用論的能力、社会言語学的能力、流暢さ)
　b.　話者自身にしか理解できない「正確さ」から目標言語を母語とする話者に何ら違和感を感じさせない「正確さ」までの範囲。
(4)　談話(text)構成能力：
　a.　他の３能力を総合的に駆使し、テクストを作り上げる能力
　b.　発話を分解不可能な塊(unanalyzable chunk)としてしか構成できない低い能力から、文レベル〜文章レベル〜複文章レベルの談話生成が自発的に可能になる高度な能力までの幅。

　また、鎌田(2005: 314–315)では、「ACTFL Oral Proficiency Guidelines の骨格」として、"proficiency" について以下のように述べている。

a)　"proficiency" とは機能的言語能力(functional language ability)のレベルを示すものである。つまり、実際の生活において、どのような言語活動がどれほどできるかを示すものである。
b)　"proficiency" のレベルは当該の言語活動そのものが遂行される際に必要となる次の３要素の総合的評価で決定される："function/task"(機能／タスク)、"context/content"(場面／内容)、"accuracy"(正確さ)。(但し、1989 年から "text type"(テキストの型)という要素も加えられている。)
c)　当ガイドラインは、1950 年代に政府機関である FSI(外交官語学養成所)が使用していたものを一般教育機関用(academic purpose)に置き換える

ことからその開発が始まった。
d) "proficiency" のレベル設定は FSI のスケールがそうであるように、全く機能的能力のない場合を最低に、そして、母語話者の能力を最高に設定して、その間を Novice、Intermediate、Advanced、Superior の 4 段階に分ける。
e) 当ガイドラインは単一の外国語教育理論から成立しているのではなく多くの草の根的活動に端を発した様々な研究の産物である。(Hadley, 2001: 11)

　これらを見ると、ACTFL のプロフィシェンシーの捉え方は、「どのような言語活動がどれほどできるか」というタスク処理能力を重視した機能的言語能力（functional language ability）に重きをおいていることがわかる。また、その機能的言語能力の 4 大構成素として、(1)機能／タスク（function/task）遂行能力、(2)場面／内容（context/content）処理能力、(3)正確さ（accuracy）生成能力、(4)談話（text）構成能力が挙げられている。しかし、同じ言語活動を正確に行うにしても、その表現方法は、様々である。その点を考慮した、表現の「正確さ」だけではない、表現の「洗練度」ということや、「対人コミュニケーション能力」としての「ポライトネス」については、あまり考慮されていないように思える。そのため、これらについて、次項で論じていく。

2.2　プロフィシェンシーを評価する 3 つの観点—「伝達意図の達成度」「ポライトネスの適切性」「言語行動の洗練度」

　宇佐美（2006b, 2008）では、機能的言語能力を重視する点は尊重した上で、談話研究の成果に基づく新たな視点からプロフィシェンシーを考えると、ACTFL のプロフィシェンシーの概念に欠けているものとして、「対人コミュニケーション能力」としての「ポライトネスの適切性」という観点と、言語表現法自体の「洗練度」という概念が挙げられるとしている。そして、「オーラル・プロフィシェンシー」を、以下の 3 つの観点から複合的に捉えることを提案している．

(1) 伝達意図の達成度[2]：当該言語において意思疎通ができる能力
(2) ポライトネスの適切性：当該言語における意思疎通や感情のコミュニケーションが、対人関係的観点から円滑に行える能力
(3) 言語行動の洗練度：当該言語・文化において洗練されているとみなされている言語行動ができる能力

　以下に、この３つの観点について、より具体的に解説していく。
　（1）の「伝達意図の達成度」は、文字通り、自分の意図をどのくらい正確に相手に伝えられたか、また、相手の意図を理解できたかの度合いである。レストランで、「すみませんが、お水をもう一杯いただけますか」と言っても、「水、おかわり」と言ったとしても、おかわりがもらえたとしたら、どちらも「伝達意図の達成度」は、同様であると考える。もう少し複雑な談話レベルのやりとりを通して意図を伝える必要があるようなコミュニケーションで、意思疎通がスムースに進んだ場合は、「伝達意図の達成度」は高く、逆に、途中で行き詰まりや誤解が生じたりして、なかなか相手にうまく意図を伝えられなかった場合は、その誤解や行き違いの度合いに応じて、「伝達意図の達成度」の評価を行う。
　（2）の「ポライトネスの適切性」は、「ディスコース・ポライトネス理論」（宇佐美 2002、2003b、2008）の枠組みで「ポライトネス」を捉えるものであり、話し手側の、当該の言語行動のフェイス侵害度の見積もりに基づく「ポライトネス・ストラテジー」と、話し手と聞き手の種々の「見積もり差（De 値）」から生まれる「ポライトネス効果」を区別して考える。「ポライトネスの適切性の判断は、『相対的』なものとして捉える」というところが、従来的なポライトネスの捉え方や評価基準とは大きく異なる点である。以下に、「見積もり差（De 値）」、「行動の適切性」、「ポライトネス効果」の関係をまとめたものを、図１として示しておく[3]。ディスコース・ポライトネス理論の考え方を、プロフィシェンシーの「評価」に適用する場合は、既に行われた話し手の言語行動の評価であるため、予測ではなく、聞き手側の捉え方を重視した「ポライトネス効果」の観点から「ポライトネスの適切性」を判断することになる。

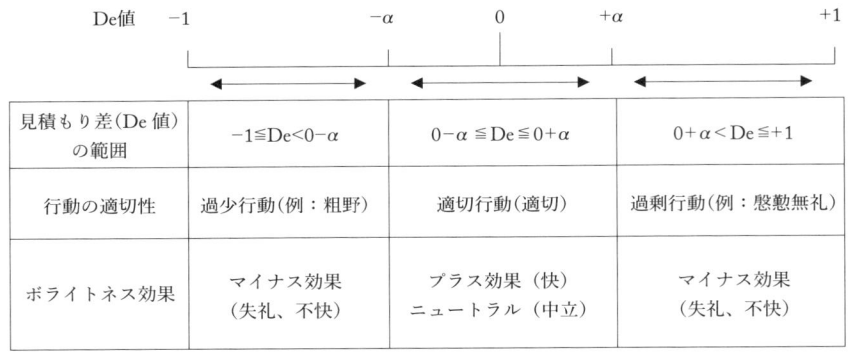

De値	−1 ～ −α	−α ～ +α	+α ～ +1
見積もり差（De値）の範囲	−1≦De<0−α	0−α≦De≦0+α	0+α<De≦+1
行動の適切性	過少行動（例：粗野）	適切行動（適切）	過剰行動（例：慇懃無礼）
ポライトネス効果	マイナス効果（失礼、不快）	プラス効果（快）ニュートラル（中立）	マイナス効果（失礼、不快）

見積もり差（Discrepancy in estimations:De値）*：De=Se−He
Se：話し手（Speaker）の「見積もり（estimation）」．仮に，0から1の間の数値で表すものとする．
He：聞き手（Hearer）の「見積もり（estimation）」．仮に，0から1の間の数値で表すものとする．
α：許容できるずれ幅
*「見積もり（estimation）」には，以下の3種がある．
①「ある有標行動のフェイス侵害度」の見積もり
②「談話の基本状態」が何であるかについての見積もり
③「フェイス侵害度に応じて選択されたポライトネス・ストラテジー」についての見積もり）

図1　「見積もり差（De値）」、「行動の適切性」、「ポライトネス効果」

　先の「水」の例に戻ると、音声的な特徴の影響は、とりあえず議論を簡単にするためにおいておくとしても、同じように「水、おかわり」と言っても、日本語の母語話者でないことが明らかな人が、一生懸命考えながら、やっと「水、おかわり」と言った場合と、日本語母語話者が、少々えらそうな態度で「水、おかわり」と言った場合では、聞き手側から見た「ポライトネス効果」は、異なると捉える。つまり、前者は、当該場面でどのくらいの言語表現が適切であるとみなすかという「行動の適切性」についての聞き手と話し手の「見積もり差（De値）」は、許容範囲内となるが、後者は、「見積もり差（De値）」の範囲が許容範囲を超え、マイナス効果を生むこともあり得る。つまり、見積もり差の「許容できるずれ幅（α）」は、一般に、母語話者に対してよりも、日本語の運用能力の低いいわゆる初級・中級の日本語学習者に対してのほうが、大きくなると仮定できる。つまり、「水、おかわり」という発話や、「すみませんが、お水をもう一杯いただけますか」という発話の「ポライトネスの適切性」は、文レベルの表現の丁寧度としてだけでなく、

談話レベルから見た文脈や、話者の属性(母語話者か非母語話者か等)までをも含む、様々な要因を考慮して相対的に捉えるのである。

このように、ディスコース・ポライトネス理論の原則で考えると、「ポライトネス効果」は、相対的に決まってくるため、当該の言語行動の話し手と聞き手の「見積もり差(De 値)」が許容範囲内に入っている場合は、その「言語形式自体の丁寧度」にかかわらず、基本的にその言語行動は、少なくともお互いにとって「適切」だということになる。より厳密に言うと、話し手と聞き手の「見積もり差(De 値)」が 0 に近いほど、聞き手と話し手の期待する言語行動が一致しているということである。また、「許容できるずれ幅($α$)」が、$+α$ であれば、表現自体の丁寧度は高く、$-α$ であれば、表現自体の丁寧度は低いということになる。また、見積もり差が許容範囲($±α$)を超えた場合は、当該の有標行動の「有標性」が高い、つまり、「当該場面で期待される一般的な行動」からの乖離の度合いが大きければ大きいほど、「マイナス効果」の度合いも大きくなると考えられる。このような「ポライトネス効果」の相対的な捉え方は、「ディスコース・ポライトネス理論」の原則に基づくので、詳しくは、宇佐美(2003b, 2008)を参照されたい。

ここでは、理論の詳細には踏みこめないが、「プロフィシェンシーの評価」という観点から言うと、極端に言えば、先の例の日本語母語話者の「すみませんが、お水をもう一杯いただけますか」も、初級日本語学習者の「水、おかわり」も、「ポライトネスの適切性」という観点からは、どちらも「適切」、或いは、「許容範囲内」であると捉えることができる。ただし、その場合も、この「すみませんが、お水をもう一杯いただけますか」と「水、おかわり」には表現上の違いがあるわけであるが、それは、次の「言語行動の洗練度」の問題として扱うことになる。

プロフィシェンシーの評価をする際の「ポライトネスの適切性」とは、従来とは全く異なる「相対的」な観点からポライトネスを捉えるもので、「適切なポライトネス」を段階づけ、評価し、それに合わせるように「指導」していくという捉え方ではなく、逆に、相対的な「ポライトネスの適切性」の観点から、現実の円滑なコミュニケーションに支障をきたしかねないものをまず取りあげ、言語教育上優先的に扱っていくという考え方になる。重要な

点は、基本的に、当該の言語行動が聞き手の捉える「行動の適切性」の許容範囲内に入るものなのか(これを「適切」と呼ぶ)、許容範囲を超えてしまいマイナス効果を生んでしまうものなのか(これを「不適切」と呼ぶ)という2つの区別である。相対的なポライトネスの適切性は、相手や場面、コンテクストに応じて個別に判断されるものであるので、一般的な教材では扱えないものである。そこで、このような「コミュニケーション教育」のためには、談話研究のデータでもある「自然会話」が、貴重な教材となるのである。ここで言う「不適切」と判断される言語行動には、慇懃無礼や、学生が友達に敬語を使うなど、場面や相手にそぐわず「丁寧すぎる表現」を使った場合なども含まれる。言語教育の観点からは、単なる言語形式の丁寧度だけの問題ではない、「不適切」と判断されるような「言語行動」をとりあげて、なぜそれが不適切なのかを説明し、理解を促すことがしやすいからである。

　(3)の「言語行動の洗練度」は、文レベルの表現の洗練度(文法、発音、語彙等)と、談話レベルの洗練度(語用論的能力、社会言語学的能力、流暢さ)双方から考える。日本語においては、通常、難しい語彙や敬語が適切に使用できているということは、文レベルの洗練度が高いということになる。しかし、逆に、「明日は、都合が悪いです」よりも、「明日は、ちょっと…」のように、状況に応じて適切な「中途終了型発話」が使用できることは、当該の語彙数は少なくても「言語行動の洗練度」が高いとみなせることもある。また、直接的に依頼だけをするのではなく、前置きやヘッジを適切に用いるというようなことも、談話レベルから見た「言語行動の洗練度」の高さとみなすことができる。

　先の「すみませんが、お水をもう一杯いただけますか」と「水、おかわり」を例にとると、「ポライトネスの適切性」は、話者の属性や文脈などから相対的に決まってくると捉えるため、どちらが「ポライトネスの適切性」が高いか低いかは、そういうコンテクスト情報がない限り、一概には言えないことになる。しかし、文レベルの「言語行動の洗練度」については、明らかに「すみませんが、お水をもう一杯いただけますか」のほうが「洗練度が高い」と判断する。

　以上、プロフィシェンシーの3つの観点の捉え方について、概観した。会

話教育の観点からは、「言語行動の洗練度」を高めていくということが、語彙の豊富さや、複雑な敬語が使えるということなども含むため、従来的な学習内容や学習レベルとほぼ相関する中心的な課題になる。しかし、ACTFLのガイドラインにあるような機能的言語能力に加えて、あえて最後まで言わない「中途終了型発話」や会話における相互作用の能力が関係する、二人以上の話者で一文を作る「共同発話」などは、いずれも、ACTFLの評価基準では、「文」レベルに満たない「断片的発話」として評価されることになってしまう。しかし、聞き手としても会話に積極的に貢献する適切なあいづちの打ち方など、一般に、日本語に特徴的だと言われている（しかし他の言語にもある）このような言語行動が適切に行えるということも、「言語行動の洗練度」に関係する。このような「表現方法」や、「やりとりの仕方」の自然さや巧みさなども、積極的に「日本語のプロフィシェンシー」の評価に取り入れる必要がある。

　「プロフィシェンシー」というものは、言語運用能力の総体として捉えられるものであり、「総合的に判断する」ことが重要である。しかし、ただ、「総合的」と言っても捉えどころがない。そこで、談話研究のこれまでの研究成果に基づいて立てたのが、以上に説明した「伝達意図の達成度」「ポライトネスの適切性」「言語行動の洗練度」という３つの観点である。

　一口に「総合的なプロフィシェンシー」と言っても，内実は、これら３つの観点からのプロフィシェンシーの度合いがアンバランスな形で総合的なプロフィシェンシーが構成されていることもありえる。そういう場合も、これらの３つの観点を明確にしておくことで、そのいずれかが不十分な場合は、観点を絞った指摘や助言ができる。例えば、「明日は，都合が悪いです」という発話は、「伝達意図の達成度」「ポライトネスの適切性」ともに、致命的な問題はないが、「言語行動の洗練度」の観点からは、「他に、より洗練度が高い表現がある」というように説明し、他の表現や言い回しをいくつか提示するというような指導ができるからである。また、言葉巧みに皮肉を言うということも、「言語行動の洗練度」は高いとみなすことになる。ただし、この場合、「ポライトネスの適切性」は、（相対的に決まってくるとは言え）許容範囲外になる可能性も高いと考えられる。

現段階では、これら3つの観点の基準の表し方(例えば、1から10までの点数、或いは、いくつかの段階で表すのか等)は、図1に示した「ポライトネスの適切性」の捉え方以外は未定であり、今後、検討していきたい点である。今のところ、「伝達意図の達成度」については、話者の意図がどのくらいスムーズに相手に伝わったか、また相手の意図をどのくらい正確に理解しているか等に応じて、段階づけることができると考えている。また、「言語行動の洗練度」は、従来的な学習レベルの基準と相関する点が多いので、それらをベースに、先にあげた「中途終了型発話」や「共同発話」、「適切なあいづち」などの言語行動をより具体化して、レベル分けしていくことを考えている。「ポライトネスの適切性」については、図1「行動の適切性とポライトネス効果」にまとめられた原則で捉え、とりあえずは、「マイナス効果」を生みうる表現や言語行動を抽出し、なぜ、マイナス効果を生みうるのかの説明を加えて理解を促すという適用の仕方を考えている。

　このような捉え方の実際の言語教育への応用について考える前に、次節では、まず、この3つの観点から教材用に創作された会話と自然会話のやりとりを簡単に比較・分析することによって、この3つの観点の捉え方をより具体的に示すとともに、自然会話を分析するからこそ明らかになってくる新たな「プロフィシェンシー」の要素を例示する。

3. 談話研究の観点からの会話の分析例

　本節では、シンポジウムの共通課題の(2)の「談話研究の考え方に基づくと、どのような研究が必要で、且つ、可能か。また、そのためにはどのような能力開発が必要で、且つ、可能か？」に答えるべく、いくつかの分析例をあげながら考えていく。

　プロフィシェンシーを、「伝達意図の達成度」、「ポライトネスの適切性」、「言語行動の洗練度」という3つの観点から捉え、日本語学習者のプロフィシェンシーをそれぞれの観点から高めていくには、まずは実際の自然会話のやりとりを、これらの観点から分析してみることが必須である(Usami 2005)。以下では、自然会話の特徴を明らかにするため、教材のために作ら

れた会話と自然会話とを比較しながら分析し、そこから得られる自然会話の特徴を示す。そして、それらをいかに今後の会話教育に生かすことができるかについて論じる。

3.1 教材のために作られた会話と自然会話の比較

ここでは、自然会話の特徴をより明確にするために、教材のために作られた会話と自然会話の比較分析を行う。

3.1.1 創作会話－図書館での問い合わせ（母語話者）

以下は、東京外国語大学のTUFS会話モジュール[4]における、「質問の仕方」を学習項目とした「時間について尋ねる」というスキットを文字化したものである。それぞれの発話の右側に、ポイントとして指摘できる点を挙げている。「質問」は、質問の機能がある発話、「答え」は、答えの機能がある発話である。

〈創作会話―図書館での問い合わせ（母語話者）〉
　状況：学生の鈴木さんが図書館の利用について尋ねる[5]。

ライン番号	話者	発話内容	ポイント
1	鈴木	すみません。	
2	図書館員	はい。	
3	鈴木	図書館は夏休み中も開いていますか。	質問
4	図書館員	ええ、開いていますよ。	答え
5	鈴木	何時から開いていますか。	質問
6	図書館員	9時からです。	答え
7	鈴木	自習室は何時まで使えますか。	質問
8	図書館員	5時まで使えます。	答え
9	鈴木	土日も使えますか。	質問
10	図書館員	夏休み中は、土日はお休みなんです。	答え
11	鈴木	ありがとうございます。	

この会話の特徴として、以下のことがあげられる。

(1) 「質問」－「答え」の定型的なやりとりで終わっている。
(2) 情報伝達のための「必要最低限の発話」のみで構成されている。
(3) 前の発話を受けて次の発話を行うというよりは、聞きたいことをすべて質問しているだけである。（「答え」の発話に対する反応が一切ない。）
(4) 実際の会話と異なり、例えば、質問や答えの内容が談話展開に応じて複雑になるというような、談話の中でタスクの難易度が変わるというようなことがない。形式も、単文のままである。

プロフィシェンシーの3つの観点から評価すると、以下のようになる。
(1) 「伝達意図の達成度」は、高い。（無駄がないように作られている。しかし、実際の会話には、一見、無駄にもみえるようなやりとりが多々ある。）
(2) 「ポライトネスの適切性」は、最低限を満たしている。（特に、失礼があるわけではない。）
(3) 「言語行動の洗練度」についても、文法的誤りがあるわけではないという意味で、最低限を満たしているが、洗練度は、高くない。例えば、ライン4の図書館員の「ええ、開いていますよ」に対しては、いきなり次の質問に入る前に、「ああ、そうですか」という発話がほしいところである。また、そのあとも、教科書的な文「何時から開いていますか」ではなく、「何時からですか？」でよいだろう。つまり、ライン5は、「ああ、そうですか。何時からですか？」くらいでよいのではないだろうか。「言語行動の洗練度」の観点からは、このような相互作用性や、「何時から開いていますか」ではなく、「ああ、そうですか。何時からですか？」というような、前の発話を受けての省略が行われている言い方のほうを、より洗練度が高いと判断する。

3.1.2 自然会話1－不動産屋での問い合わせ（中級話者）

先の創作会話（図書館での問い合わせ）と全く同じ場面を自然会話データの中から選び出すことは難しい。ここでは、先の「質問する」と比較的条件が

近い、「問い合わせる」という行動が含まれている「中級話者」と「超級話者」の自然会話データ[6]を取り上げ、創作会話と自然会話の違いと、学習者のレベルによる言語行動の違いを比較する。

ACTFL Oral Proficiency Guidelines では、話者にとって、常々繰り返されている活動や、身近な場面では、あまり高い遂行・処理能力を必要としないとされているが(鎌田 2000: 18)、「不動産屋で部屋を探す」という活動は日常的に繰り返されるものではないため、高い「機能／タスク遂行能力」や「場面／内容処理能力」が求められる場面であると言えるだろう。

以下に、自然会話データの基本的な情報を簡単に記す。

表1　不動産屋での問い合わせ会話

	自然会話1	自然会話2
場面	日本語学習者が東京外国語大学周辺の不動産屋で部屋を探す	
話者	中級話者(ベトナム人)と不動産屋店員	超級話者(韓国人)と不動産屋店員
分析対象時間	4分55秒	3分33秒

以下の会話は、ベトナム人男性グエンさん(仮名)が、引越しの相談のために不動屋を訪れ、はじめにアンケートに記入し、希望する地域を伝えた後のやりとりである。

先の「質問する」ことを学習項目として作られた教材の発話ややりとりと比較するため、「ポイント」という列を設け、質問の発話の部分には「質問」と記した。また、}をつけた「意味交渉のプロセス」という部分は、意味交渉が行われている箇所を示す。

さらに、ここでは、日本語のプロフィシェンシーにおいて重要な役割を果たし、且つ、短い談話からでも取り上げて例として示しやすい「スピーチレベル」について、「伝達意図の達成度」、「ポライトネスの適切性」、「言語行動の洗練度」の3つの観点から、グエンが「母語話者との見積もり差(De 値)」を「$0 \pm \alpha$」の許容範囲内に収めることができているかどうかを考察する。そのため、グエンのすべての発話のスピーチレベルの適切性を、2名

の日本語母語話者が、録画ビデオを見ながら母語話者の自然な感覚で評定して、評定者間信頼性係数を算出した（$\kappa = 0.79$）[7]。各発話の右側に「スピーチレベル」の列を設け、スピーチレベルの使用が自然な場合は〇、不自然な場合や失礼に感じられる場合は×を記した。また、「敬体」が必要だと判断された場合は「要」、「敬体」がなくても自然な場合は「不要」と記した。

〈自然会話1[8]　不動産屋にて　日本語中級話者〉

発話文番号	話者	発話内容	ポイント	スピーチレベル
67-1	グエン	/少し間/あと、あー、ん、[地図を指して]この、駅の近くに,,		/[9]
68	店員	はい。		
67-2	グエン	スーパーマーケットがありますか？。	質問	〇
69	店員	はい、[地図を指して]ここ、『丸正』っていうところと、(あー)[地図を指して]ここ、『サクラコマース』。		
70	グエン	『サクラコマー…』。		〇
71	グエン	あの、何の店ですか？。	質問	〇
72	店員	これスーパー〈マーケットですね〉{〈}。		
73	グエン	〈スーパーマーケット〉{〉}、あ、そう。		←要「ですか」×
74	店員	あと郵便局とか、色んなもの、ここにね(おお)、大きな車返団地 'くるまがえしだんち' っていうのがあるので、ここ大きなスーパーマーケットが、ね、団地のためにあるような感じです。		
75	グエン	でも、値段はどう？。	質問	←要「ですか？」×
76	店員	値段は比較的、中央線に比べれば全然安いと思い〈ますよ〉{〈}。		
77	グエン	〈あー〉{〉}。		〇
78	店員	〈はい〉{〈}。		
79	グエン	〈いくら？〉{〉}。	質問	←要「ですか？」×

80	グエン	えっと、1ヶ月(んー)いくら?。	質問	←要「ですか?」×
81	店員	いくらぐらいをご希望ですか?=。		
82	店員	=一番出せる金額はいくらですか?。		母語話者の不自然な表現、フォリナートーク?
83	グエン	ん、なんですか?。		○
84	店員	ん、家賃。		
85	グエン	あ、い、意味、家賃は?。[→]		意味交渉
86	店員	家賃の、[手を前に伸ばす]一番お金を出せる金額は、いくらまでですか?。	意味交渉のプロセス	
87	グエン	[友人のほうを見た後で]あのーえ、4せ、4万。		←要「ですか?」×
88	店員	4万円ぐらいですね。		
89	グエン	4万円ぐらい。	コミュニケーションの成功	←「です」不要(復唱)○
90	店員	/沈黙2秒/はい、4万円ぐらいで、じゃあ3万円台で探すということですよね。		
91	グエン	でも、このー(うん)、このー、お金ぐらいは(ん)、えっとー、キッチンやシャワーはどう?。	質問	←要「ですか?」×
92	グエン	キッチン、シャワー…。	意味交渉のプロセス	○(復唱)
93	店員	キッチン??、えー、光熱費かな??。	コミュニケーションの失敗	
94	店員	あのガスとか、電気〈とか〉{〈}。		
95	グエン	〈うん〉{〉}、うん。	意に反した返答	○(あいづち的)
96	店員	うん、そういうお金をまた別に支払わなくてはいけません。		
97	グエン	あー、(うん)別。	意味交渉のプロセス	←「ですか」不要 ○
98	店員	別です。		

99	グエン	えーと、あー、自分の部屋は〈ない〉{〈}。	助詞の使い方(自分の部屋「には」ない。)	←「ですか」不要 ○
100	店員	〈そうで〉{〉}すね。		
101	店員	え?、別の(ん)、あー、(あ)うん、例えば、んー、ちょっと待ってね。[店員が資料を取りに席を立つ]	意味交渉のプロセス	
102	店員	/沈黙5秒/こちらの今ちょっと多磨駅の近くの(はい)物件なんですが、ちゃんとどのお部屋にもこういうふうにお部屋に(んー)、キッチンがあって、(はい)おトイレとお風呂がある感じですね。		
103	グエン	あー、じゃ、全部4万。	助詞の使い方(全部「で」4万。)	←要「ですか」或いは、言い淀み「…」 ×
104	グエン	1ヶ月4万。		←要「ですか?」 ×
105	店員	ん、これはちょっと違いますけれども(んー)、1ヶ月4万円のところを、探すという形になります。	コミュニケーションの成功	

※文字化の原則は、宇佐美(2003a, 2006c)の「改訂版:基本的な文字化の原則(Basic Transcription System for Japanese:BTSJ)」に従っている[10]。そのため、句点「。」や読点「、」が、例えば、「?。」のように、慣例的な使い方とは異なる使い方をする場合もある。文字化資料の中で用いられている各種記号の説明については、宇佐美(2006c)を参照されたい。

※また、本談話例は、オリジナル・データの途中からの抜粋のため、ひとまとまりの会話における発話文の通し番号となる「発話文番号」は、1から始まっていない。

グエンの言語行動の特徴として、以下のことがあげられる。

(1) 「質問」-「答え」という形ばかりではなく、「答え」から発展したやりとりもみられる。
(2) 相手からの質問に対して、なかなかスムーズには、答えられない。→「機能／タスク遂行能力」があまり高くないため、予期しない活動に即座には対応できない。
(3) 意味交渉のねじれがおき、機能／タスクの遂行が難しくなるときがある。

プロフィシェンシーの3つの観点から評価すると、以下のようになる。

「伝達意図の達成度」、「ポライトネスの適切性」は、対人関係に支障が出るほどではないが、時々、問題が生じている。また、必要なところで「ですか」を省略してしまったり、言い淀んで(BTSJにおける記号は、「…」)、発話をやわらげることなどができておらず、「言語行動の洗練度」は低いとみなすことができる。

3.1.2.1 「伝達意図」の達成度

次に、この会話のやりとりのライン75から90までの、「家賃の相場」に関するやりとりを、「伝達意図の達成度」という観点から、より詳細に考察していく。

グエンはライン79で「いくら？」とだけ聞いた後、即座にライン80で「1ヶ月いくら？」と言い直した。話の流れからは、家賃の「相場」を教えてもらいたかったと考えられる。しかし、店員は、具体的な相場については触れず、ライン81で「いくらぐらいをご希望ですか？」と尋ね、さらに次のライン82で「一番」という言葉をやや強調し、「一番出せる金額は、いくらですか？」と言い直す。店員は、「一番」という言葉で切り出したせいか、続く表現が「(お金を)出せる金額」とやや不自然になってしまっている。グエンのあまり理解できていないような表情を見て、フォリナートークになってしまったとも考えられる。

店員の発話がかえって難しい表現になってしまったことと、また、ここで質問されるとは思ってもみなかったのか、グエンは、ライン83では、「なんですか」と、とまどったように聞き返している。この後、しばらく意味交渉が続くが、店員は、「家賃」の意味を問われたのにもかかわらず、それには答えず、ライン86で「家賃の、一番お金を出せる金額は、いくらまでですか？」と、ライン82とほぼ同じ表現で、質問を繰り返す。ただ、「出せる」の部分で手を前に出すようなゼスチャーをし、ゆっくりと「いくらですか」と言うことによって、グエンの理解を助ける努力はしている。その甲斐あってか、グエンは意味を推測でき、ライン87で「4万」と答えている。ライン88の店員の確認のための復唱、ライン89のグエンの復唱で、「家賃の予

算は4万円まで」という情報を共有し、最終的には、コミュニケーションが成功したことがわかる。

　グエンは、最初、「家賃」という言葉の意味がわからなかったが、店員のゼスチャーや「いくら」という既知の言葉などの様々な手がかりから、「家賃」の意味を推測し、正確に答えることに成功している。「伝達意図の達成度」の観点から見れば、質問したり復唱したりして相手の言ったことを確認するだけではなく、相手のゼスチャーを見ることによって、相手の発話の意図を推測し、コミュニケーションを成功させたといえる。これらのことから、グエンの「伝達意図の達成度」は、完璧ではないが、相手の意図を理解し、また自分の意図をなんとか相手に伝達できているレベルであると言えるだろう。また、このような相互作用によって、最初はわからなかった「家賃」という言葉の意味が理解できたという意味で、一時的にせよ、「相互作用が学習を促進した」と考えることができる。（あえて、「一時的」としたのは、「家賃」という言葉の意味を本当に「習得」したのかどうかは、厳密には、後にテストでもしない限り、確定できないからである。）

3.1.2.2 「ポライトネスの適切性」

　次に、「ポライトネスの適切性」について考察する。自然会話1のスピーチレベルの評定を見ると、グエンの19発話中8発話（42%）が敬体であるべきところが常体になっており、2名の評定者から不適切であると認定されている。つまり、グエンの発話の約42%が、敬体と常体のどちらがより適切かということについての母語話者とグエンとの見積もり差（De値）が、許容できるずれ幅（α）を超えており、許容範囲内に入っていないということになる。しかし、グローバルな観点から逆の見方をすると、グエンの19発話中11発話（約58%）は、自然であると評定されているということであり、ライン67-2の「スーパーマーケットがありますか？」、ライン71の「何の店ですか？」というように、適切な場所で敬体を使用していることもあることを見ると、グエンが敬体の使用を習得していないわけではないことがわかる。

　このように、グエンの発話には、ローカルな観点（詳細後述）から見るといくつかポライトとは言えない部分があるが、これには、「ポライトネスの受

け止め方の相対性」という側面が関係してくる。つまり、グエンの日本語力があまり高くないので、店員は、「ポライトネスの適切性」より、「伝達意図の達成度」を優先していると考えられる。ディスコース・ポライトネス理論で考えると、グエンの日本語力が高くないことによる「相対的認知」により、聞き手(店員)側の認知としての実際の「ポライトネス効果」は、マイナス効果にはなっていないと考えられる。換言すると、店員の「許容できるずれ幅(α)」が大きめになっていると解釈できるのである。そのため、グエンの発話に、規範的な観点からはポライトには感じにくい部分があったとしても、店員は気にせず、話はスムーズに進んでいるのである。このように、「ポライトネスの適切性」は、聞き手によって相対的に受け止められるものとして捉えられる。これらを総合的に考えると、グエンの「ポライトネスの適切性」には、致命的な問題はないと判断できよう。ただし、スピーチレベルのように、例えば、「ここでは、敬体のほうが適切である」ということが明らかなものについては、教育的観点からは、随時、指摘し指導するほうが望ましいと言えるだろう。

3.1.2.3 「言語行動の洗練度」

自然会話1のやりとりから明らかなように、グエンは、複雑な文や高度な語彙を使っているわけではなく、グエンの文レベル(表現法等)から見た「言語行動の洗練度」は、高くないと言える。しかし、敬体を使っている発話もあることから、グエンは、こういう状況(不動産屋での初めての問い合わせ)においては「敬体」が「無標スピーチレベル」であるということは、ある程度、理解していると考えられる。ただ、グエンの発話のスピーチレベルの42%が、敬体であるべきところがそうなっておらず、不適切だと評定されているということは、グエンは、「敬体」が無標スピーチレベルであっても、それを省略しても失礼にならない部分で省略したり、時には常体を使用する、という「グローバルな観点から見た敬体の使用・不使用」という「スピーチレベルのシフト操作」が、十分には学習できていないということになる。よって、談話レベルから見た「言語行動の洗練度」は低いと捉えられる。スピーチレベルの「シフト操作」は、グローバルな観点からしか捉えられな

いものであり、この状況においては、ポライトネスというよりも、むしろ「言語行動の洗練度」の問題として捉えられる。

　先に見た「ポライトネスの適切性」が、聞き手の受け止め方によって影響される「相対性」の強いものであるのに対して、「言語行動の洗練度」は、理論的には、絶対的観点からある程度順序づけられるものである。今後、これまでの言語教育におけるプロフィシェンシーのレベルの評価基準などの成果を踏まえた上で、それらに加えて、これまでほとんど取り上げられてこなかった「自然会話に特徴的な言語行動」を学習項目に加え、それらの難易度を段階づけていくための研究が期待される。

3.1.2.4　ローカルな観点とグローバルな観点 [11]

　次に、ライン 91 から 105 までの、「部屋に台所や風呂が付いているかどうか」を尋ねる際のやりとりを、ローカルな観点とグローバルな観点双方から分析する。この両方の観点から分析することによって得られることは、今後の会話教育に示唆する重要な点を含んでいるからである。

　まず、ローカルな観点から「伝達意図の達成度」を検討する。ライン 91 のグエンの「でも、このー、このー、お金ぐらいは、えっとー、キッチンやシャワーはどう？」という発話は、家賃の話をしているという文脈から、「このくらいの部屋 (3 万円台の部屋) に台所や風呂は付いているか」という質問であることが推測可能である。しかし、店員にはその意図が伝わらず、店員はライン 93 で「キッチン？、えー、光熱費かな？」と言っている。つまり、店員には、ライン 91 のグエンの発話「キッチンやシャワーはどう？」だけでは、光熱費のことか、設備の有無について尋ねているということが分からなかったのである。ローカルな観点から見ると、グエンは、「どう」以下（どうですか？付いていますか？）を省略したことによって、店員と、うまく意思疎通ができなかったと解釈できる。つまり、ローカルな観点からは、この発話によるコミュニケーションは失敗していると言える。

　しかし、このやりとりをグローバルな観点から見ると、ライン 99 のグエンの「自分の部屋（に）はない」［（　）内筆者］という発話が、グエンが店員の発話の意味を理解していないことを露呈させたことによって、その後の店

員のさらに丁寧な説明が誘発されたと見ることができる。ライン 96 で店員が「うん、そういうお金をまた別に支払わなくてはいけません」と説明したときに、グエンがライン 97 で「別」だけを繰り返したことから、グエンは、この時、「別」という言葉しかわからなかったのではないかと推測できる。そして、この後、ライン 99 でグエンが、「別」という言葉を手がかりに、「(キッチンやシャワーが)自分の部屋(に)はない」[(　)内筆者]と、自分なりに理解したことを自分の言葉で言い直して発したときに、店員は、はじめてグエンがそれまでの話を理解していなかったということに気づく。そこで、店員は、資料(間取り図)を取りに行き、ライン 102 以降で、それを見せながら分かりやすく説明したのである。そして、ライン 102 の店員の丁寧な説明は、グエンにとって理解可能なインプットとなったのである。このようにしてグエンは最終的には必要な情報を得ることができ、伝達意図は達成されたと言える。

　このように、グローバルな観点から見ると、ライン 99 の、グエンが内容を理解していないことを示す発話が引き金となって、グエンと店員との新たな「相互作用」が生じたと考えられる。そして、そのことによって、店員の説明がより分かりやすいものへと変わっていき、グエンは、結果として、理解可能なインプットを得ることができたと解釈できるのである。「相互作用が学習を促進する」ということの 1 つのきっかけがここに見られる。

　言語教育の観点からは、このように、伝達意図を達成するために、必要なリソースを「引き出す」ストラテジーの指導も重要である。逆説的であるが、グローバルな観点から見ると、「自分が理解していること」、或いは、「理解していないこと」を相手に伝えるような「発話」は、たとえ後者(理解していないことを伝える発話)であっても、後の理解につなげる重要なストラテジーであると考えることができるのである。

3.1.3　自然会話 2 ―不動産屋での問い合わせ(超級話者の場合)

　次に、学習者のレベルによる比較のために、このグエンの場面とほとんど同じ状況における超級話者の会話を分析する。
　以下の会話は、韓国人男性李さん(仮名)が、引越しの相談のために不動屋

を訪れ、はじめにアンケートに記入した後のやりとりである。先の自然会話1の例と同様に、「ポイント」という列を設け、それぞれの発話において、機能や特徴として指摘できる点を挙げた。例えば、「『が』の終助詞的用法」（が使用できている）と記したり、「日本の風呂の形式について」のように、「文化的知識を要する内容」だと示している場合もある。ライン44の「助詞の使い方」と記したところは、この会話の中で、唯一、不自然である（「今の時点では」と言ったほうがよい）と判断された箇所である。「スピーチレベル」については、先のグエンと同様に、文末に「です」が現れていない場合、それが、省略しても自然で、適切かどうかを、録画ビデオを見ながら、2名の評定者が判断した[12]。以下では、「です・ます」がない部分について、「です・ます」を省略するのが自然なところには、「省略可能」と記した。

〈自然会話2　不動産屋にて　日本語超級話者〉

発話文番号	話者	発話内容	ポイント	スピーチレベル
36	店員	はーい、今回お引越しということで、お部屋探しです〈よねー?〉{〈}。		
37	李	〈あ〉{)}、はい。		
38	店員	ご自身、お1人様だけですか?。		
39	李	あ、そうです。		
40	店員	はーい。		
41	店員	じゃあ1部屋あればいいですね。		
42	李	そうで〈すね〉{〈}。		
43	店員	〈駐車〉{)}場は必要ですか?。		
44	李	えー、今の時点で要らない〈です〉{〈}。	助詞の使い方	
45	店員	〈要ら〉{)}ないですねー。		
46	李	はい。		
47	店員	大体、場所はどのへんをご希望されて〈いますか?〉{〈}。		
48-1	李	〈えとー〉{)}、学校から,,		
49	店員	はい。		
48-2	李	自転車で10分ぐらいの。		省略可能
50	店員	学校から(はい)10分ぐらいのところ(はい)ですね。		

51	店員	自転車。		
52	店員	[NNSが軽くうなづく] はい。		
53	店員	と、お部屋なんですが、(はい)間取りは、和室と洋間があるんですけど。		
54	李	えーと、洋間で。		省略可能
55	店員	洋間で。		
56	李	はい。		
57	店員	はい。		
58	店員	和室は嫌'や'ですか？。		
59	李	え、別に嫌'いや'でもない、(〈笑い〉)い、嫌'いや'ではないんですけれども、あの、できれば〈っていうことで〉{〈}。	条件つきの希望の述べ方	省略可能
60	店員	〈できれば〉{)} 洋間のほうがいいですか？。		
61	李	はい。		
62	店員	広さはどのぐらいあればいいですかー？。		
63	李	えーと、部屋の広さだけで6畳ぐらいあればいいなと思うんですが。	←「が」の終助詞的用法	
64	店員	6畳ですね＝。		
65	李	＝はい。		
66	店員	はい。		
67	店員	お風呂トイレは？。		
68	李	えっとー【。		
69	店員	】別々のと、3点ユニットといって一緒のタイプのものとあり〈ますが〉{〈}。	日本の風呂の形式について	
70	李	〈えっと〉{)}、ユニットバスでもかまわない、です＝。		
71	店員	＝ユニットバスでも大丈夫〈ですか？〉{〈}。		
72	李	〈はい〉{)}。		
73	店員	はい。		
74	店員	家賃によっては、って感じです〈ねー〉{〈}。		
75	李	〈あ〉{)}、はい。		
76	店員	はい。		
77	店員	お部屋のある階数、1階とか2階にはこだわりあります〈か？〉{〈}。		

78-1	李	〈えーと〉{ }〉、階、その…、ん、できれば2階のほうで,,		
79	店員	2階のほうがいいですね。		
78-2	李	で、あの、部屋と部屋の、その間があって、角、のほうがいいんですけれども。	←「けれども」の終助詞的用法	
80	店員	角部屋です〈ねー〉{〈}。	日本の部屋の形式について	
81	李	〈はい〉{ }〉。		
82	店員	/少し間/はい。		
83	店員	オートロックは要らないですね?、〈特に〉{〈}。		
84	李	〈や、別に〉{ }〉、〈そっちは〉{〈}。		省略可能
85	店員	〈はい〉{ }〉。		
86	李	はい。		
87-1	店員	あと、お日様の関係の、向きなんです〈けれども〉{〈}[↑],,		
88	李	〈えっと〉{ }〉、南。		省略可能
87-2	店員	南とか。		
89	李	はい。		
90	店員	あと東でも大丈夫ですか?。		
91	李	ん、大丈夫だと思います。		
92	店員	できれば南って〈感じで〉{〈}。		
93	李	〈はい〉{ }〉。		
94	店員	はーい。		

　李の会話の特徴として、以下のことがあげられる。
（1）「答え」から発展したやりとりがスムーズに行われている。
（2）意味交渉のねじれがおきることがない。
（3）スピーチレベルのシフト操作（敬体の使用・不使用の切り替え）が適切である。
（4）「伝達意図の達成度」、「ポライトネスの適切性」、「言語行動の洗練度」のいずれも高い。

　中級話者と超級話者、それぞれの会話におけるやりとりを比較すると、次のようなことが言えるだろう。どちらの学習者も、最終的に得たい情報を得

ている。つまり、意思疎通はできていた。しかし、中級話者のグエンは、途中でコミュニケーションに失敗したりしながらの意味交渉のプロセスを経て、やっと情報を得ることができた感がある。そういう意味で、「伝達意図の達成度」という観点からは、超級話者の李と比べると、かなりプロフィシェンシーが低いと判断できる。

　また、「ポライトネスの適切性」については、超級話者の李の場合、全く問題がない。中級話者のグエンは、中途終了型発話やスピーチレベルシフト（です・ますの使用／不使用の切り替え）を行っているが、シフトが適切ではないところが目立つ。しかし、非母語話者だということで、聞き手の許容度が大きくなっていることから、「ポライトネスの適切性」も、「大きな問題はない」と判断される。

　「言語行動の洗練度」については、超級話者の李は、「(前略)嫌ではないんですけれども、あの、できればっていうことで」というような中途終了型発話や、「が」や「けれども」の終助詞的用法の使い方、スピーチレベルのシフト操作などが巧みで適切である。これらのことから、超級話者の李の「言語行動の洗練度」は、かなり高いと判断できる。一方、中級話者のグエンは、スピーチレベルの適切なシフト操作などができておらず、「言語行動の洗練度」も低い。

　つまり、超級話者の場合、それが超級たるゆえんであるが、「伝達意図の達成度」、「ポライトネスの適切性」、「言語行動の洗練度」のいずれも極めて高いと判断できる。

　これら3つの観点の「度合い」の高低については、現状では、このように、レベルの異なる2人の言語行動を比較して相対的に述べるにとどまっているが、将来的には、「伝達意図の達成度」、「言語行動の洗練度」については、なんらかの基準を設定して、段階づけをしていく必要があるだろう。

3.1.4　自然会話3－クラスメートへの質問（母語話者と超級話者（2名）の3者間の会話）

　最後に、日本人男性が、同じ研究室の中国人留学生（超級：女性2名）に観光名所を案内する際の3者間の会話の分析から、母語話者と超級レベルの

非母語話者の自然会話におけるやりとりに見られる「日本語の談話行動の特徴」をいくつか取り上げて考察する。

日本の観光名所の1つである箱根大涌谷の入り口から富士山を望みながら、日本人男性の松本さんが、同じゼミの中国人留学生2人(謝さんと肖さん)に大涌谷について説明している場面である。

〈自然会話3　大涌谷にて　超級話者〉

発話文番号	話者	発話内容	ポイント（案内側）	ポイント（案内される側）	備考
1-1	松本	このへんが、まあ、おお、おおたー,,			
2	謝	おー［NSの発話を復唱するように］。		復唱	①復唱する
1-2	松本	大涌、谷 'おおわくだに'。			
3	謝	だに、で〈すか〉{〈}。		復唱	
4-1	松本	〈大〉{〉}涌〈谷で〉{〈},,			
5	謝	〈あー〉{〉}、大涌谷。		復唱	
6	謝	大きい 'おっきい' に…［地名の漢字を確認しようとしている］。			
4-2	松本	火山の噴火口だったんだって。			
7	謝	あー、だったんですか。		確認あいづち	②確認あいづちの打ち方
8	松本	だった、うん。	確認応答		
9-1	松本	で、何て言うの?、その、かい、火口ね,,			
10	謝	はい。		あいづち	
9-2	松本	火口のところで、で、そこが、今はもう噴火が終わった、終わってはいないだろうけど###埋まった感じになって、でもまだこう蒸気っていうか,,			
11	謝	〈あー〉{〈}［納得したように］。		あいづち	
9-3	松本	〈湯気〉{〉}が、出てるっていう。			
12	謝	湯気が［↑］、まだ出てる。		確認あいづち	
13	肖	それいつも出てる…?。			③2人で質問をする

14	肖	毎〈日〉{〈}【。			
15	謝	】〈24〉{〉}時間？＝。		言い換え確認	
16-1	松本	＝もう、24時間〈どころか〉{〈},,			質問に答える
17	肖	〈24時間〉{〉}。		確認あいづち	
16-2	松本	もう、大昔から。			
18	松本	昔はほんとに、もう湯気だけじゃなくて、もう、爆発してたの、うん。			
19	肖	で、またー、さい、噴火…、〈また〉{〈}【。		質問	④2人で質問をする
20	謝	】〈復〉{〉}活っていうか、また〈噴火は〉{〈}。		言い換え・中途終了型発話	
21	松本	〈あり得る〉{〈}んじゃないの？、それは〈笑いながら〉。			⑤質問に答える
22	肖	あり得る…〈笑いながら〉。		復唱確認	
23	謝	あー、そうなんですか〈笑いながら〉。		あいづち	
24	肖	あり得るんですよね〈笑いながら〉。		確認	

　ここには、データのほんの一部しか示せないが、この会話の特徴として、以下のことがあげられる。

(1) ①に見られるように、理解したことを相手に伝える機能を持つ「復唱」が多い。

(2) ②に記したように、ライン7、8で、「あー、だったんですか」「だった、うん」というような教科書では扱われることのない「確認あいづち」「確認応答」が、自然に出てきている。

(3) ③、④に見られるように、推測力や語学力等かなり高度な能力が必要である、複数の話者による「共同質問」がよく見られる。

(4) 教科書用の創作会話とは異なり、完全な文として「質問」―「答え」というようになっているやりとりは、むしろ、ほとんどなく、ライン19、20、21の④⑤に見られるように、別の話者が「質問」の後半を受け取って「答える」、一種の「共同発話」が多い。

(5) その他、ポイントに示したように、「復唱」「確認」「確認あいづち」「あいづち」「復唱確認」「確認応答」等々、聞き手としての「会話」への参加・貢献が顕著である。

　これらは、いずれも、ACTFLのガイドラインによる「文レベル〜文章レベル〜複文章レベル」という談話構成の捉え方からだけでは、扱えない言語行動である。つまり、上記で見たような発話は、形としては、文になっていない「中途終了型発話」や「断片的発話」としか言えず、OPIの基準では、最もレベルが低いものとなる。しかし、談話の流れや、複数の相手の発話を即座に理解するだけでなく、時には、予測も交えながら、相手の発話を引き取って締めくくるというような、極めて高度な言語能力を要する言語行動である。このような、「聞き手としての言語行動」のプロフィシェンシーも、今後、評価に加えていく必要があるだろう。

　このような現象の実態は、自然会話を分析してはじめて明らかになることである。このような自然会話分析研究により、機能的言語能力の指標として、単に「ある言語行動ができるかどうか」だけではなく、「ある言語行動を、会話というやりとりの中の、どこで、どのように行うことができるか」ということも、評価基準に加えるべきであるということが見えてくる。また、「伝達意図の達成度」、「ポライトネスの適切性」、「言語行動の洗練度」という3つの観点に、どのような要因がかかわっているかということについても、より具体的に、明らかにしていくことができるだろう。

　このような談話研究を積み重ねていくことによって、特に、話し手と聞き手の相互作用性が強いとされる日本語におけるやりとりの実態を明らかにしていくことは、まさに、相手との相互作用としての「コミュニケーション」の総合的能力である「プロフィシェンシー」とは何かということを解明することにもつながる。もし、そうであるならば、それは、また、日本語教育に生かしていくこともできるだろう。

4. 談話研究の成果に基づく観点が、これからの日本語教育に貢献できること

　最後に、シンポジウム共通課題の(3)「談話研究から得られた知見に基づく視点からプロフィシェンシーを捉えていくことは、これからの日本語教育、とりわけ、日本語の会話能力の研究・開発にどう貢献するか？」ということに触れたい。まずは、最も具体的で、実用的なアイデアとして、自然会話を教材化することによって、学習者が自然会話に特徴的なやりとりを理解し、また自らもある程度身につけ、自然会話の理解力と会話能力を向上させることに貢献できるということをあげておきたい。自然会話を素材としたビデオやWeb教材を開発することによって、スピーチレベルシフト、中途終了型発話、共同発話、共同質問、言いよどみ、笑い等々といった自然会話に特徴的な言語行動から、当該言語・文化における「ポライトネスの適切性」や「言語行動の洗練度」に関わる要因を探ることができる。自然会話を教材化することによって、学習者は、自然なやりとりの映像を見、どのような言語行動が「自然なのか」ということに「自ら気づく」ことができるようになる。教師側から見ると、学習者のタスク達成、機能を重視した上で、同じ機能を達成するにしても、その「言語行動の洗練度」を高めていくよう指導すること、つまり、「伝達意図の達成度」と「言語行動の洗練度」を、「ポライトネスの適切性」に注意しながら、レベルに応じて高めていくというのが、「プロフィシェンシーの教育」であるということになるだろうか。残念ながら、これらについて、本章で詳しく述べる紙幅はないが、以下に自然会話を教材化することの利点を簡単にまとめておく。詳しくは、(宇佐美、2007a, 2007b)を参照されたい。

＜自然会話を教材として活用する利点＞
① 実際のコミュニケーションの疑似体験ができる。
② 言語使用を非言語行動とともに学習できる。
③ 自然会話における重要なポイントを効率的に示せる。
④ ドラマなどとは異なる「普通の人々」のやりとりを見ることも、日本へ

の興味の喚起や、日本語学習への動機付けになる。
⑤　母語話者だけではなく、間違いや、不自然な点も含む非母語話者の会話も見ることによって、学習者が、自身の言語行動に重ねて、振り返って考えることができる。
⑥　教科書の日本語と自然な日本語との違いに気づき、意識化できる。
⑦　学習者自身が学びたいことを自主的に選択し、考えていくことができる。
⑧　学習者が必要としているにもかかわらず、教師側が気づいていない要素に、学習者自身が気づく可能性がある。

5.　おわりに

　今回は詳しくは論じられなかったが、談話研究には、グローバルな観点からの分析と、ローカルな観点からの分析の双方が必須である（宇佐美、2006d）。従来、プロフィシェンシーの評価は、時間的な制約があることもあり、ローカルな観点から行われることがほとんどであった。しかし、例えば、ある程度長い自然会話の中には、雑多な話題の談話の展開の合間に、例えば、「誘い談話」が複数回現れるというようなこともままあり、また、それをグローバル、ローカル双方の観点から分析することによって初めてあきらかになる知見もある（宇佐美、2006e）。自然会話では、様々な複数の談話の展開を踏まえた上で、あえて、前の談話における話題に戻ったり、改めて、前の談話で既に終わった「誘い」の確認をしたりするというようなことがしばしば生じる。また、「この間は、ありがとうございました」などと時空を隔てて前に戻って、礼が述べられるかどうか、というようなことさえある。これらのことができる能力も、「談話レベルからみたプロフィシェンシー」であり、「伝達意図の達成度」、「ポライトネスの適切性」、「言語行動の洗練度」のいずれに関しても、その１つの指標になりえるとも言える。今後は、このようなより長い談話レベル、及び、１つの会話を超えたマクロな観点から見る「オーラル・プロフィシェンシー」についても、この３つの観点から、なんらかの形で評価していく方法を探ることに取り組んでいく必要

があるだろう。

注

1 本章では、特に断らない限り、「プロフィシェンシー」とは、「オーラル・プロフィシェンシー」のことを指す。
2 宇佐美(2006b)では、「情報伝達の達成度」と呼んだものである。
3 宇佐美(2008)に示したものである。解説の詳細は、そちらを参照されたい。
4 東京外国語大学大学院地域文化研究科21世紀COEプログラム「言語運用を基盤とする言語情報学拠点」では、外国語学習教材として、17言語において、40の機能ごとに40のスキットを収録した会話モジュールをウェブ上で公開している。URLは次のとおりである。http://www.coelang.tufs.ac.jp/modules/
5 本章では、宇佐美(2003a、2006c)の「改訂版:基本的な文字化の原則(Basic Transcription System for Japanese: BTSJ)」を簡略化して示す。
6 ここで紹介する会話は、2005年度に東京外国語大学大学院で行われた夏期集中講義(接触場面の教材化:鎌田修)の課題として学生が録画した会話である。収集者が協力者の承諾を得て会話場面を設定しているため、厳密な意味での自然会話とは言えないが、創作された会話とは違って、会話参加者の言語行動自体は統制されていない自然なものである。そのため、ここでは冗長をさけるため、これら「準自然会話」も含めて「自然会話」と呼ぶ。
7 スピーチレベルの使い分けは、「ポライトネスの適切性」や「言語行動の洗練度」にかかわる。そこで、グエンの発話が日本人にとって自然に聞こえるかどうかを、第二評定者をたて、本文に掲載していないデータの部分も含めたグエンの発話すべてを対象として、評定者間信頼性係数(Cohen's Kappa)を算出した。不動産屋での問い合わせ会話の総発話文数は107発話あり、グエンの発話は42発話、分析対象となる発話(あいづちや挨拶を除き、敬体になる可能性のある発話)は30発話であった。敬体になりうるすべての発話について、敬体の場合と敬体でない場合でどちらがより自然と感じられるかを、2人の評定者が個別に評定した。評定者間信頼性係数は、$\kappa = 0.79$であった。κが0.7未満であれば、コーディングの定義や分類方法等に問題があるとみなしたほうがよいとされている。また、0.75以上は、信頼性が高いと見なしてよいとされている。(Bakeman & Gottman 1986)。

8　自然会話1(グエンのやりとり)の談話と、それに基づく議論については、同じ例を取り上げることもあって、宇佐美(2008)と重なる部分もあることをお断りしたい。
9　BTSJでは、ライン67は、ライン69と合わせて1発話文になると認定し、「発話文番号」は、ライン67は「67-1」、ライン69は「67-2」のように記す。そして、ライン67単独では、コーディングをしない。詳しくは、宇佐美(2006c)を参照のこと。
10　便宜上、BTSJにおけるライン番号と発話文終了の列は省略してある。
11　談話研究における「ローカルな観点」、「グローバルな観点」の重要性については、宇佐美(2006d、2008)を参照されたい。
12　評定者間信頼性係数は、$\kappa = 0.85$であった。

参　考　文　献

邦文

鎌田修(2000)「日本語の会話能力とは何か―プロフィシェンシーの観点から―」シンポジウム「会話能力とは何か：その習得と教育」,『2000年度日本語教育学会春季大会予稿集』, 日本語教育学会, 17–22.

鎌田修(2005)「OPIの意義と異義‐接触場面研究の必要性‐」鎌田修・筒井通雄・畑佐由紀子・ナズキアン富美子・岡まゆみ編『言語教育の新展開』, ひつじ書房, 313–331.

関崎博紀, 木林理恵, 木山幸子, 李恩美, 施信余, 宇佐美まゆみ(2004)「『BTSによる多言語話し言葉コーパス―日本語2』の作成過程と整備の結果から示されること―会話教育への示唆―」, In Kawaguchi, Yuji, Susumu Zaima, Toshihiro Takagaki, Kohji Shibano and Mayumi Usami. (eds) *Linguistic informatics* III : *The first international conference on linguistic informatics -State of the art and the future-*, 21st Century COE: Center of Usage-Based Linguistic Informatics, Graduate School of Area and Culture Studies, Tokyo University of Foreign Studies (TUFS): 301–322.

宇佐美まゆみ(1998)「ポライトネス理論の展開：ディスコース・ポライトネスという捉え方」『東京外国語大学日本研究・教育年報1997年度版』, 東京外国語大学日本課程, 147–161.

宇佐美まゆみ(2001a)「談話のポライトネス―ポライトネスの談話理論構想―」「談話のポライトネス」, 第7回国際シンポジウム報告書, 国立国語研究所, 凡人社, 9–58.

宇佐美まゆみ (2001b)「「ディスコース・ポライトネス」という観点から見た敬語使用の機能―敬語使用の新しい捉え方がポライトネスの談話理論に示唆すること―」『語学研究所論集』6, 東京外国語大学語学研究所 : 1–29.

宇佐美まゆみ (2002) 連載「ポライトネス理論の展開 (1–12)」『月刊言語』31 (1–5, 7–13), 大修館書店.

宇佐美まゆみ (2003a)「改訂版：基本的な文字化の原則」『多文化共生社会における異文化コミュニケーション教育のための基礎的研究』平成 13–14 年度科学研究費補助金基盤研究 C (2) 研究代表者, 宇佐美まゆみ (課題番号 13680351) 研究成果報告, 4-21 頁. 2005 年 2 月 25 日に改定の最新版は, 以下の URL から pdf ファイルをダウンロードできる。
http://www.tufs.ac.jp/ts/personal/usamiken/btsj.htm

宇佐美まゆみ (2003b)「異文化接触とポライトネス―ディスコース・ポライトネス理論の観点から―」『国語学』, 54 (3), 117–132.

宇佐美まゆみ (2006a)「話し手と聞き手の相互作用としての「共同発話文」の日英比較―「共話」,「Co-construction」現象の再検討―」『高見澤孟先生古希記念論文集』, 高見澤孟先生古希記念論文集編集委員会：103–130.

宇佐美まゆみ (2006b)「談話研究からの視点」『南山日本語教育シンポジウム　プロフィシェンシーと日本語教育　日本語の総合的能力の研究と開発を目指して』, 関西 OPI 研究会, 19–31.

宇佐美まゆみ (2006c)「改訂版：基本的な文字化の原則 (Basic Transcription System for Japanese: BTSJ) 2005 年 2 月 25 日版」『自然会話分析への言語社会心理学的アプローチ』, 東京外国語大学大学院地域文化研究科 21 世紀 COE プログラム「言語運用を基盤とする言語情報学拠点」, 21–46.

宇佐美まゆみ (2006d)「談話研究におけるローカル分析とグローバル分析の意義」『自然会話分析への言語社会心理学的アプローチ』東京外国語大学大学院地域文化研究科 21 世紀 COE プログラム「言語運用を基盤とする言語情報学拠点」229–243.

宇佐美まゆみ (2006e)「準自然場面における「誘い行動」の日韓比較―ディスコース・ポライトネス理論の観点から―」『日本研究』第 28 号, 韓国外国語大学校日本研究所：47–72.

宇佐美まゆみ (2007a)「自然会話の教材化とディスコース・ポライトネス理論 1：対人コミュニケーション論としてのディスコース・ポライトネス理論の考え方」『第一回ルーマニア日本語教師会　日本語教育・日本語学シンポジウム報告書』, ルーマニア日

本語教師会，Avrin Press. 12–25.

宇佐美まゆみ(2007b)「自然会話の教材化とディスコース・ポライトネス理論2：教材としての自然会話の価値」『第一回ルーマニア日本語教師会　日本語教育・日本語学シンポジウム報告書』，ルーマニア日本語教師会，Avrin Press. 26–38.

宇佐美まゆみ(2008)「相互作用と学習−ディスコース・ポライトネス理論の観点から」西原鈴子・西郡仁朗編，『講座社会言語科学　第4巻』，ひつじ書房，150–181.

英文

Bakeman R. & Gottman J. M.(1986) *Observing interaction: an introduction to sequential analysis.* New York: Cambridge University Press.

Hadley, Alice Omaggio (2001) *Teaching Language in Context.* Third Edition. Boston, MA: Heinle and Heinle.

Suzuki, Takashi, Koji Matsumoto and Mayumi Usami(2005) An analysis of teaching materials based on New Zealand English conversation in natural settings: Implications for the development of conversation teaching materials. In Kawaguchi Yuji, Susumu Zaima, Toshihiro Takagaki, Kohji Shibano and Mayumi Usami. (eds) *Linguistic informatics -State of the art and the future.* John Benjamins Publishing Company: 295–315.

Usami, Mayumi(2002) *Discourse politeness in Japanese conversation: Some implications for a universal theory of politeness.* Hituzi Syobo: 1–343.

Usami, Mayumi(2005) Why do we need to analyze natural conversation data in developing conversation teaching materials? -Some implications for developing TUFS language modules-. In Kawaguchi Yuji, Susumu Zaima, Toshihiro Takagaki, Kohji Shibano and Mayumi Usami. (eds) *Linguistic informatics -State of the art and the future.* John Benjamins Publishing Company: 279–294.

参考サイト

東京外国語大学大学院21世紀COEプログラム「言語運用を基盤とする言語情報学拠点」TUFS会話モジュール
http://www.coelang.tufs.ac.jp/modules/index.html

平成17～18年度「魅力ある大学院教育」イニシアティブ「多言語社会に貢献する言語教育学研究者養成」プログラム
http://www.tufs.ac.jp/common/pg/gengo_yousei/index.html

宇佐美まゆみ(2003-2006)『談話研究と日本語教育の有機的統合のための基礎的研究とマル

チメディア教材の試作』平成 15–18 年度科学研究費補助金基盤研究 B(2)，研究代表者宇佐美まゆみ（課題番号 1532064）

http://www.tufs.ac.jp/ts/personal/usamiken/kenkyukatudo.htm

第4章
社会文化的プロフィシェンシーとは何か
―社会的交渉を可能にする公共的
プロフィシェンシー試論―

春原憲一郎

「私たちが問いに倦むのは、それを十分に考え抜いた証拠であるよりは、むしろ、考えることを面倒がる余裕のなさの証拠である場合の方が、多いのである」井上達夫[1]

1. はじめに

プロフィシェンシーを一応以下のように定義する。多言語多文化的なさまざまな課題や事態に取りくんでいく日常的・恒常的な底力、社会実践能力のことをプロフィシェンシーと仮によぶ。本章では、プロフィシェンシーを根っこから掘りおこして考えてみたいと思う。そのため、以下のような前提を立てる。

2. 前提

2.1 ACTFL-OPI スキームから離れてみること

ACTFL(米国外国語教育協会)の Oral Proficiency Interview における Proficiency には固有の思想が背景にある。それは、近代の競争型個人主義と課題遂行型機能主義に基づいている。プロフィシェンシーを ACTFL-OPI に限定して考える限り、この枠組みから出ることはできない。まず、ことばのプロフィシェンシーを ACTFL-OPI から切りはなして、ことばの、そして社会文化的なプロフィシェンシーとは何か、という問いから考えを進めて

いく。
　そもそもプロフィシェンシーという概念設定自体がよってたつ機能主義について検討することも必要である。今回はプロフィシェンシーの概念設定を拡大できるところまで拡大して吟味してみるが、次の機会があればプロフィシェンシー概念の限界について考えてみたい。

2.2　ことばを文脈世界のなかに放つこと

　社会文化的にホリスティックにプロフィシェンシーをとらえると、事業や業務、作業や課題をこなしていく熟達した能力は狭義の言語能力に先行する。実社会のなかでは、辞書や通訳者、翻訳ソフト等のあらゆる道具・手段・資源を使って課題を遂行する。たとえば、都内の某銀行の再建プログラムをインドと日本のIT技術者が協働で構築した際には互いの活用し得るあらゆる言語コードやディスコーシズ、手段や道具を駆使して仕事をやり遂げた。
　文脈世界のなかでは、文章の型は優先されない。同時に内容を問われない特権階級である「母語話者」は社会文化的プロフィシェンシーのゴールやロールモデル足り得ない。

2.3　どのような社会を構想するのかという問い

　言語事業は、文化、そして社会事業に深く組みこまれている。政治・経済・法律・福祉・軍事等の数多くの社会事業の中に、文化事業がある。さらに、教育・芸術・学問・スポーツ等の文化事業の中に、言語事業がある。

　　　　　　社会事業　＞　文化事業　＞　言語事業

　さらに、言語事業の中には、言語政策・研究・接触・習得・学習・支援・教育・評価・産業／市場等の分野がある。
　言語事業について検討するとき、社会をどのように変えたいのかという議論を抜きにして進めていくことはできない。まず言語教育ありき、の実践や研究、没政治的な言語事業は、なし崩し的に現状を追認してしまう。非政治的であろうとする姿勢は、ア・プリオリに政治的である。とくに大言語の教

育や研究は軍事的意図や国家間の力関係、市場原理を直截に反映する事業である。現在の英語を頂点とするグローバル言語の教育は、競争力のある強い個人をつくる教育である。独立した個人が自立と自律を重んじ、競争社会の中で勝ちぬき、社会的成功を収めることを信条とする近代思想に裏打ちされている。1990年以降の新国家主義とグローバル展開する新自由主義が分かちがたくからみ合い、米国英国仏国、日本中国韓国などが牽引するかたちで世界の格差・階級化を進めている。競争的な社会づくりをめざすためには、業務遂行能力が高く、目標志向型で、競争力のある人材育成が不可欠である。そのような競争型階級社会をめざす下請け業務の一隅をグローバル言語の教育は担っている。

　国際化や異文化理解の口上の裏で剥きだしの搾取と格差の拡大が進んでいることを教育の当事者がしっかりと板ばさみになり議論することが、いくらかでも必要悪の暴力を目減りさせることにつながるのではないだろうか。

「言語政策には、言語を通して社会を変えようとする目的もあります。言語と社会は深く結びついているので、言語を変えることは、究極的には社会を変えることにつながります。ある社会を変えたい、例えば、近代社会へと発展させたい、他国の支配から脱却したい、国内の民族間の抗争をなくしたい、というような目的のためには、政治・経済上の政策だけではなく、言語上の政策からのアプローチも必要になってきます。つまり、社会を変えるために、数多くの政策が実施されるが、言語を変える方法（言語政策）もその中の1つである、という点は押さえておく必要があるでしょう」
　　　　　　　　　　　　　　　　　　　　　（河原・山本 2004: 182）

　言語を変えることが社会を変える、社会を変えるために言語を変える、社会が変わることで言語が変わる事は双方向で起きる。ひとは社会的な生きものであり、言語のプロフィシェンシーは社会文化的プロフィシェンシーのなかに、有機的に埋めこまれてある。

2.4　争点としての力関係問題を手放さないこと

　多言語・多文化的な〈現実〉のキーポイント／要諦は力関係である。力の均衡の調整や交渉を抜きにした「多文化共生」は掛け声でしかないだろう。マイノリティを生み出し、周縁化し、排除する社会に対して、多言語多文化的な〈現実〉に応答する社会構築のための言語事業が構想できるだろうか。1990年の冷戦構造崩壊後、価値観や行動規範の多様性、そして女性や高齢者、障害者、先住民、外国人、多様なセクシュアリティを持つ人たちなどの、社会的マイノリティが可視的な存在となってきている。多様な文化、異なる尺度／ものさしを持つ人たちや能力の多様性に応答できる社会・文化・言語のプロフィシェンシーとはどのような能力なのか以下、考察する。

3.　問い1：プロフィシェンシー／この力の所有者はだれか？
仮説1：間主体的に分かちもたれる能力

「自己の存在、それは何ものにもかえ難い自己そのものなのである。肉体の差異、精神の在り方などは全く関わりのない自己の「いのち」そのものなのである」

（横田弘 1979: 40）

　個人が母語話者をめざしてプロフィシェンシーを獲得していくという発想は言語能力が個人内で完結するという個体還元主義である。個人がどのようにことばのプロフィシェンシーを身につけるのか、個人がプロフィシェンシーを習得することをどのように支援するのかという研究や事業は多々行われている。しかし、言語が社会文化的文脈に埋め込まれているという事実は、個人がプロフィシェンシーを持つという発想を限定的なものとする。現実社会の構成員のプロフィシェンシーは比較不可能な部分を必ず有し、かつ可変的であるという事実も、個人の力能化という観点に制約を課す。それは個人が能力を所有するという能力観から、能力は存在者や行為者のあいだに分かちもたれるという能力観への転換を要請する。だが、間主体的なことばのプロフィシェンシーとはどのような能力なのか、ALSの人たちはプロフィシェンシーの所有者問題を考える試金石となる。

徐々に筋力が萎縮し、手足をはじめからだの自由がきかなくなる筋萎縮性側索硬化症（「ALS」）という難病がある。食事ができなくなり、次第に話すことや呼吸することさえも困難になる。ある時点で肺を動かす筋肉も萎縮してしまい、呼吸器をつけなければならない場合が多い。しかし感覚や自律神経、頭脳はおかされない。口頭や書記での意思疎通ができなくなると眼球を使って行うが、それもできなくなると、最近は脳波や肛門括約筋によってやりとりをする方法も行われている。ALSの人にとってプロフィシェンシーとはどのようなあり方をするのか。プロフィシェンシーを個体に幽閉されたものとして考える個体還元主義に対して、ALSの人たちはプロフィシェンシーが応答可能性のなかに、主体間の相互行為の場に分かちもたれるものだという事実を静かに訴えている。ALSの人たちは例外的な存在ではない。加齢やけが、疾病などで能力が変化すること、そのことが弱者を生み出す要因ではなく、応答可能性が要因であるということを単純に語っている。

4．問い2：豊かなプロフィシェンシーとは何か？
　　仮説2：関係の豊かさへ

　プロフィシェンシーも力の一形態である限り、vulnerableであること、つまり非力化の可能性は逃れられない。また、何をもってプロフィシェンシーとみなすかという基準はけっして一律ではない。たとえばヒトの手を借りずに独力で何ごとかを成しとげることを実力とみなす考え方もあるだろうし、仲間と協力してやっていく力こそを実力とみなす考え方もあるだろう。その度合いは文化（価値観、行動様式）によって異なる。

4.1　〈生〉の基盤を構成するもの

　〈生〉は非力化可能性／vulnerabilityと非共約性／比較不可能性／incommensurabilityとで構成されている[2]。　※下図参照

　非力化可能性とは一言で言えば、生は、究極には〈死〉の可能性に向かって開かれていて、力は不断に変化するということである。また非共約性／比較不可能性とは、あなたとわたしは違う／違う世界を生きているという素朴

な事実に発する。

　非力化可能性が要請するのは、三人に一人が高齢者になる社会で、痴呆・徘徊・失禁なども前提として、衰弱することに対応できる社会設計である。非力になっても、十全な成員権と参加権がそこなわれず、普通の暮らし／QOLができる保障である。

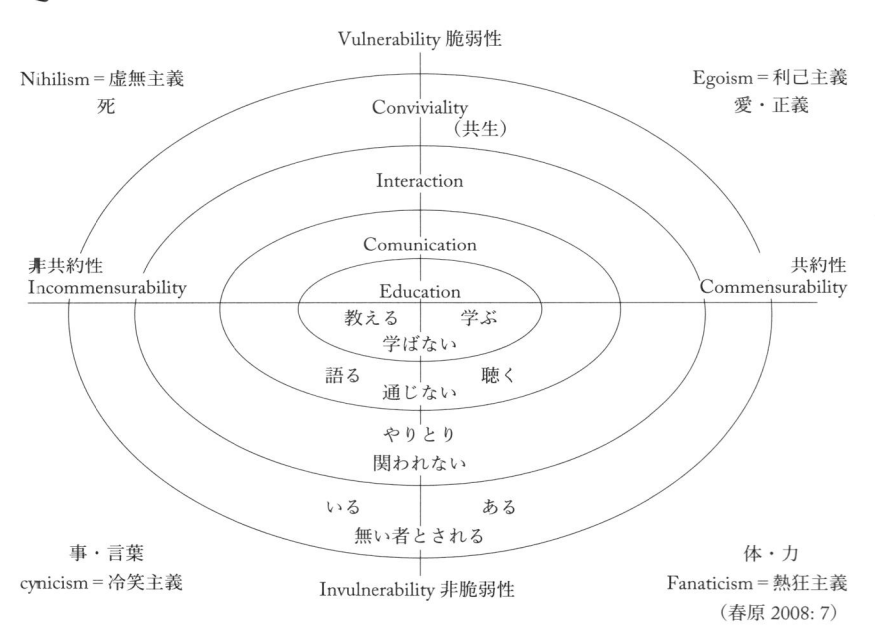

```
                    Vulnerability 脆弱性
  Nihilism＝虚無主義        │              Egoism＝利己主義
       死              Conviviality           愛・正義
                        （共生）
                      Interaction
                      Comunication
  非共約性               Education                共約性
  Incommensurability    教える  学ぶ          Commensurability
  ─────────────         学ばない         ─────────────
                      語る    聴く
                        通じない
                        やりとり
                        関われない
                      いる    ある
                      無い者とされる
  事・言葉                                    体・力
  cynicism＝冷笑主義    Invulnerability 非脆弱性  Fanaticism＝熱狂主義
                                           （春原 2008: 7）
```

図　縦軸が Vulnerability、横軸が incommensurability の四象限

　また、非共約的であるということは、すべからく、やりとりは交渉となることを意味する。基準／価値観そのものを異にするということは、そこには中心や正解はなく、ただ、力まかせの説得／同化か、消極的または積極的な妥協、痛みわけがあるのみである。

　普通の暮らしを豊かにすることにつながる場のプロフィシェンシーは、非共約性に対応した多言語多文化的な力と、非力化可能性に対応する〈関係の豊かさ〉で構成される。

4.2 「豊かさ」とは何か

　非力化可能性と非共約性／比較不可能性を縦糸横糸として織りなされた〈生〉が、にもかかわらず、豊かに暮らせるためにはどのような力が必要なのだろうか。問いを言い換えると、どのような豊かさをめざすのかによって社会文化言語のプロフィシェンシーは変わってくる。

　ことばや文化は生活スタイルである。生活の豊かについて、井上達夫は量の豊かさ、質の豊かさ、関係の豊かさの 3 つをあげている。

　「戦後日本の民主政治が、…様々な欠陥をもつとは言え、焼け跡から出発して、このような高い生活水準をもたらすことに貢献した。経済発展の優先的追求は様々なひずみも生んだが、戦後政治は、経済優先の「国民的コンセンサス」を調達することに、ともかく成功したのである。／しかし、この生活水準の高さは、飽くまで〈量の豊かさ〉である。」(井上 2001: 57–58)と述べている。まさに「大きいことはいいこと」であり、「より速くより強くより高く」の豊かさである。[3]

　井上達夫はさらに続けて、「この〈量の豊かさ〉で実現できる「生活の質」の貧しさ、ゆとりのなさに、いまや多くの人々が、疑問や苛立ちをもっている。…／私たちにとって大切なのは、単に「モノが豊かな」社会ではなく、〈人間が豊かな社会〉である。〈量の豊かさ〉から〈質の豊かさ〉への方向転換は、〈人間が豊かな社会〉の実現に向けての、大きなステップである」(井上 2001: 58) と述べている。[4]

　しかし、更に突っこんで、井上は、この〈質の豊かさ〉について問いを投げかける。

　「しかし、その質的な豊かさは、同質的な豊かさである。のっぺりとした、ステロタイプの豊かさである。甘くておいしいが、どこを切っても同じ顔が出てくる金太郎飴の豊かさである」(井上 2001: 60)と、〈質の豊かさ〉の均質性を指摘している。さらに、

　「普通、物は豊かになったけれども人間が貧しい、という場合、量の豊か

さに代わって質の豊かさが求められています。いわゆる「生活の質(quality of life)」の追求です。しかし、生活の質の豊かさを我も我もと求めるだけであったら、支配的メディアが普及させる「おいしい生活」や「ゆとりあるライフ・スタイル」のイメージに人々の生活形式が均質化される可能性を排除できず、むしろその傾向を助長する危険性さえある。<u>質の豊かさ自体は異質なものの共生という理念と必ずしも結び付かない</u>」(井上 2001: 108／下線筆者)と指摘している。

〈質の豊かさ〉は、アイデンティティの議論と通底するものがある。それは、みながみな個性的なアイデンティティを追い求める(「自分探し」)という均質性である。

「質の豊かさ」には2つの特徴があると言える。その1つは、みんなが生活の品質を追求するというライフスタイルの均質さである。

「〈質の豊かさ〉の大衆化は最大多数の最大幸福をもたらすかもしれない。しかし、それが〈関係の豊かさ〉の犠牲の上にもたらされる危険性を、私たちはいつも自覚していなければならない。この危険性には二つの面がある。／1つは、最大多数が享受する幸福なるものが、規格化された「生活の質」への、横並び平等的要求の充足でしかなくなる危険である。」

(井上 2001: 60–61)

つまり、「品質」が唯一の基準となり、そこでは「品質」上の差異による選択肢はあっても、「品質」以外の基準や、選択しない自由が後景に追いやられる。言語のプロフィシェンシーに即して考えてみよう。言語の「品質」を求める教育では、たとえば発話の「品質」である、発話の型や課題達成度、発音や文法等の「品質」のどれかを磨くという選択肢はあるが、そもそも双方歩みよって、言語以外の手段も総動員して意思疎通をするなどの、「品質」以外の可能性は(とりあえず)考えないこととされる。また「品質」上、瑕疵のない存在としてネイティブ・スピーカーが(品質以外のことはこれもまた棚上げされてとりあえず)モデルとされることが多い。

〈質の豊かさ〉のもう 1 つの特徴は、他者との差異によって豊かさが保証されるということである。

「「生活の質」の向上をみんなが求める状況においては、人々は自己の「生活の質」と、他者のそれとを比較せずにはいられない。この比較への欲求は、自己の生活に絶対評価を与える客観的な価値への内的確信よりも、むしろ、自己の「生活の質」を他者のそれとの「差」によって確認したいという欲求を生む。」
(井上 2001: 61)

前者はみんなから自分だけが取り残されるのではないかという絶えざる不安を生み出し、後者は他者評価への過剰な依存状態を生み出す。「不安産業」としての語学学校や生命保険、美容整形や化粧品等の消費財の宣伝は両者を巧みに融合させ、消費社会を華やかに演出する。

4.3 マイノリティを排除しない豊かさとは何か－関係の豊かさへ

〈質の豊かさ〉が他者との差異の上に成り立っているという消息はさらに「先進国の心の飢えが途上国の飢餓を引き起こしている」(マザー・テレサ) といった 21 世紀の加速化・過剰化する高度・大量消費社会と可視的な階級社会の形成にもつながっていく。

「〈質の豊かさ〉の大衆化がもつ危険性のもう 1 つの側面は、「通常人」とは異なった負荷を背負わされて生きる人々や、多数者が欲する「生活の質」とは異質な生の形式を追求する少数者を、最大多数の最大幸福のために、排除・抑圧する危険性である。身体的・精神的障害を負った人々、被差別部落民、在日韓国・朝鮮人、外国人就労者、他の民族的・文化的・宗教的少数者などに対する差別と排除の構造は、現在根強く存在するが、多数者が求める豊かな「生活の質」を享受するに至ったとき、<u>この構造は解消されるよりもむしろ、ますます不可視化され、強化される可能性が高い</u>。異質な生の諸形式を追求する様々な少数者を差別・排除することにより、多数者が豊かな「生活の質」を享受したとしても、それにより多数者は多数者自身の、より

深い次元での豊かさを犠牲にしている」　　　（井上 2001: 62–63 ／下線春原）

　「この構造は…ますます不可視化され」ているのだろうか？移動・通信手段の発達、テレビやインターネットの普及によってマジョリティ、マイノリティ双方にとってむしろ「可視化」されているのではないだろうか。しかし、それが一旦、自由競争原理とか、「成功へのチャンスは平等に与えられている」とか、再チャレンジできる社会といった言説が浸透するにつれて不可視になっていく。現在の階級世界は、少数の豊かで自立的で痩身／スリムなエリートの下に豊かな太った人たちが暮らし、その下に太った貧しい人たちが住まい、さらにその下に選択肢のない痩せた人たちが住んでいる。

　「通常人」は多数者／マジョリティと言っていいだろう。多数者は、頭数の上での多数派というよりも、資源をより多数所有している (65 億の内のむしろ数少ない) 人たちである。

　井上は、「より深い次元での豊かさを犠牲に」しない、異質なものを排除しない豊かさとして「関係の豊かさ」という概念を提案している。

　「質の豊かさ」に欠けているものは、「自己の内奥を揺さぶるような異質な生のあり方との出逢いである。多様な生の諸形式が交錯し、衝突し、刺激しあい、誘惑しあうことにより、互いの根を深め、地平を広げあうような豊かさである。多様なものが棲み分けるのではなく、相互に侵犯しあうことにより、互いを活性化し、ダイナミックに発展してゆくような豊かさがない。〈質の豊かさ〉はあっても、異質なものが競合し共生する〈関係の豊かさ〉が、そこにはないのである」　　　　　　　　　　　　　　　（井上 2001: 60）

　しかし、「異質な生のあり方との出逢い」は「互いの根を深め、地平を広げあうような豊かさ」ではなく、互いを傷つけ、消耗させ、相殺しあうような結果を生むことも多々あるだろう。異質なもの同士が「棲み分け」ず、「侵犯」が豊かさにつながるためには、どのような「関係」のあり方が必要なのだろうか。

5．問い3：多言語多文化的プロフィシェンシーとは？
　仮説3：多文化共生から多言語多文化交渉へ

5.1　communication と conversation

　能力が如何なる水準であっても、衰弱しても安心して暮らしていける社会を構想すること。そのような社会では、多様な文化や能力の差異を前提とする。そして強い個人を作るという発想よりも、非力化を受けとめられる公共的な力づけ／場のプロフィシェンシーが求められる。

　2.4 節で、「争点としての力関係の問題を手放さないこと」を述べたが現実に力関係の交渉はどのように可能なのだろうか。

　また、井上達夫が言うような「生の様式を全く異にする人たち、文化を異にする人たち」が「相互的な交流の中からお互いに啓発し合う、この交流を通じて自分たちの持っている精神的な地平というものを拡張していく」（井上 2001: 109）と言う「関係の豊かさ」をどのように具体的に実践していくのか。

　井上は、communication と conversation という概念を対比させ、コミュニケーション (communication) という言葉は、「"communion"（霊的合一、聖体拝領）や、"community"（共同体）と同根であり、自他の融合への欲求をその原意の中に含む。コンセンサス社会に支配的なコミュニケーションのイメージはこれと合致し、〈自他融合型コミュニケーション〉と呼べるものである」とし、3つの特質をもつと言っている。　　　　　（井上 2001: 239–242）
(1)　自他の同質性の想定
(2)　コミュニケーションの操作手段化
(3)　合意の専制化

　それに対して、conversation は「語源的に「共に生きる (to live with)」という意味合いをもつ。共生は自他の合一ではなく分離を前提にする。それは、容易に融和しがたい他者、脅威でさえある他者との共存の緊張を引き受け、かかる他者との関係構築をはかる営みである」とし、communication の3つの特徴に対比させて、conversation／「共生の冒険としての会話」の特

質を上げている。
(1) 自他の異質性の自覚と人格的別個独立性の相互承認
(2) 相互変容への開放性
(3) 合意の限界の自覚と対立の受容、合意の不在に合意すること[5]

　井上の提案する conversation／「共生の冒険としての会話」が具体的にどのような実践によって可能になるのか不明である。しかし現実に当事者の能力の差異や変化をとことん問いつめた社会作りを実践している地域や集団が世界各地にある。それは、知的・精神的・身体的障害を持つ人たちや女性、高齢者、外国人、ゲイ・レスビアン、犯罪被害者・加害者(の家族)などの多様な社会文化的背景をもった当事者による公共圏である。

5.2　べてるの家、または「場」のプロフィシェンシー

　その一例として「べてるの家」をとりあげてみよう。べてるの家を取り上げる理由は、実践の透明性、当事者性、論争性、そして発信力または表現力が群を抜いて高い(というかおかしい)からである。

　べてるの家は、北海道襟裳岬の近くの浦河という町にある。そこでは統合失調症やアルコール依存症の人たちが「健常者」とともに町づくり、地域づくりに参加している。

　1984年に統合失調症の当事者と地域の有志によって地域の活動拠点として設立された。「弱さをきずな」とし「だれも排除しない」ことを、モットーにとどまらず実践している、いわく「管理の行き届かないところ」である。(すったもんだしたあげく)88年より日高昆布の産地直送事業を開始した。会社のモットーは「安心してサボれる会社づくり」「利益のないところを大切に」「弱さを隠さず、弱さをきずなに」「手を動かすより、口を動かせ」「リハビリテーションよりコミュニケーション」等々である。現在では、多角的な事業展開をし、年商1億円を越えるまでになり、また年間2,000人以上の、医療・福祉・教育・企業・地域プランナー・物見遊山の人たちが世界各地から見学に、遊びに訪れる。

5.3 関係性の危機

　分裂症や依存症は関係性の病と言われている。1995年からべてるの家で行われているSocial Skill Training(「SST」／社会技能訓練)も一見ことばの練習に見えるが、社会文化的な関係性の獲得に向けたレッスンである。

　「分裂病というのは、ある意味ではことばの病なのだ。／百人百様、一人ひとりがまったくちがうといわれるこの病気で、まれに饒舌な人もいるが、多くに共通しているのはことばがうまく使えないということなのだ。…それがさらにまた彼らの人間関係を悪化させている。悪循環の中で分裂病者は強いストレスに耐えながら孤立している。／そんな彼らをどうやって人間の輪のなかに取りもどすのか。／…ことばを話すことによって、自分は人間の社会とつながっていたい。その思いが、どんなに幼稚に見えようと、どんなにうまくできなくても、おなじ仲間同士集まってあいさつのしかたを練習し、電話のかけ方をおしえてもらい、苦手な仲間との話し方を演じてみるといったこころみのくり返しとなっている。このような場で、このような形であらわれている彼らの切実な思い。そしてあの拍手。」　　　（斉藤 2002: 120–121）

　「ことばがうまく使えないということ」、それが「人間関係を悪化させ」、「強いストレスに耐えながら孤立して」いく。このことはけっして統合失調症の人たちだけではない。知らない言語文化圏に入った多くの人が経験することではないだろうか。そしてことばによって再び「人間の社会とつながって」いくことと、「仲間同士が集まって」つまり仲間とつながっていくことによって再びことばを取り戻していくこととは車輪の両輪である。

5.4　専門家との力関係をゆさぶる〈当事者研究〉という方法論

　　　　　　「自分を見つめるとか、反省するとか言うよりも、『研究』と言うとなにかワクワクする感じがする。冒険心がくすぐられる」(浦河べてるの家 2005: 3)

　2001年2月に、べてるの家のある浦河で障害をもつ当事者による〈研究〉が始まった。(『精神看護』(医学書院)に4年間連載され、2005年『べてる

の家の「当事者研究」』（浦河べてるの家、医学書院）として刊行された）
　べてるの家にはもともと〈研究〉の素地がある。社会復帰を促さないソーシャルワーカーは次のように語っている。

　「浦河では、研究という作業が、頭が良くて、研究熱心で、専門分野の知識に長けている特別の人たちのものから、日常生活における１つの暮らし方ともいえるレベルで活用されはじめたとき、新しい可能性を持ちはじめたような気がします。つまり、私たちは暮らしていく上で、実は毎日のように自分の経験や知恵だけでは解決困難な場面に直面しながら生きています。その意味では、私たちは「研究の素材」には事欠かない中で暮らしていることになります。／しかし、従来は、生活の中で起きてくる困りごとや行き詰まりは、その道の専門家に相談するというのが常でした。特に統合失調症等の精神障害の場合は、なおさらです。」　　　　　　　　　　（向谷地 2006: 52）

　常に研究をするのは専門家で、患者や学習者は事例や研究対象にされるという関係がある。それを当事者が「日常生活における１つの暮らし方ともいえるレベルで活用」しはじめるとき、研究は「新しい可能性を持ちはじめ」る。「日常生活における１つの暮らし方」という表現は意味深長である。言語も行動も思考も価値観もある意味で１つの暮らし方／ライフスタイルである。ライフスタイルという水位にまで降りて、そこで起きている固有のパターンを分析することによって、「新しい可能性」が見えてくる。「新しい可能性」とは、「研究の素材」として自己を突きはなし、仲間とともにトツオイツながめる（メタに見る）うちに開かれてくる自己の新たな可能性である。さらに向谷地さんは続けて述べている。
　「そんな専門家任せの時代から、精神障害を抱えて生きてきた自分の経験と、困難を抱えているその場の中に、実は、さまざまな生き方のヒントが眠っているということに気がついたのです。それは、精神障害を抱える当事者にとっては、社会的な支援体制も皆無で、安心して暮らせる条件に乏しい浦河だからこそ、育まれたともいえる当事者活動の賜物なのです。／「自分自身の中に、さらには仲間の経験の中に、そして一人ひとりの人生の中に、

たくさんの生きるための経験や知恵がある」という気づき自体は、決して珍しいものではありません。昔から、人は、そのような知恵を受け継ぎながら生きてきたのです。しかし、いつの間にか、人々は知恵の受け継ぎと経験をつなぎ合わせるという営みを忘れてしまったのです。／ですから、当事者研究の意義とは、統合失調症など精神障害を抱えた当事者自身が、自らの抱える固有の生きづらさと向き合いながら問い、人とのつながりの中に、にもかかわらず生きようとする「生き方」そのものということもできます。それが「自分自身で、共に」という当事者研究の理念に反映されています。」(向谷地 2006: 53)

　自己を研究対象とするには5つ(または6つ)のことが欠かせない。1つは障害者自身が研究の当事者であること。二番目は自己の突き放し(対象化／客体化)であり、三番目は対象化した自己との対話であり、四番目は対象化した自己との関係作りであり、五番目は問題を共有する仲間との問いかけと議論、実践の協働である。一番目と五番目を合わせたのが「自分自身で、共に」である。そして6つ目を挙げるとすれば、ユーモアのセンスである。

　向谷地は「当事者研究」について「研究の期間も、テーマとの取り組み方も一様ではない。その意味で「当事者研究の進め方」というかたちで、これをプログラムとして説明するのは困難である。だからといって、決して浦河でしかできないというプログラムでもない。そこで、これから紹介する個々の当事者研究に共通するエッセンスを紹介したい」とし、下記の五点を挙げている。

(1) 〈問題〉と人との切り離し作業
(2) 自己病名をつける[6]
(3) 苦労のパターン・プロセス・構造の解明
(4) 自分の助け方や守り方の具体的な方法を考え、場面をつくって練習する
(5) 結果の検証

(浦河べてるの家 2005: 4-5)

5.5 「自己責任」という問題

　上記のすべてのステップで大切なことは当事者が主体であることである。しかし同時に、そこには自己責任というむずかしい問題が潜んでいる。

　「「当事者研究」とは、この活動によって専門家の関与が不要になったり、影響力を排除することを意図したものではありません。「自分自身で、共に」の理念にある「共に」の中には、当然のように専門家との共働（原文ママ）と連携が含まれます。けれど大切なのは、専門家の持っている知識や技術と、当事者自身が持っている経験や知恵は、基本的に対等であるということです。そこに優劣はありません。そのことを通じて、専門家も当事者も、本来の役割を取り戻すことができるのです。」　　　　　（向谷地 2006: 66–67）

　しかし、「専門家の持っている知識や技術」と「当事者自身が持っている経験や知恵」が「基本的に対等であるということ」、「そこに優劣は」ないということが可能なのだろうか。とりあえずの仮説として、まずは専門家側の態度変容、行動変容が必要だとしてみる。なぜなら専門家側には既得権益がある。既得権と関係性の編みなおしをするためには専門家（マジョリティ）側の負担を前提とする。

　「ここで、どうしても触れておかなければいけないのは「当事者研究」における「当事者」の意味についてです。精神障害者も含めて障害者は、長い間、「自分のことは、自分で決める」という基本的な権利を奪われてきた人たち（『当事者主権』中西正司・上野千鶴子著　岩波新書）であるといえると思います。俗にいうこの「自己決定」の視点は、今や、あらゆる福祉サービスやケアの大原則として広く普及しています。／その自己決定論を背景として専門家が当事者とかわす言葉の中に、「あなたはどうしたいの…」という問いかけが、あらゆる場面で見受けられるようになりました。しかし、その問いを投げかけられた当事者の多くは、「自分が決めたのだから、その結果責任はあなた自身が背負うことになります」という背後にあるメッセージに緊張を覚え、恐怖を感じるといいます。」　　　　　　　（向谷地 2006: 67）

言語教育の世界でも、1990年前後から学習者中心や学習者主体、学習者主導などが唱えられてきた。学習者のニーズやインタレストに基づいたカリキュラムなどが試行錯誤されてきたが、そこでは仲間や教師が傍観者になったわけではない。仲間や教師もそれぞれの当事者として、参加し、議論をしていくことで、学習者中心でもない、教師主導でもない、多様な参加者性が生まれる。

　「実は、浦河では全く正反対のことが、当事者性の原則として受け継がれてきました。それは<u>「自分のことは、自分だけで決めない」</u>ということです。それは、いくら「自己決定」といっても、人とのつながりを失い、<u>孤立と孤独の中での「自己決定」は、危うい</u>という経験則が生み出したものです。／それは、自分自身が最も力を発揮できるのは、自分の無力さを受け入れ、さまざまなこだわりやとらわれの気持ちから解放され、自分自身と人とのゆるやかな信頼を取り戻すことができたときだということを、知っているからです。／自己決定とは「自分だけでは決めない」という、人とのつながりの確かさがあってこそ、成り立つ態度ということもできます。その意味で「当事者」であるということは、単に医学的な病気や障害を抱えたことのみをもっていうのではなく、自分自身の「統治者」になろうとするプロセスであるということもできます。」
（向谷地 2006: 67–68：下線春原）

　自己決定や自己責任が、「孤立と孤独の中で」おこなわれるとき、その結果がよきにせよ悪しきにせよ、決定・実行・結果の過程のなかでさらなる個人化や孤立化、孤独化を進めていくことになる。その重圧がさらに他者依存、専門家依存を強化してしまう結果となる。

5.6 「人の評価」への依存問題

　比較不可能性／非共約性は「違っていていいんだ」という自己受容・自己肯定感とともに、他者との交点を希求する二律背反的な機能をもつ。後者が強くなると、他者のまなざしの中に自画像を探し、自分を見失っていくことにもなりかねない。

「しかし、「人とのつながり」というテーマは、実は裏側にもう1つの問題をはらんでいます。それは、人とのつながりを求めている人たちの多くは、「人の評価に飢えている」という側面もあるからです。つまり、私たちは、知らず知らずのうちに「人にどのように評価されるか」という基準の中で生きてしまっているからです。／そういう意味で、先に紹介した「むじゅん社」[7]の4人の女性もそうですが、生きづらさテーマの中心に「人からどう見られるか」という「人の評価」への依存問題が、重要なキーワードになっています。メンバーの多くは、親の顔色をうかがい、周りの評価にとらわれ、自分を殺し、自らの感情を見失ってきたという経験を持っています。／しかし、「評価」をめぐる一番の問題は、その評価が一人の人間の価値や可能性までをも支配してしまうことです。知らず知らずのうちに、「人が人の価値を決める」という構造ができ上がってくるのです。」（向谷地 2006: 34）

「私たちは、知らず知らずのうちに「人にどのように評価されるか」という基準の中で生きてしまっている」という心性を養っているのはまさに教育や躾そのものではないだろうか。多言語多文化的なプロフィシェンシーの育成を考えたときに、「他者の評価からの自立のシステム」（前掲書: 35）は要の石となる。なぜなら、多言語多文化的なプロフィシェンシーとは多様な評価基準の共存を前提とするからである。

5.7　親父の背中とおふくろのふところ
　　　──パターナリズムとマターナリズムというテーマ

親・大人・教師・医師・健常者・研究者・大学者・法律家・政治家・母語話者・先進援助諸国等々から「あなたのことは、あなた以上に私が知っています。あなたにとって、何がいちばんいいかを、私が代わって判断してあげましょう」（中西・上野 2003: 13）というパターナリズムと、援助・支援されることに対する心地よさへの依存性が身上になってしまうマターナリズムとが、合体したとき共依存関係が完成する。

　パターナリズムと無気力の獲得について向谷地生良は次のように述べている。

「パターナリズム－父権主義という言葉がありますが、専門家が、治療やケアの主導権を取ることによって、当事者は絶望的な現状の中で「見ない」「聞かない」「言わない」という態度によって現実との直面を避けようとし、その結果、さらに管理と無気力が強化されるという悪循環に陥ります。」

(向谷地 2006: 66)

保護主義は、保護される側に learned helplessness ／獲得された無力感を植えつけてしまう。同様に井上達夫もパターナリズムとマターナリズムの共犯性について述べている。

「コンセンサス社会の自他融合型コミュニケーションは、他者の保護を理由に他者を強制・操作するパターナリズム（父権的干渉主義）を繁茂させる。…／現代日本社会にパターナリズムが浸透し、個人の自己決定や分権的住民自治が成熟しないのは、政府・行政の側の権限固執だけでなく、政府・行政の庇護的介入に依存し自主的に問題を解決しようとしない社会の側の甘えによるところも大きい。「マターナリズム（母性願望的依存）」と呼ぶべきこの傾向は、行政突き上げ型市民運動にも見られる。…市民の側のマターナリズムは行政の側のパターナリズムと共依存の関係にあり、この共依存から自立するための市民自身の〈会話〉能力の淘汰は、市民の自治能力の淘汰にとって不可欠である。」

（井上 2001: 242–243）

専門家／処置・援助側がパターナリズムから降りていくことと、エンドユーザーである当事者／被支援者側がマターナリズムから身を引きはがし、主体性を回復することの、双方向から歩み寄る必要がある[8]。

熱心な医療者、介護者、支援者、教育者、親が、患者や学習者、子どもを互いの関係から逃れられなくしてしまうことを収容所症候群 institutionalism とよぶ。病院や学校、家庭などが患者や学習者、子どもを囲いこんでしまった結果、本人が直面するはずの「苦労」や「失敗」をする権利や機会を奪ってしまう。

「実は、精神科病棟専属のソーシャルワーカーとして配属された私が最初に感じたことは、「囲」学＝囲い込まれて・「管」護＝管理されて・「服」祉＝服従する、という構造の中で、本来の医療の目的が歪められているということでした。」　　　　　　　　　　　　　　　　　　　（向谷地 2006: 65–66）

　同様に教育も相対的〈正しさ〉の側に立つため、「強」育・「矯」育＝強いて矯めることが善意で行われることがある。収容所から出ることを、向谷地は普通の苦労を取りもどす権利と呼び、川村敏明は当事者が失敗する権利と呼ぶ。それを実現するためには専門家の側に、治療や教育の限界についての自覚が必要である。川村敏郎は次のように語っている。

「医療者として大事なことの1つは、自分が無力なこと、限界があることを知ることです。」　　　　　　　　　　　　　　（浦河べてるの家 2005: 264）

　具体的に専門家が当事者に対する保護者的態度を変えるために、べてるの家ではさまざまな関係のあり方が考案・工夫されている。病にもきちんと人格を認めるのもそのなかのひとつである。

5.8　「幻覚＆妄想大会」と「三度の飯よりミーティング」
　1980年代から町の人たちとともに開催している「偏見・差別大歓迎大会」や、1995年のべてるの家年次総会からメインイベントになっている「幻覚＆妄想大会」（通称ＧＭ大会）も自己対象化と「弱さの情報公開」の好例である。幻聴も「幻聴さん」ときちんと「さん」付けで呼びかけられ、独立した人格をもった存在として遇される。精神科医や障害者当事者と言えども「幻聴さん」の意向を無視して薬の増減はできない。
　毎年、聴衆の前で自分の幻覚や幻聴について話す下地は日常的に「三度の飯よりミーティング」と言われる町内・院内各地で四六時中行われている寄りあい（研究会）にある。

「なにごとによらず、とにかくみんなで集まり話しあい、みんなが納得す

るまで話しあう。その伝統は早い時期からべてるの人びとのあいだに定着していた。」
(斉藤 2002: 63)

　このようなミーティングの話を聞くと、何とはなしに民俗学者宮本常一が書きとめた「寄りあい」の光景が呼び覚まされる。
　1950年、宮本常一が対馬の伊奈で調査中のある朝、「この古文書をしばらく拝借ねがえませんか」とたのむと寄りあいにかけなければならないという。しかし待てど暮らせど午後三時をすぎても梨の礫 (つぶて) である。

「私はいささかジリジリして来て、寄りあいの場へいってみることにした。…いってみると会場の中には板間に二十人ほどすわっており、外の樹の下に三人五人とかたまってうずくまったまま話しあっている。雑談をしているように見えたがそうではない。事情をきいてみると、村でとりきめをおこなう場合には、みんなの納得のいくまで何日でもはなしあう。はじめには一同があつまって区長からの話をきくと、それぞれの地域組でいろいろに話しあって区長のところへその結論をもっていく。もし折り合いがつかねばまた自分のグループへもどってはなしあう。用事のある者は家へかえることもある。ただ区長・総代はきき役・まとめ役としてそこにいなければならない。とにかくこうして二日も協議がつづけられている。この人たちにとっては夜も昼もない。ゆうべも暁方近くまではなしあっていたそうであるが、眠たくなり、いうことがなくなればかえってもいいのである。」(宮本 1984: 12–14)

　このような時間と手間を惜しまない寄りあいは記憶と記録のかなたのそのかみから続いているという。さらに宮本常一の報告に耳を傾けてみよう。

「私にはこの寄りあいの情景が眼の底にしみついた。この寄りあい方式は近頃にはじまったものではない。村の申し合せ記録の古いものは二百年近いまえのものもある。それはのこっているものだけれどもそれ以前からも寄りあいはあったはずである。七十をこした老人の話ではその老人の子供の頃もやはりいまと同じようになされていたという。ただちがうところは、昔は腹

がへったら家へたべにかえるというのでなく、家から誰かが弁当をもって来たものだそうで、それをたべて話をつづけ、夜になって話がきれないとその場へ寝る者もあり、おきて話して夜を明かす者もあり、結論がでるまでそれがつづいたそうである。といっても三日でたいていのむずかしい話もかたがついたという。気の長い話だが、とにかく無理はしなかった。みんなが納得のいくまではなしあった。だから結論が出ると、それはキチンと守らねばならなかった。話といっても理屈をいうのではない。1つの事柄について自分の知っているかぎりの関係ある事柄をあげていくのである。話に花がさくというのはこういう事なのであろう。」　　　　　　　　　　（宮本 1984: 16–17）

　長い引用になってしまったが、「眠たくなり、いうことがなくなれば」帰ったり、「その場へ寝る者もあり、おきて話して夜を明かす者もあり」という情景や最後の「とにかく無理はしなかった。みんなが納得のいくまではなしあった。だから結論が出ると、それはキチンと守らねばならなかった。話といっても理屈をいうのではない。1つの事柄について自分の知っているかぎりの関係ある事柄をあげていくのである。話に花がさくというのはこういう事なのであろう」という会話の技法など、まさにべてるの家に息づいている。

　べてるのミーティングは作業所だけではなく、共同住居やワークサービスの控え室、介護用品店や病院内のオフィス、アルコール依存症や統合失調症の人たちの自助グループ、生活支援や子育て支援グループ、さまざまな依存症やリストカットの人たちのグループ、イベントや講演を企画・実施するグループ等々があり、「あるところで居心地が悪くなれば、別のところに顔を出せばいい。自分のその時の気持ちや気分で、いろいろなメニューを選ぶことができる。だから、無意味に周りに気づかったり、合わせたり、自分を無理に抑え込む必要がない。それに、あちこちに顔を出していると、退屈もしないですむ」（四宮 2002: 301）。問題があればそのつどミーティングが開かれる。

　「そのミーティングを見ていると、はじめはどこがいいのか、なにが力な

のかと思う。一見形式的で表面的で、深い議論があるわけでもなく活発なやり取りが聞けるわけでもない。みんながてんでにつぶやくように発言するか、ほとんど黙っているだけなのだ。しかも話はいったりきたり、おなじことのむし返しできわめて非効率的だ。けれど最後には出るべき意見が出ているし、みんなが納得できる形での結論にたっしているというのがべてるのミーティングなのである。／その秘密は、「納得」というところにあるのではないかと思う。／べてるのミーティングでは、ものごとの是非をあきらかにするというより、話しあうことそのものが重視されている。その結果えられた結論はかならずしも合理的とはいえないかもしれない。むしろそこで大切なのは、議論が「つくされている」ということなのだ。あるいはつくされているとみんなが感じていることで、であれば、その場にいた人はたとえ結論に反対であっても、議論のプロセスは受け入れることができる。逆に議論がつくされていなければ、どんな結論もメンバーの受け入れるところとはならない。三度の飯よりミーティングというのは、この集団にとってミーティングがなによりも重視されており、しかもそのミーティングで参加者がどこまで納得できたかが、いちばんたいせつだということを示している。」

（斉藤 2002: 71–72）

　「ものごとの是非をあきらかにする」のではなく、議論が「つくされている」ことをめざす。唯一の正解に向かってひたはしるのではなく、「納得」の過程をていねいにたどるコミュニティの会話能力がここにある。宮本常一の寄りあいとも通ずる、成果主義や効率主義の対極にある会話の技法である。比較不可能な異質な世界と経験をもったもの同士が「合意の不在に合意」(井上 2001: 241) するために時間と手間を惜しまない力。場のもつ多言語多文化的プロフィシェンシーとは、学問によって学ばれるものではなく、時間と関係の豊かさによって学ばれるものではないか。

5.9　マジョリティとの力関係をゆさぶる〈起業〉という戦略
——社会復帰・社会適応から社会進出・社会貢献・社会変革・社会制作へ

　浦河には当事者性に関してさらに深く根づいた慣習・伝統とでもいうべきものがある。それは、治せない・治さない医師である川村敏明の次のようなことばが端的に語っている。

　「問題が解決したから、幸せが来たり、平和が来たり、理想が来たりする、というような考え方と同じように、病気が治れば、何かいいことがすぐ来るっていう幻想がありましたけれども、実際いいことはすぐにはありませんよ。そういう意味での「現実」を見据えたことをやるという中でしか、医者も実際は存在しえない。」　　　　　　　　　　　（向谷地・川村・清水 1996: 36）

　「現実」を見据えるとは具体的にはどういうことなのだろうか。それは、患者側（だけ）が変わるのではなく、「自分には幻聴があるんだと、おおらかに語り合える社会をつくることの方が大事なんです」と暮らしをいとなむ社会の側を変えていくことを意味する。社会復帰から社会進出へ、そして社会変革・社会制作へという明確なプランがここにはある。
　社会変革の戦略として、べてるの家は「起業」と企業家とのネットワークに徹底的にこだわる。

　「問題のテーマ化という作業を、本格的な「研究」という言葉に具体化するきっかけになったのが、企業家との出会いでした。1984年4月にべてるの家が正式に発足する1年ほど前から、実は浦河にある古い教会堂－浦河教会旧会堂、後のべてるの家－は、事実上数名の当事者の共同住居として活用されていました。／その中の入居メンバーである早坂潔さんを中心に、日高昆布の袋詰めの下請けをはじめていました。本当に拙い船出でしたが、気持ちは「起業」の一歩でした。スローガンは「社会復帰から社会進出」です。従来の福祉や社会復帰の枠組みから脱却し、1つのビジネスを立ち上げた心意気でした」　　　　　　　　　　　　　　　　　　（向谷地 2006: 58–59）

通常、授産所などでの仕事は「働かせてもらう」という状況が多い。その消息は生／ライフそのものが、「生かさせてもらう」ことに通ずる。それに対して起業するとは、「従来の福祉や社会復帰の枠組みから脱却」し、「当たり前の苦労」を取りもどす試練である。事業を起こすことは、リハビリテーションや研修と違い、目に見えるかたちでの責任転嫁のできない、社会との関係のつくり方である。およそ、患者や学習者は、「安全」な環境のなかで見えない透明の膜で「苦労」から遠ざけられている。起業はもっとも強い社会化の装置である。経営、経済、会計、仕入れ、流通、人事、心理、雇用、地域、法律、行政、顧客動向、業界事情等々、あらゆる過程・局面で折衝、渉外が行われる。関係性の病を抱えたべてるの人たちにとってもっとも試練に富んだ営為である。しかし、かれらは通常の企業のやり方ではできない。

 「もちろん、仕事に従事する人たちは、みんな統合失調症などの精神障害を抱えた当事者です。長続きもしません。すぐ、わけがわからないうちに調子が悪くなったり、やる気が出なくなったりします。そんなメンバーが集まりながらも昆布の仕事が継続し、その後、下請けを脱却して自前で産地直送をするまでになったのは、常に、現状を問題として考えるのではなく、「安心してサボれる会社づくり」という理念にあるように、現状を受け入れながらも、仕事を継続する方法を、常に「研究」することを怠らなかったからだと思います。そのような姿勢が、地域や全国の各地の企業家との出会いをつくっていきました」
（向谷地 2006: 59）

 ここに発想の転換がある。それは、社会は自分のために何をやってくれるか、ではなく、自分たちは町のため、地域社会のために何ができるのかという発想の逆転であり、それがその後、障害者が「医者を育てる」「健常者を支援する」というテーマへと発展する。
 社会復帰論から社会制作論へのテーマの深化と拡がりについて、向谷地は次のように語っている。

 「当時22歳で、大学を卒業したての私が、先輩もいないし右も左もわから

ないような状況のなかで、様々な人間関係のきしみを経験しながら感じ取ったことは、いわゆる従来の「精神障害者の社会復帰をいかに計るか」という切り口では説明できない地域全体の抱える課題の大きさでした。それは、この街で生きようとしている人たちすべてに公平に与えられている課題でもありました。そこで、私は従来の社会復帰論では捉えられないテーマの広さと深さとを実感したのです。それはまた、何よりも私の目の前にいる患者さん以上に、人間関係も含めて、社会人としてこの地域で暮らすことに苦労していた私自身が「社会復帰」を必要としていたからに他なりません。「これは精神障害者だけの社会復帰の問題ではない」ということが少しずつわかってきたのです。またこの地域の現実と無関係に精神障害者だけが治療や援助の結果、いわゆる「社会復帰」して活き活きと暮らしていけるような幻想を抱いたり、期待することの現実味の無さを痛感するようになりました。」

(浦河べてるの家 2000: 14–15)

「街で生きようとしている人たちすべてに公平に与えられている」課題とは、現代を生きるすべての人たちに与えられている、「関係の豊かさ」を未来の幻想としてではなく、〈今・ここ・私〉の問題として取り組んでいくという課題である。これは社会復帰や適応、同化とは次元を異にする発想である。マイノリティとマジョリティが連続体でありながら同時にその力関係を間断なく揺さぶりつづけるなかで社会を公共的なものとしていく事業であり、それが「地域のために」という発想と実践に結実していく。

「べてるは、一応経済的にも社会的にも、自活ができて暮らしている人たちでも、自分たちが生きていることに、この町で暮らしていることに自信をもてないでいるという現実を見つめ共有することから始まったのです。この地域の現実の中に、社会復帰という立場からみると、精神障害というなかなか理解されにくい病気を抱えながら、就職もままならず自立にもほど遠い人たちが、逆に、この町で意気消沈して「この町で暮らしたくないな」と思っている人たちが、すこしでも「浦河の町っていい町だよね。この町はとても暮らしやすいし、とても楽しい」と言えるようになるために、精神障害を

体験した自分たちが出来ることをやろうよという視点が 20 年前、少しずつ芽生えはじめていました。／それは、いわゆる精神障害者の社会復帰をいかに図るかという視点ではなく、1 週間に 1 時間しか力を出せないメンバーとか、時々しかやる気がでないとか、やる気を出してもすぐにあきらめてしまう人。そういうことを全部「ＯＫ」にして、それをそのままにして、そのまま 1 週間のうち数時間でも、自分が地域のためにできること、そういうものを束ねて束ねて、私たちがこの地域のためになにをしようか。そういうアイディアが私たちの中にでてきたのです。それは、この地域が精神障害を抱えた人たちが暮らすには、多くの点で困難に満ちていたからこそ示された私たちの生き方であり、残された選択肢でもあったのです。」

(浦河べてるの家 2000: 17–18)

「一応経済的にも社会的にも、自活ができて暮らしている人たち」、健康な若者や働き盛りの壮年が元気に階段をかけ上がっていくタイプの社会設計ではない。「現役の」統合失調症やアルコール依存症であるかれらのなかには文字通り 3 分しか働けない・続かない人もいる。その 3 分を少しでも長く働けるようにしようという発想ではなく、3 分の人が 3 分のままでも働ける場を作っていこうという発想である。ここでプロフィシェンシーは、個人内のプロフィシェンシーから社会的・公共的な場のプロフィシェンシーへと根下ろしをしていく。

6．おわりに―世界を生みだす豊かな力としてのプロフィシェンシー

以上、プロフィシェンシーが個人のなかにとどまるのではなく、社会を生みだすコミュニティの力としてあることをべてるの家に学んでみてきた。

今後、外国籍住民・児童生徒自らが当事者として行う実践研究やエスノグラフィックリサーチ、地域研究や地域づくりが始まるだろう。さらにそれは当事者たちを含めた地域住民のための学習活動や教材、カリキュラム開発につながっていく。べてるの家が、常に山積している問題群のなかで侃々諤々、試行錯誤しているように、地元住民や引越し族も、それぞれの当事者

として外国籍の人や障害者とともに地域づくりにかかわっていくだろう。そのとき〈納得〉の過程をあせらずにていねいに辿れるかどうかが、多言語多文化的な公共的社会の実現の成否となる。そのための社会文化言語的プロフィシェンシーとは何か今後も現場から問い続けていきたい。

注

1　井上達夫『現代の貧困』岩波書店 2001: 57
2　早稲田の大学院での講義で板書したのを倉本幸彦さんが作図してくれたもの。
3　言語のプロフィシェンシーにとっても〈量の豊かさ〉とは語彙の量であり、ことば数、口数であり、知識の量の多さであろう。
4　言語のプロフィシェンシーにとっての〈質の豊かさ〉とは、文章の型であり、結束性であり、適切さ説得力などであろう。
5　「第三に、会話の相互変容性は新たな合意点の創出を可能にするが、そのことを自己目的的に追求すると、自分が変わったふりをして相手を変えようとする操作的・戦略的コミュニケーションや、無批判的に自己を放棄する融合願望に堕してしまう。自他の異質性、人格的別個独立性の承認は、合意の限界の自覚も促す。自他の対立を直視し「合意の不在に合意する」ことは、自他の自己決定権を尊重するとともに、集合型決定が必要な場合は公開の討論に基づく多数決決定に委ねることを意味する。それは根回しによる全会一致で対立を隠蔽するような合意の専制化を排除することにより、異論表出の自由を保障するとともに、決定に対する責任の所在を明確にする」(井上 2001: 241)
6　例えば、「統合失調症"金欠"型」「自己虐待系だれか僕を助けて症候群週末型」「統合失調症完璧追求型」「統合失調症全力疾走型」「嫌われ松子系人格障害幸せ壊しタイプ」「人間アレルギー症候群自己虐待型」等々である。
7　2005年に「人間アレルギー症候群」「自分のコントロール障害」を抱えた女性4人が〈当事者研究〉の中から設立した会社。過疎地のなかで安心して暮らせる条件の研究をめざして起業した。現在音楽CDの作成出版等を行っている。
8　「行政・専門家・事業主体と市民との関係が操作から会話へ転換することは、市民の側の責任感の淘汰とマターナリズムからの自立にもつながる。例えば「原発は安全です」と言わず、「原発事故の防止に万全を期していますが、そのリスクはゼロではあ

りません。しかし、火力発電は地球温暖化に、水力発電は山林河川の自然破壊につながります。原発なしには供給できないほどの電力需要を生んでいるのは皆さんのエネルギー多消費型ライフ・スタイルです」と言うことが、行政、事業主体と市民との成熟した関係を築くために、今後必要になるだろ」(井上 2001: 244)

引 用 文 献

井上達夫(2001)『現代の貧困』岩波書店
浦河べてるの家(2000)『浦河べてるの歩みから―べてるの家ライブトーク 1997.6.15 立川―』同時代プロジェクト
浦河べてるの家(2005)『べてるの家の「当事者研究」』医学書院
河原俊昭・山本忠行編著(2004)『多言語社会がやってきた―世界の言語政策Ｑ＆Ａ』くろしお出版
斉藤道雄(2002)『悩む力―べてるの家の人びと』みすず書房
四宮鉄男(2002)『とても普通の人たち』北海道新聞社
中西正司・上野千鶴子(2003)『当事者主権』岩波書店
春原憲一郎(2008)「技術研修生のための日本語研修における評価の観点―「技術研修生」が突きつける評価の課題群」『日本語教育』136
宮本常一(1984)『忘れられた日本人』岩波書店
向谷地生良(2006)『安心して絶望できる人生』日本放送出版協会
向谷地生良・川村敏明・清水義晴(1996)『「べてるの家」に学ぶ』博進堂
横田弘(1979)「障害者運動とその思想」『季刊福祉労働』3: 34-43

第 2 部

プロフィシェンシーのインパクト

第5章
プロフィシェンシーを軸にした教師教育
― OPI の手法を活かして ―

嶋田和子

1. はじめに

　ACTFL-OPI（Oral Proficiency Interview）とは、その言語を使って機能的にどの程度話す力があるかを総合的に評価するインタビュー試験である。OPIのP（Proficiency）、プロフィシェンシーとは、どれだけ知っているかという知識の多寡ではなく、何が出来て何が出来ないのかという言語を運用する総合的な能力を言う。近年、教育現場においてプロフィシェンシー重視の言語教育の重要性が語られるようになってきた。2000年の日本語教育学会「日本語の会話能力とは何か」と題したシンポジウムのサブタイトルは、「プロフィシェンシーの観点から」であった。それ以後、プロフィシェンシーに関する関心はさらに高まってきたのである。

　2006年の「南山日本語教育シンポジュウム」は、これからの日本語教育を「プロフィシェンシー」という観点から多角的・多面的に議論することを目的として開催された。予稿集の冒頭文「日本国内の日本語教育における proficiency の概念はいまだ ACTFL-OPI の域を出ていず、それが口頭面のみならず、読解、聴解、作文など他の技能にも関与し、さらに、社会文化的な側面に包まれた総合的外国語能力からの考察が必要であるという認識に欠けている」ことが根底にあったのである。筆者もプロフィシェンシーは4技能すべてにおいて考えられるべきであるという立場で、プロフィシェンシー重視の教育を実践している。しかし、本章においては、紙面の制約上「話す」

に関するプロフィシェンシーを軸にした教師教育にフォーカスして論述していくこととする。

　教育現場では多様化や複雑化が進む中で教師教育に関して「トレーニング型教師教育」から「教師の成長」、というパラダイム・シフトがあった。さまざまな学習者、状況に対して柔軟に対応する力、教育実践を常に内省し、見つめなおす力を有する教師が求められるようになったのである。このような状況下では、これまでのような画一的な教師教育では対応できなくなったことから、新たな教師教育が求められるようになった。

　『ACTFL-OPI試験官養成マニュアル』には「学習者が言語運用能力を向上させたいのであれば、教師が取るべき役割は、自分自身を『舞台に上がった賢人』に見立てるような伝統的なものではなく、むしろ、『側に付き添う案内人』といったものになるはずである。(中略)OPIワークショップを受けると、この点が実にはっきり見えてくる(ACTFL-OPI: 121)」と記されている。このようなOPIの考え方は、多様な学習者と向き合い、彼らのプロフィシェンシーを伸ばしていく教師力の育成に役立つものと言える。

　以上のことから本章においては、OPIを会話試験という側面からではなく、OPIを通して獲得できる教師力、プロフィシェンシーを重視した教材・試験開発、さらには教師教育におけるOPIの有効性について論述することとする。

2. プロフィシェンシーと日本語教師

2.1　プロフィシェンシー重視の考え方

　プロフィシェンシーを重視した教育とは、日本語を使っていかなる言語活動が出来るのかに重きを置いた教育実践である。文型・文法、語彙の積み上げではなく、言語運用能力をいかにして身につけていくかに重点が置かれている。すなわち実生活で起こり得る状況でどれだけ効果的に、そして適切に言語を使うことができるかという観点から言語運用能力を伸ばしていく教育である。

　OPIでは【総合的タスク／機能、場面と話題、正確さ、テキストの型】

の4つの評価基準分野で「話す」に関するプロフィシェンシーを10段階で総合的に評価している。総合的タスク／機能に関して言えば、以下のような評価基準がある。

> 超級：いろいろな話題について広範囲に議論したり、意見を裏付けたり、仮説を立てたり、言語的に不慣れな状況に対応したりすることができる。
> 上級：主な時制の枠組みの中で、叙述したり、描写したりすることができ、予期していなかった複雑な状況に効果的に対応できる。
> 中級：自分なりの文を作ることができ、簡単な質問をしたり相手の質問に答えたりすることによって、簡単な会話なら自分で始め、続け、終わらせることができる。
> 初級：丸暗記した型通りの表現や単語の羅列、句を使って、最小限のコミュニケーションをする。

プロフィシェンシーとは換言すれば、課題遂行能力であり、それはまさに2002年に始まった日本留学試験の測定対象能力でもある。

CEFR（Common European Framework of Reference for Languages: learning, teaching, assessment）では「発話行為は、言語活動の範囲内において行なわれるが、言語活動というものはより広い社会的コンテクストの一部を形成している。これはそれ自体としてその意味を持ちうるものである。『課題』というときは一人ないし複数の個人によって、一定の結果を出すために行なわれる、独自の具体的（specific）な能力を方略的（strategically）に使って遂行する行動（actions）を考えている（p.9）」としている。2006年3月に行なわれた国際交流基金「日本語教育スタンダードの構築をめざす国際ラウンドテーブル第三回」において発表された「日本語教育スタンダーズ」で取り上げられたものも、課題遂行能力と異文化理解教育であった。

2.2　プロフィシェンシー重視の教育実践

筆者の勤務するイーストウエスト日本語学校では、表1のごとく会話レベ

表1　イーストウエスト会話レベル表

		できることの目安	できることの具体例
	NK9	日本で仕事をしても、困ることなく会話ができる	・卒業式、結婚式などでスピーチができる ・仕事上必要な交渉、会議の司会ができる ・よく知らない人、目上の人、友達、子供などとの話で、自由に言葉の使い分けができる ・かなり専門的な会話ができる ・どんな話題でも議論ができる
230 NK8	目標レベル	大学や専門学校での専門的な会話ができる	・学校、アルバイト先、日常生活において必要な交渉ができる ・相手の気持ちを考えながら（誤解を解いたり、助言をしたり）話をすることができる ・相手や場面に応じて敬語が使える ・映画、ドラマ、ニュースなどについて、詳しく自分の感想・意見が言える ・IT革命、生命操作、司法制度など難しい話題についても、理由を示し議論ができる ・自分の専門分野についてかなり専門的な話ができる
220 NK7	上級	大学や専門学校での基礎的な会話ができる	・トラブルがおきたときうまく対処できる ・相手の気持ちを考えながら（お願いしたり、断ったり、助言したり、謝ったり）話をすることができる ・映画、ドラマ、ニュースについて内容をわかりやすく説明できる ・制度、文化、習慣、考え方などの違いについて比較しながら話すことができる ・料理の手順、道順などをわかりやすく説明できる ・少子高齢化、医療問題など少し難しいことについても意見とその理由が言える
200 NK6	もうすぐ上級	友達と冗談を言ったり、自由に会話ができる	・話しにくいことについて友達に（お願いしたり、誘ったり、断ったり）話をすることができる ・友達と冗談を言ったり、砕けた会話ができる ・自分の好み、希望について相手に説明できる ・血液型、結婚など興味のある話題について簡単な議論ができる ・身近なニュースについて意見とその理由が言える ・食べ物、生まれ故郷、生活習慣について説明できる
170 NK5	中級	日本で友達を作ることができる	・友達にノートを借りることができる ・友達を映画に誘ったり、約束を変更したりすることができる ・友達に簡単なアドバイスが言える ・遅刻・欠席・早退をするとき、それを伝えることができる ・「すみませんが」「時間、ありますか」「ちょっといいですか」などの決まり文句が使える ・苦しかった経験や楽しかった経験について話すことができる
130 NK4	もうすぐ中級	毎日の生活での必要な会話ができる	・切符の買い方など簡単な手順が説明できる ・忘れ物をしたことを説明できる ・お店、銀行、郵便局などで必要な話ができる ・相手のことについて質問ができる
100 NK3	初級	簡単な会話ができる	・自分の家族、仕事、来日した時が言える ・好きなものが言える ・簡単な質問に答えられる（いつ、どこ、誰、何）
80 NK2	初級前半	あいさつ等ができる	・あいさつが言える ・出身地が言える ・簡単な買い物ができる
NK1	入門	さあ、出発だ！	名前が言える

ル表を作成し、「何が出来て何ができないのか」を重視した会話教育を行なっている。会話レベル表は各レベルにおける「できることの目安」と「できることの具体例」を表示している。「具体例」は例であり、それらを参考にして、クラスや学習者のニーズに合わせながら授業が組み立てられる。

　会話レベル表は、入学時に新入生全員に母国語版が配布される（中級以上は日本語版）。学習者自身がスタートラインから明確な目標を持ち、学習過程においても「自分自身の運用能力は全体のどこに位置するか」を明確に意識することは、重要なことである。到達目標がどこにあり、その過程においてどのようなことが求められているのか。今、全体の過程のどこに位置するかを意識することは学習・教授両面において重要であると言える。なお逆円錐型の図は、上に行くにしたがって言語使用量が多くなっていくことを示し、左端の 80 から始まる数字は、イーストウエストで開発したシングルスケールの会話試験の点数、NK は会話レベルを表す（NK5 は、「会話レベル 5」を表し、イーストウエスト会話レベルにおける「中級」を意味する）。

2.3　教師教育のパラダイム・シフト

　1980 年代までの教師教育のキーワードは「教師トレーニング」であったが、その後学習者や学習環境の多様化に直面した日本語教育では、臨機応変に自ら考え、さまざまな条件下で判断し対処できる教師が求められるようになった。岡崎（1997: 9–10）は、「一定のリストに示された〈どのように教えるか〉を〈体得させる〉ような形の教師トレーニングを見直し、それに代えて、教師の成長という捉え方が新たに提起され実践され始めている」と述べている。さらに「教師養成や研修にあたって、これまで良いとされてきた教え方のモデルを出発点としながらも、それを素材に〈いつ、つまりどのような学習者のタイプやレベル、ニーズに対して、またどんな問題がある場合に〉、〈なぜ、つまりどのような原則や理念に基づいて〉教えるかということを、自分なりに考えていく姿勢」が重要であると岡崎は付け加えている。

　こういった教育の流れの中で、それに携わる教師の意識改革は大きな課題となる。単にマニュアルに沿って教え、トレーニング型の研修を受けるといった姿勢では、対応しきれなくなってきたのである。そこに主体的かつ創

造的に関わっていく教師研修の必要性が生まれてきた。
　Schoen は「不確実性、不安定性、独自性、そして価値の葛藤という状況で実践者が対処する"技法"の中心となすものは、『行為の中の省察』というこの過程全体である（2001: 78）」と述べ、マサチューセッツ工科大学における現職教育プログラムを次のように紹介している（2001: 115–116）。

　この教師プロジェクトでは、研究者は、教師たちの小グループが数学や物理学、音楽の領域における一見単独にみえる課題や、ぼんやりと知覚できる行為についての教師自身の直感的思考を切り拓くことを奨励している。参加した教師達はいくつもの重要な発見をする。彼らは自分では「わかっている」つもりでいた事柄について自分が混乱するようになる。そしてその混乱から抜け出る方法を見つけようとする時、学ぶことと教えることについて、今までとは違った形で考えられるようになり始める。

実践の中で内省を繰り返しながら成長を続ける教師のための研修としては、さまざまなタイプ・内容のものが考えられるが、本章においては OPI を軸とした教師研修を論述する。

3.　OPI の教師研修への応用

3.1　OPI ワークショップの意義
　4 日間の OPI ワークショップ終了後「目から鱗が落ちた」という感想を述べる受講生が多く見られる。フォローアップ・インタビューで次のようなことが挙げられることが多い。

- コミュニケーション重視の授業をやっていたつもりだったが、OPI で取り上げられているような意味でのタスク性を考えてはいなかった。
- 総合的に話す能力を評価することの大切さを知った。
- 結局は文法項目や語彙を覚えさせることにフォーカスした授業を行なっており、何ができるかを軽視していた。

OPI を通して「教えられたことと身につけたこと、すなわち、学習者が目標言語について知っていることとそれを用いて実際にできることの間には、大きなギャップがあるという事実を痛感させられる（ACTFL–OPI: 123)」ことが、OPI の意義である。プロフィシェンシーをキーワードにしたワークショップを受け、それを実践に活かすことで教師の言語教育観、言語習得観の見直しが起こり、文型や語彙の積み上げ重視から、学習者は何ができるかを重視した教育への転換を迫られる。体験学習である OPI ワークショップは、教師自身にさまざまな気づきを与えてくれるのである。

OPI は、文型積み上げ式指導法を行なっていた教師を「らせん的指導法」へとパラダイム・シフトさせる。教育現場では「今は初級後半レベル。この文型を導入し、定着させなければならない。それが出来てから次の項目を……」という発想になりがちである。しかし、OPI を学ぶことによって「学習者は今、全体のどこに位置し、もう１つ上の段階に行くには、どうしたらいいのか」といった縦軸の視点で捉えられるようになり、プロフィシェンシー重視の授業展開が可能となる。また、OPI の重要課題の１つである「突き上げ（Probes）」は授業実践においても重要であると言える。

3.2 教師力を高める OPI

OPI ワークショップが教師の言語教育観、言語習得観に大きく影響を与えることについて述べた。次に、OPI テスターとしての活動が、教育実践にいかなる影響を与えるかについて考察する。

3.2.1 学習者の能力を総合的に評価する力

OPI には明確な評価基準があり、それにしたがって総合的な評価が行なわれる。教師はプロフィシェンシー評価に関して習熟することで、学習者が〈今、ここで〉何ができるのかを知り、さらにその学習者は何が出来ないのかを明確にし次の指導に生かす教師力を伸ばすことができる。すなわちなぜ学習者の能力を総合的にそう判断したのかが明確化され、次のステップのためのフィードバックが出来るようになるのである。「何となくよく話す」「文法的ミスが多い」といった漠然とした評価ではなく、何をすれば次の段階に

進むことができるかを明らかにした評価が可能となる。そもそも評価とは「学習者がより日本語能力を伸ばすのに役立つ情報を返す」ことを目的としている(野口 2005: 781)のである。当然授業の中でも、学習者の発話、やり取りを通して学習者の能力を適切に評価し、教授活動に生かすことができるようになる。

　現場では、「文法的正確さ」を重視しすぎる傾向があるが、OPIを通してバランスの取れた評価法を身に付けることがでる。OPIには「総合的タスク／機能、場面と話題、正確さ、テキストの型」という4つの評価分野があり、「正確さ」はその4つの柱の1つでしかない。「正確さ」を重視しがちな現場教師は、OPIを通してその問題点に気づかされる。文法、語彙などの正確さに力を入れがちな教育実践も、「文法的正確さ」とは、4つの柱の1つである「正確さ」の中の6つの項目の1つにすぎないとことを知ることによって、正確さ重視という呪縛から解放される。「正確さ」ではなく、タスク性に重点を置いた教育実践が可能となるのである。

3.2.2　縦軸思考―「今やっていること」の位置を確認する力

　OPIの能力基準は「言語習得のためのはしご」として活用することができる。その能力基準は、徐々に伸びていく言語の発達段階を示しており、外国語学習のためのプログラム作成に役立つ。さらに目指すべきゴールが明確化されることで、学習者が目標を念頭において学ぶことを可能にするのである。

　『みんなの日本語』を例にあげると、「今は、35課だから『〜ば』を定着させ、次は36課『〜ように』を導入し……」というように、常に学習項目を教えなければならないと考えてしまいがちである。そうではなく、「何ができるようになるために、その学習項目があるのか」といった発想を持つことが重要である。つまり、まず経験したことを伝えたいという状況があり、そのために「〜たことがある」という文型が必要になる、といった発想が求められるのである。「タ形」という学習項目を教えるために、「〜たことがある」という文型で定着させるのではないということである。

　「今やっていることは、学習目標全体のどこに位置するのか」「全体として

何が出来るようになることを目指しているのか」といった縦軸思考は重要である。話技能のみならず、どの技能においても、到達目標がどこで、その過程においてどのようなことが求められているのか。現段階では、全体の流れのどこに位置するのか、ということを念頭において授業を進めることが肝要である。

4つの評価基準の1つに「テキストの型」がある。教育現場では【単語・文・段落・複段落】に関して、「段落に関する学習は中級で指導」などと考えがちである。そうではなく、一本の線、流れの中で考えること、例えば文を羅列するレベルの学習者に対して、いかにして1つ上のレベルの学習者「段落人間」へと成長させることができるかを常に考え続ける教師であることが重要なのである。

以上のように、テキストの型1つとっても、現在のレベルでの課題に目を向けるだけではなく、到達目標を明確にし、全体の中のどこに位置し、現状で何が課題なのかを考える必要がある。また、初級、中級、次は上級とただレベルに分けて考えるのではなく、プロフィシェンシーはすべての段階を通じてらせん状、スパイラルに能力が獲得されていくという視点を忘れてはならない。

3.2.3　突き上げ力

S.Krashen のインプット仮説は、「学習者の言語習得を高めるには、理解可能なインプットを十分に受けることが必要である」ということであり、「理解可能なインプット」は、「i + 1」で表される。「i」とは学習者の現在の力であり、「+ 1」は、現在のレベルより少し高いレベルを表している。「タスク」を与える際にも、この「i + 1」の考え方を応用し、学習者の現在の力「i」より少し上のレベルのタスク「i + 1」を与えることは意味あることである。

OPI における突き上げの目的は「インタビューを次の上のレベルに押し上げることによって、被験者の運用能力の上限または限界、すなわち、言語的に何ができないかそのパターンを発見すること（ACTFL-OPI: 45）」である。このような「突き上げ」は、会話能力を測定する際に有効であるだけで

はなく、教育実践においても有効な手段である。山内（2005: 66–68）は、突き上げに関して「日本語のクラスにおいては、学習者の能力を伸ばしていくための"特効薬"になり得るもの」であるとしている。さらに「『突き上げ』を授業に生かすことこそが、真に OPI を授業に生かすこと」であり、「授業とは、『突き上げ』を中心に構成されるもの」であると「突き上げ」の重要性を強調する。

　学習者が「私の趣味は映画です」と言った場合、次に来る質問として「どんな映画を見るか」「週に何回ぐらい見るか」といった質問に終始するのではなく［i + 1］を考えたタスクを与えることが求められる。「今持っている力より少し難しめのもの」にチャレンジさせることで学習意欲も高まり、メリハリの効いた授業展開が可能となるのである。そこで言語的挫折が起こったならば、レベルを戻すといった臨機応変な対応がそのような指導には重要である。突き上げとレベルチェックを上手に使っていくことで授業が活性化していくのである。

3.2.4　質問力

　OPI テスターには質問力が求められる。OPI の構成は標準化されたものであるが、OPI そのものは被験者とともに作り上げる「手作り作品」である。だからこそ、テスターが発する質問が大きな役割を果たすのであり、質問力が重要な鍵となる。1. 質問の型を意識しているか、2. 質問のための質問になっていないか（必然性）、3. あいまいな質問になっていないか、4. 質問文の羅列になっていないか、といったことを OPI を通して意識化できるようになる。

　OPI マニュアルには質問に関して次のような記述がある（ACTFL-OPI: 121）。

・有意義な質問（話の流れに沿っていて、相手個人に合わせた内容で、答え方を限定しない質問）
・沈黙の容認
・詳細な説明を引き出すこと。学習者がさらに詳しく説明するように促

すこと。これは、中級から上級への移行時の指導として特に重要である。
　Yes/No疑問文、選択疑問文、事実や情報を求める疑問文、イントネーション疑問文、付加疑問文、依頼および丁寧な依頼表現などさまざまな質問の型があり、それぞれの役割を果たす。また、同じ5W1Hの疑問文でも、「どのように」「どうして」などは他の単語レベルで答えられるものとは質が異なるのである。OPIでは常に質問の型を意識しながらインタビューを進めていく。このような質問の型の意識化は、授業における質問の型への意識化につながり、教師の質問力アップを可能にする。教師が状況や文脈を把握し、良質の質問をすることで、学習者から意味ある発話を生み出すことができる。

3.2.5　学習者との関係性の構築

　教師は教育実践において、「教える」「教え込む」ということに力点を置きがちである。しかし、OPIではテスターに「待つこと」が求められ、相手の話をよく聴き、そこからインタビューが進んでいく。OPIテスターを経験することで聴く力、「積極的傾聴」力を養うことができるのである。ラポールを作り、相手の話を共感して聴きながら、被験者と二人でインタビューを作り上げていくOPIの経験は、そのまま授業を作り上げていく時にも活きてくる。「教師はシテ（主役）ではなく、ワキである」ということは頭では分かっていても、授業で実践することは難しい。学習者主体ということは分かっていても、それがなかなか実行できない。しかし、相互のやりとりのある、臨機応変で、学習者中心であるOPIにおいては、それが強く求められており、OPIを繰り返し経験することで自然にそれが身についていく。相手に共感し、相手を受容することで、教師力アップが期待される。

　前項で述べた質問力において、質問の型、質問の内容が重要であることは言うまでもないが、それ以上に聴く姿勢が重要である。相手の話に共感して聴く姿勢、相手の発話を十分に待つ姿勢が求められる。「傾聴と共感」は授業を行う際にも重要なことと言える。「教える側の教師」と「習う側の学習者」という構図を打破し、学習者との新たな関係性を構築するためには、「聞く」ではなく「聴く」ことが重要であると言える。「聞く」とは耳に入って

くる情報を単に聞き取ることであり、「聴く」とは「相手が何を言おうとしているのか耳を傾けて聴く」ことである。「聴」という字を次のように解釈したい。

　「耳」で聞いて、「十」分に「目」で相手の表情を観察し、
　「心」に落として相手を受けとめる。

　OPIには積極的傾聴が重要でありOPIを学び、実践することが教師力アップにつながるのである。

3.2.6　教師としての人間的成長
　OPIによって得られるものは授業力のアップだけではない。インタビューを録音し、評価のために終了後何度も聞き直すインタビューは、教師自身に大きな気づきを与えてくれる。「内省的実践家」をめざし、常に「振り返り」を心がけていると言っても、実際は教師主導の授業をやっていて、それに気づかないというケースが多く見られる。果たしてどれだけの教師が自分自身の授業内容をビデオやテープにとって「振り返り」をしているであろうか。OPIは好むと好まざるとに関わらず、何度となく自分自身のインタビューを聞かなくてはならない。間の取り方、被験者の語尾にかぶせてしまっている教師の言葉、適切でない相づち、しゃべりすぎたり説明しすぎている状況、教師が作ってしまっている話の方向性……。自分自身のOPIを聴くことで大きな気づきが生まれる。こうした自分の実践への「振り返り」が「教師の化石化」を防いでくれるのである。
　また、OPIでは上級や超級話者と30分という限られた時間で効果的に会話をし、「突き上げ」をしながら裏付けのある意見を抽出しなければならない。これを実践するには、テスター自身にもさまざまな分野に関する知識が求められる。また、テスターに論理的思考力がなければ、相手の意見に反論し、さらに「突き上げ」を行うなどということは所詮無理な話である。〈意見→反論→仮説〉といういわゆる「トリプルパンチ」を相手に求めるということは、テスターにもそれだけのものが求められているということである。

「超級話者のインタビューをするたびに、自分自身を反省し、さらなる努力の必要性を感じる。テスターである私は、果たして超級話者と言えるのか」とは多くのテスターからの感想である。「これまでも新聞は丹念に読んでいました。でも、そこに自分自身のしっかりとした意見がなかったことに気づきました。ほとんどが受け売りだったんです。日本人はよく〔I heard〕だけで、〔I think〕がないと言われますが、まさに私自身がそうでした」といった反省も聞かれる。OPI では常に質問の型を意識しながらインタビューを進める。「教師は教えるもの・学習者は学ぶもの」といった枠組みを取り外すことで、謙虚に「学び続ける教師像」が見えてくる。

4. 会話試験開発と教師研修

4.1 OPI をベースにした会話試験開発

イーストウエストでは p.4「表 1」のような会話レベル表に基づき、会話試験を作成した。学習者は何ができ、何が出来ないのかを見る Proficiency Test である。OPI に基づいて作成された会話試験ではあるが、1. 実施時間が 10 分であること、2. 音読試験があること、3. 評価がシングルスケールであること、といった 3 点が OPI とは異なる。

10 分の会話試験は、【導入(1 分)→音読(1 分)→テーマ会話(5 分)→ロールプレイ(2〜3 分)→最後のひと言(0.5 分)】という構成になっている。評価は、1. 音読、2. テーマ会話、3. ロールプレイの 3 項目に分け、それぞれ点数を記入し、点数を合計してシングルスケールでの評価となる。

この試験の特徴である音読試験では、20 秒ほど黙読をし、その場で音読をしてもらう。そして、その音読試験に関してのみ音声に関する評価を行う。その理由は、会話試験全体を通しての音声評価という方式では、学習者の発音上の正確さに重きを置きすぎる恐れがあるからである。また、教育上の波及効果も考え、「音読試験」を実施している。「評価項目」等に関しては、紙面の都合上割愛する。

以上、簡単にイーストウエストで開発した会話試験を紹介したが、次にこの試験をめぐる学内教師研修について述べる。

試験開発をめぐって、学内意識調査を実施したり、新試験の在り方をめぐる話し合いが何度ももたれた。試験そのものは4人のOPIテスターからなる口頭表現能力研究班[1]によって実施されたが、その開発は講師会などを通して学内の全教師が関わりながら行われた。この開発過程そのものが、学内教師研修の役割を果たし、「プロフィシェンシー重視の教育とは何か」「タスク先行型の授業展開とはどうあるべきか」「いかなる評価が今現場で求められているのか」といった議論が始まっていった。

4.2　会話試験実施のためのワークショップ

　会話試験開発後も、会話試験と教師研修は深い関係を持っており、現在も学内研修の大きな柱の1つとなっている。それは、1. 試験実施者を対象とした試験前の2〜3回のワークショップ、2. 会話レベル表および評価メモシートなどの見直し作業、3. 試験問題の作成、といったことが教師の意識向上、教師力アップに繋がっているからである。

　本会話試験は、前期と後期の定期試験において全クラスで実施されるが、それに先立ち、1. 評価法の再確認、2. 試験問題を共に考えるワーク、などが試験実施者全員（例：2007年度後期30名）に対して行われる。

　まず、試験実施前に行われるワークショップについて述べることとする。前回行われた会話試験のいくつかの会話試験例を取り上げて、話し合いを行う。その際、事例の評価だけではなく、「授業において、この学習者をどのように指導することで、もう1つ上のレベルに達することができるのか」に関してグループディスカッションを行う。

　ここで、これまでにワークショップで行われた「同じ質問に対する学習者A、学習者Bの発話」に関する事例をあげることとする。

質問：「一人で旅行するのと、友達と一緒に旅行するのとどちらがいいですか」

> 学習者A：
> どのほうがいいは、ちょっとできないと思って、あの、友達と旅行したら、楽しいと、なんかいろんなことを一緒にすることがある。あるけど、いっしょに旅行すると寂しくないし、おもしろいでー、あの、それもいいだし、いいし。一人ですること、寂しいですけど、一人で考えること、できます。いいです。

> 学習者B：
> 両方良いことがありますが、わたしは一人で旅行するのが好きです。友だちと一緒は楽しいし、寂しくないですけど、ちょっと不便です。で〜、一人で旅行は寂しいですけど、一人でいろいろ考えることができるから、いいです。やっぱり一人で行くのがいいですね。

　学習者Aの発話は、単なる文の羅列ではなく、考えをまとめて1つのかたまりで言い表そうとしているが、段落にはなっていない。段落と呼ぶには不完全であるが、段落の萌芽は見える。自分の考えをまとまりで話そうとしており、かなり長く話しているが、一貫性と結束性という面で段落とは言えない。
　一方、学習者Bは段落を構成して意見を述べている。この2つの発話を比較しながら、単に判定をするだけではなく、学習者Aと学習者Bの違いは何か、学習者Aをどのようにすれば、段落で話せるようになるのかといったことについて教師間で話し合いを行う。このように、ワークショップでは、実際の学習者の発話をもとに、評価、フィードバックについて話し合いを行うのである。
　また、「正確さ」をどう考えるかについて試験官同士での再確認が行われる。会話試験の評価のブレをできるだけ最小限に抑えるという目的でのワークショップではあるが、教師の言語教育観の見直しや、教師力アップに大いに寄与している。
　さらに、試験の進め方、教師のインタビューの仕方に関するワークショッ

プも行われる。テーマ会話をいかに進めるのか、ロールプレイはどのように実施すると効果的であるかに関するワークショップである。5分のテーマ会話で、OPIで言う「突き上げ」をできるだけ実施しなければならない。トピック・ホッピング(十分に1つの話題で語るのではなく、次々いろいろな話題に飛んでしまうこと)に陥ることなく、あるテーマをスパイラルに展開していく技術が求められる。いくつかの試験例を聞きながら、テーマのスパイラル展開力をともに学んでいくのが、学内会話試験ワークショップの1つの目的でもある。

テーマ会話のあとは、ロールプレイに入る。ロールプレイカードは、各レベル7～10種類の同じ機能の同じ難易度のロールを用意しておき、学習者によって異なるカードを出すように配慮されている(試験終了後、情報が流れるのを防ぐためである)。毎回試験にロールプレイがあることから、試験作成メンバーは、毎回ロールプレイを検討し、いくつものカードを作らなければならない。場面・文脈を少し変えるだけで、難易度は大きく変わるだけに、慎重な姿勢が望まれる。

ワークショップでは教師は、カードを読んで理解するというのではなく、教師同士ペアを組み、学習者になったつもりで実際にロールプレイを実施する。これは「学習者の視点に立って授業を振り返る」という姿勢作りにも大いに役立つ研修である。このように、会話試験実施のための学内ワークショップは、単に評価法の確認というだけではなく、さまざまな教師力アップに繋がるものを実施している。

ACTFL-OPI、CEFR、また東京外国語大学スタンダードを始め各大学のスタンダードなどさまざまなスタンダードがある。しかし、それらをそのまま使うのではなく、現場の状況に合った会話試験を開発し、それを教師研修につなげていくのは意義深いことである。会話授業、会話試験、教師研修をそれぞれ別個のものとして考える傾向があるが、実は三位一体で捉えてこそ教育的効果があがるのである。

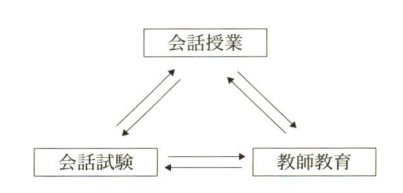

図1　会話授業・会話試験・教師教育

5. ロールプレイ研究と教師研修
5.1 接触場面を重視したロールプレイ開発

　OPIではインタビュー終了前3分の1か4分の1あたりで、ロールプレイを実施する（初級‐下など実施できないレベルもある）。イーストウエストの会話試験においても会話試験実施前ワークショップで、ロールプレイを考えるグループワークが組み入れられている。また、会話授業においても積極的にロールプレイを活用した授業が行われている。ここでいうロールプレイを活用した授業とは、いわゆる文型定着のためのロールプレイではなく、タスク先行型ロールプレイを意味する（文型積み上げ式教授法におけるロールプレイを、文型先行型ロールプレイと呼ぶ）。

　当校では教師研修の一環として、1.ロールプレイカードの作成、2.ロールプレイを活用した授業展開例の共有化、3.教師のロールプレイ体験を行った。ここでは、1について述べることとする。

　ロールプレイカード作りを始めるに当たっては、「ロールプレイカードは教師が作るという発想を捨て、まずは学習者から出してもらうこととし、学内の初級－上以上の全クラスで学習者にロールプレイ作成という課題を出した。自分自身が遭遇した接触場面を考えながらのカード作成である。教師の頭の中で作られたものとは違い、学習者自身の体験から出てきた貴重なロールプレイである。

　次に、これらの資料をもとにロールプレイ研究班[2]が教材化するにあたって、Aロール、Bロールとも学習者が体験するものを拾い出し、ロールプレイを機能、場面で分類した。さらに各ロールプレイを難易度によって整理し、「ロールプレイ資料集」の作成に向けて作業を開始した。

　山内（2005: 124）は、ロールプレイは「教室内の発話者の数を最大にできる手段」「教室外の場面を教室内に持ち込むことができる手段」である点が特徴であるとしている。ロールプレイは活発な会話授業を実施するための効果的な手段であり、また会話試験での課題であることから、教師研修のテーマとして取り上げ、ロールプレイ研究班が中心になって取り組んでいる。

5.2 「ロールプレイ資料集」作成から授業展開の共有化へ

　「ロールプレイ資料集」作成過程においては、会話試験開発と同様、講師会における全教師を対象にしたワークショップの実施および各教師からの「ロールプレイ資料集」使用後のフィードバックが行なわれた。「ロールプレイ資料集」は、誰でも自由に使うことが出来るが、使った教師は必ずカード作成者にフィードバックをすることが義務付けられている。このような方式でのロールプレイカード作成によって、教師間の協働が進み、教材の充実も図られる。授業展開例は、講師会などで発表され、その発表例を活用してさらに発展した形の授業展開例を報告するというやり方は、「学び続ける組織」作りの大きな力となっている。

　「ロールプレイはそもそも模擬的な要素が強く、学習者があまり興味を示さない。どのようにしたら生き生きした授業になるのか」という質問を外部のワークショップでよく受けることがある。これは、実施方法に問題があると思われる。「さあ、それではこれからロールプレイを始めます」という号令のもとロールプレイを開始する、ヒントのためのロールプレイカードを持ったまま実施する、といった状況では模擬的な要素が強くなり、うまくいかないケースも出てくる。ちょっとした工夫をするだけでも、授業は生き生きしたものに生まれ変わり、教師の授業力アップにつながる。なお具体的なロールプレイ授業のヒントや授業展開例は『目指せ、日本語教師力アップ！— OPI でいきいき授業(2008)』第 2 章「授業に活かすロールプレイ」に詳しい記載がある(10 のヒントと 10 人の教師による授業実施例)。

6.　「学びの共同体」としての学校作り

　4 節、5 節において OPI と教師研修について述べてきた。OPI は話技能に関するプロフィシェンシーであるが、すべての技能においてプロフィシェンシーを考えた教育を行うことが重要である。当校では、会話試験開発のみならず、プロフィシェンシーを重視した「漢字教材」「読解教材」「初級教科書」などさまざまな教材開発をグループで行っている。

　当校における漢字学習はこれまで、漢字をどれだけ知っているかという漢

字知識の量に重きを置きがちであった。日本語能力試験の認定基準「1級＝2000字、2級＝1000字、3級＝300字、4級＝100字」という基準に沿って、「どれだけ漢字を知っているか」に注目した学習であり、「その漢字を使って何ができるか」という視点が欠けていたのである。また、「その漢字はどう学習すればいいのか。どう学習することが求められているのか」ではなく、単に「読めて書ける」ことを求めていたとも言える。実は、「読めて、書けることが求められているのか。それとも、ただ読めればいいのか。または、認識できさえすれば十分なのか」といったタスク性を絡めての漢字学習こそ重要なのである。現在、当校ではこういったプロフィシェンシーに基づいた漢字学習シートを漢字研究班[3]で作成し、学内でシェアしながら整備をしている。本章は話技能にフォーカスして教師研修について述べていることから、漢字研究班における「教材作成と教師研修」との関係については割愛することとする。

当校におけるプロフィシェンシー重視の試験開発、教材開発は口頭表現能力研究班から始まり、作文研究班、ロールプレイ研究班、漢字研究班といくつもの研究班が立ち上がり、学内教師研修を支えてきた。山崎（2002: 359）は教師研修に従来のような「積み上げ型」の教師研修からの脱却が重要であるとし、次のように論を展開している。これからの教師研修では「多様な変容性」という視点から、学習者一人ひとりが直面する状況と困難・課題に対応できる主体的な決断と選択が求められる「選択的変容型」の発達観を忘れてはならない。山崎は次のように述べている（2002: 363）。

このように捉えてくるならば、もはや教師としての力量は、あたかも要素項目のごとく年齢段階に即して脱文脈的・脱状況的に抽出され列挙されるようなものでないことは明白である。またそのように抽出された力量を具体的な文脈・状況から切り離して整理し提供しようとすることは一人ひとりの教師間の発達にとってあまり意味がない。むしろ教師としての力量は、日常の実践の中で不断に生成され、その実践の文脈・状況に相即不離な状態でこそ真に理解され、その重要性や機能もまた具体的な実践の文脈・状況の中でこそ実感され確認されるものであるといえよう。

（下線は筆者による）

　いかに教育現場における「学びの共同体」としての教師研修が重要であるかということである。本章で述べたプロフィシェンシー重視の教師研修は、その「学びの共同体」作りに不可欠のものであり、「学び続ける教師」「学び続ける組織としての教育機関」を支えるものである。新井（2002: 277–279）は Watkins & Marsick の「学習する組織」のための6つの行為原則をあげ、学校を有機的な学習組織体に変革することの重要性を説明している。

1. 継続的に学習機会を創造する
2. 探求と対話を促進する
3. 共同とチーム学習を奨励する
4. 学習を取り込み、共有するシステムを確立する
5. 集合的ビジョンに向けて人々をエンパワーメントする
6. 組織と環境を結合させる

　さらに教師研修の結果に関して「個々の教師の所有物にとどめておくのではなく、自分の学校の具体的な問題や課題の解決のための学習に結びつけていけるようなシステムを各学校で考えることが重要」であると述べている。
　イーストウエストの教師研修で実現しようとしていることは、個々人の教師の成長によって学校全体が「学び続ける組織」になることであり、教師の「協働」による成果を組織の知恵に変化させていくことである。それを実現するための方法論として、プロフィシェンシーを軸にした教師研修が有機的に機能していると言える。

7.　まとめと今後の課題

　これまで OPI のテープセッションにおいては、評価に関するものが多く、正しく評価が出来るかどうかにばかり力点が置かれてきた。しかし、今後は OPI を活用して、多様な教師研修の在り方を探っていくことが求められる。

「OPI的教授法」からさらに一歩進めて、「OPIを軸にした教師研修」の方法論を確立していくことが重要である。山内は「汎言語的に成り立つ言語能力観・言語習得観を持ちながらも、それをテストにしか利用していないというのは、非常にもったいない話(2005: 5)」であると言う。

　OPIは読んだり話を聞いたりするだけではなく、自分自身がOPIを体験することでより深く理解することができる。これは必ずしも4日間のワークショップを受けなければならないと言う意味ではない。とにかく一度体験してみることが重要なのである。そこから思いもかけぬ新たな「教師の成長」が生まれる。教師の実践能力向上のためにもOPIの手法を活かし、プロフィシェンシーを軸とした教師教育が普及していくことを期待したい。

注

1　イーストウエスト日本語学校において2000年10月会話試験(定期試験)に関するアンケート調査を実施。それに基づき、2001年4月に口頭表現能力研究班を結成(西川寛之、西部由佳、山中都、山辺真理子)。学内会話試験の開発に取り組み、「会話レベル表」に基づく会話試験の作成、評価票の開発を行った。2003年3月研究班は解散し、その後は教務スタッフを中心にして会話試験および評価方法の改訂、ワークショップ等を行っている。

2　ロールプレイ研究班は、学習者が作成したロールプレイを機能、場面別に分類し、難易度をつけて整理した。授業実施後、教師にフォローアップインタビューを行うなどの調査研究も行っている。研究班のメンバーは、酒井祥子、西川幸人、西部由佳、嶋田和子の4名である。

3　漢字研究班は、2005年度国立国語研究所の研修に参加した3名の教師(有山優樹、落合知春、立原雅子)の1年間の研究成果『非漢字圏学習者を対象とした漢字指導―初級レベルの漢字の運用を目指して』をもとにして結成された。その後、漢字学習法・漢字教材などを全学的に見直すことを目的にさらに3名の教師(林英子、森節子、山口知才子)を加え、現在も活動を続けている。

参 考 文 献

ACTFL(The American Council on the Teaching of Foreign Languages)1999 *ACTFL Oral Proficiency Interview Tester Training Manual,* 牧野成一監修「ACTFL-OPI 試験官養成マニュアル」アルク

Council for Cultural Co-operation 2001 *Common European Framework of Reference for Languages:Learning,teaching,assessment,*Cambridge, 吉島茂・大橋理枝他訳 2004「外国語の学習、教授、評価のためのヨーロッパ共通参照枠」朝日出版

Shoen,D.A.1983 *The Reflective Practioner:How Professionals Think in America,* Basic Books, 佐藤学・秋田喜代美訳 2001「専門家の知恵」ゆるみ出版

Watkins,K.E.・Marsick,V.J.1992 Towards a Theory of Informal and Incidental Learning in Organizations: International Journal of Lifelong Education. November pp.287–300, 神田良・岩崎尚人訳 1995『学習する組織をつくる』日本能率協会マネジメントセンター

新井郁男(2002)『教育経営論』放送大学教育振興会

岡崎敏雄・岡崎眸(1997)『日本語教育の実習　理論と実践』アルク

鎌田修他(2000)「日本語の会話能力とは何か―プロフィシェンシーの観点から」日本語教育学会春季大会予稿集，pp.17–41

関西 OPI 研究会(2006)「南山日本語教育シンポジュウム―プロフィシェンシーと日本語教育　日本語の総合的能力の研究と開発をめざして」

国際交流基金(2006)『日本語教育スタンダードの構築をめざす　国際ラウンドテーブル(第3回)』国際交流基金

嶋田和子(2005)「日本留学試験に対応した日本語学校の新たな取り組み―課題達成能力の育成をめざした教育実践」『日本語教育』126 号，日本語教育学会

嶋田和子(2006)「日本語学校におけるアカデミック・ジャパニーズ―予備教育の新たな取り組み」『アカデミック・ジャパニーズの挑戦』ひつじ書房、pp.55–66

嶋田和子(2006)「日本語学校における採用時の能力測定と教師研修」『日本語教育年鑑 2006 年度版』国立国語研究所、くろしお出版、pp.25–34

嶋田和子(2008)『目指せ、日本語教師力アップ！―OPI でいきいき授業』ひつじ書房

鈴木健(2006)『クリティカル・シンキングと教育』世界思想社

東京外国語大学留学生日本語教育センター 2006『JLC シンポジウム報告書―日本語スタ

ンダーズを考える』東京外国語大学

西川寛之(2003)「パフォーマンス・アセスメント中心の口頭表現能力テスト」『日本語教育学会春季大会予稿集』日本語教育学会、pp.103–108

野口裕之(2005)「学習者評価の原則」日本語教育学会編『新版日本語教育事典』大修館書店

牧野成一・鎌田修・山内博之・齋藤眞理子・萩原稚佳子・伊藤とく美・池崎美代子・中島和子(2001)『ACTFL-OPI 入門―日本語学習者の「話す力」を客観的に測る―』アルク

山内博之(2005)『OPI の考え方に基づいた日本語教授法―話す能力を高めるために』ひつじ書房

山崎準二(2002)『教師のライフコース研究』創風社

山辺真理子他(2002)「口頭表現能力テスト開発― OPI 基準と到達度評価の融合の試み」『日本語教育学会秋季大会予稿集』日本語教育学会、pp.213–214

第6章
第二言語習得研究における
リサーチデザインとプロフィシェンシー

迫田久美子

1. はじめに

　第二言語習得研究とは、学習者がどのように第二言語(外国語)を習得していくかにかかわる種々の問題を研究する分野である。母語の影響はあるのか、教室指導はどんな効果があるのか、測定方法による違いはどうか、第一言語とは習得過程が異なっているのか、誤用訂正は効果があるのかなど、課題は多い。

　習得の全体像を解明する作業はジグソーパズルに似ている。様々な課題は、ジグソーパズルのピースにあたる。形や色を綿密に観察しながら試行錯誤を繰り返し、ピースの適切な場所を探す。しかし、調査に問題があるとピースは台におさまらない。

　本章は、調査対象、収集データ、調査方法などに問題のあるケースの仮想データを設定し、習得研究のリサーチデザインにおける問題点からプロフィシェンシーについて考える。

2. 調査対象者について―母語転移の研究から―

　第二言語習得における母語の影響という要因は多くの研究で扱われ、かつ究極のテーマでもある(Odlin 1989)。日本語の習得研究においても、初期は誤用分析研究から始まり、多くの研究者によって母語の干渉、つまり負の言

語転移に関する研究が行われた。それらは、特定の言語母語話者を対象として、彼らの産出した誤用例を手がかりに母語の影響を類推するという手法が用いられた。たとえば、以下のような誤用は母語の影響によって産出されると考えられた。

(1)　a.　ベトナム語話者の誤用　　　　　　　　　　　　　（上條 1989: 250）
　　　　　私の名前は○○です<u>と</u>十七歳です。
　　　　　夏休みの時毎朝海<u>に</u>泳ぎます。
　　b.　中国語話者の誤用
　　　　　私がほしい<u>の</u>物はカメラです[1]。　　　（鈴木 1978: 12 下線筆者）

　しかし、上記の例は特定言語を母語とする話者がおこす誤用の記述であり、もし系統を異にする他言語の母語話者にも同種の誤用が見られた場合には、誤用の原因が母語の影響だとは断定できない。

　誤用分析からスタートした日本語の習得研究は、次第に調査対象者が増え、誤用数の量で比較する研究が見られるようになった。石田（1991）、Yagi（1992）、市川（1993）は、品詞別の誤用数を量的に集計し、得られた結果から母語の影響を考察している。しかし、単純に誤用の出現数の多少を比較するだけでは、習得の難易や習得過程を一般化することは難しい。そのため、1990年代の終わりから、得られた結果の一般化を目指し、統計的手法を用いた習得研究が行われるようになった。しかし、統計的手法を用いたからといって、必ずしもその研究の結果が客観的な事実を示しているわけではない。どの統計分析を用いるか、得られた結果に対する解釈が結果に対して妥当であるかなどの問題も残る。また、統計分析を行う前の段階のリサーチデザインの問題（例えば、調査対象である学習者の選出は妥当であるか、収集されたデータは信頼性があるか、研究の目的に沿った調査方法を取っているか等）も存在する。

　ここでは、格助詞を対象として母語からの影響に関する仮想のリサーチを想定し、学習者のプロフィシェンシーに関連した調査対象者の選出方法の問題点について考える。

第6章 第二言語習得研究におけるリサーチデザインとプロフィシェンシー　127

　日本語の習得研究では、(2)のような格助詞の誤用は、これまでの研究において多く取り上げられている(鈴木 1978, 松田・斎藤 1992, 久保田 1993, 迫田 2001, 久野 2003)。

(2)　a.　日本で楽しいのこと(→楽しいこと)がたくさんありました。
　　　b.　国際交流会館で(→に)住んでいます。
　　　c.　火の上に(→で)魚を焼きます。

【仮想リサーチ1】
　調査目的、調査対象および調査方法を以下のように設定する。
調査目的：助詞の習得に母語の影響があるかどうかを調べる。
調査対象：韓国と中国で学ぶ日本語学科の大学生2年〜4年生で、以下の4つのグループに分ける。
　　1.　韓中群･･･中級クラスの韓国語話者(大学2・3年生)　25名
　　2.　韓上群･･･上級クラスの韓国語話者(大学4年生)　　15名
　　3.　中中群･･･中級クラスの中国語話者(大学2・3年生)　25名
　　4.　中上群･･･上級クラスの中国語話者(大学4年生)　　15名
調査方法：助詞(に・で・を・の・は・が・も・と)の穴埋めテスト　50問

　得られた結果(仮想データ)は、(3)の通りであった。そこで、(4)のような結論を出した。

(3)
表1　調査結果(仮想データ：単位％)

クラス	韓中	韓上	中中	中上
正用率	57.3	89.1	42.5	70.6

(2要因2水準の分散分析　(クラスの)主効果が有意：$p < .001$)

(4)　結論：下位検定を行った結果、すべてのクラスの成績の間で有意差が認められ、成績は「韓上＞中上＞韓中＞中中」の順で高かったので、助詞の

習得において韓国語話者の方が中国語話者に比べて、助詞の習得が進んでおり、日本語と同様、助詞がある韓国語の正の転移が考えられる。

　果たして、上記の結論は妥当であると言えるか。答えは否である。問題は、調査対象者である韓国と中国の中級と上級のクラスが両国間および各レベル間で等質であるという前提が保証されていない点にある。このデータのように、2・3年生を中級、4年生を上級レベルと設定しては、対象者の実際の日本語のプロフィシェンシーを正確に測定していないため、得られた結果の妥当性・信頼性が保証されない。韓国語話者の中級・上級レベル群が中国語話者の中級・上級レベル群に比べて、授業時間数が多かったり、日本への留学経験者が多かったりして、全体的にプロフィシェンシーが高いという可能性も考えられる。

　したがって、このリサーチで母語転移を検討するのであれば、事前に4グループの日本語能力を客観テストなどによって調べ、韓国、中国の学習者のレベルが等質であることを評定した上で、リサーチを行う必要がある。

　母語の違いだけに注目したり、母語の影響だという思い込みが強かったりすると、結論を先に描いてリサーチデザインを立ててしまい、客観的な調査にならないケースが出てくるので、注意が必要である。

3.　調査方法について―文法習得・指導効果の研究から―
3.1　「否定形」の習得と2つの調査方法

　第二言語習得研究では、様々な方法でデータを収集する。収集方法によって横断的研究と縦断的研究、データ処理方法によって量的研究と質的研究などの分け方がある。

　横断的・縦断的研究という場合、前者は特定の一時期に比較的多数の対象者に調査を実施して研究する方法をとるのに対し、後者は特定の対象者にある程度長期にわたってデータを収集し、研究する方法である。

　量的・質的研究という場合、前者は数値化されたデータを統計的に処理することを重視するのに対し、後者は文字情報を分析・解釈することが多い。

　具体的なデータ収集法には様々な方法がある。これまでの日本語の習得研

究では、空欄に正答を書かせる穴埋めテスト、複数の選択肢から選ばせる多肢選択テスト、一部の語や句を与え、その後の文を補充させる文完成法、絵や一続きの漫画を見せて日本語で話を作らせる物語構築法、テストのような制約を与えないで話してもらう自由会話（インタビュー）、直感を重視した文法性判断テスト、誤用と正用を識別して誤用を訂正させる誤用訂正テストのような方法が多く見られる（迫田 2002）。

　しかし、研究の目的によってこれらの方法を正しく選択しなければ、収集したデータが目的に沿っていない場合が出てくる。ここでは、(5)のような誤用が観察される日本語否定形の習得について、家村・迫田(2001)の調査データを参考にして、目的を変えた仮想のリサーチデザインを立案し、研究の目的に合致したプロフィシェンシーが測定できているかどうかを検討する。

(5)　この本は高いじゃない（→高くない）です。
　　　毎日は電話をかけるじゃない（→かけません）。

【仮想リサーチ 2】
調査目的：動詞や形容詞の否定形は初級・初中級・中級のどのレベルで正しく使えるようになるのかを調べる。
調査対象：日本国内の日本語学校の学習者（母語：中国語・韓国語・英語・タガログ語他）を日本語能力テストの点数によって、以下の 3 グループに分け、比較のために日本語母語話者グループを含む 4 グループとする。
　　1. 初級群　　初級レベル学習者　　15 名
　　2. 初中級群　初中級レベル学習者　14 名
　　3. 中級群　　中級レベル学習者　　12 名
　　4. 日本人群　日本人母語話者　　　21 名
調査方法：誤文訂正テスト（正用と誤用の問題文に対し、下線部のことばが正しい場合は○、正しくない場合は×を書いて [　] に正しいことばを入れる。）

例　この本は　高いじゃないです。
　　　　　　　（　×　）［高くない］

(6) 調査結果：図1の通り

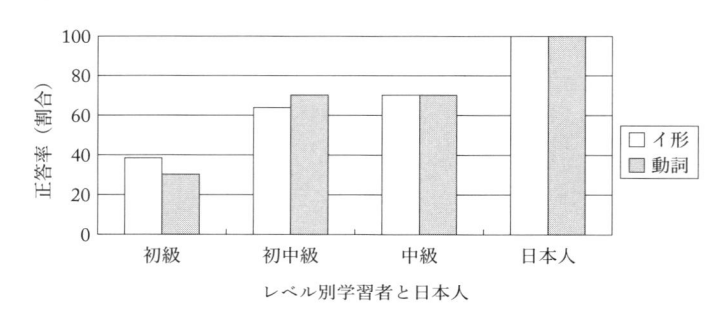

図1　レベル別の誤文訂正率（イ形容詞・動詞の否定形）（単位％）

(7)　結論：
　レベルと品詞の2要因分散分析の結果、レベルの主効果が有意だった（$p < .001$）。下位検定を行った結果、「初級＜初中級」、「初級＜中級」であることが明らかになった。従って、初中級レベル以上の学習者は、初級レベルと比べて概ね動詞やイ形容詞の否定形を正しく運用でき、習得が進んでいると言える。

　この調査結果から、上記の結論は導けるだろうか。答えは否である。正確に言えば、初中級レベル以上の学習者は「正しい言語形式を知識として習得している」と言えるが、「正しく運用できる」と断定することはできない。つまり、このリサーチデザインの問題点は測定すべきプロフィシェンシーに対して、その調査方法（測定法）だけでは適切でないことが挙げられる。このリサーチで初中級レベル以上の学習者が正しく運用できることを調べるためには、別のテスト（例えば、次のような即時的処理が求められるテスト）を実施する必要がある。
　同じ対象者に、聞き取りによるイ形容詞と動詞の否定形の文法性判断テス

トを行って、図2のような結果が出たと仮定する。初中級レベルの学習者の場合、図1の誤文訂正テストで50％以上の正答率を得たにもかかわらず、図2の聞き取りによる文法性判断テストでは、正答率が40％をかなり下回っていることから、初級レベルと比べて必ずしも習得が進んでいるとは限らないと判断される。

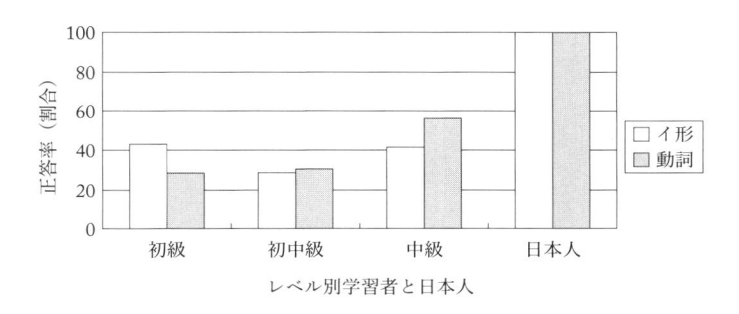

図2　レベル別の聞き取りによる文法性判断テストの訂正率（単位％）

　誤文訂正テストの場合は、ある程度十分に時間が与えられるため、形容詞や動詞の否定形についてモニターが働けば、知識がある場合は正しく訂正ができる。一方、自然な速度で聞いて即座に文法性判断をしなければならない聞き取りテストでは、即時の判断が求められるため、誤用を正用と判定する可能性が出てくる。これは、十分に時間が与えられて行う処理と即座に判断して行う処理が異なっているからである。

　言語心理学では、課題を遂行する際に意識的な注意を必要とする処理は統制的処理、考えなくても即時的に処理できる場合は自動的処理という。さらに、前者の場合に必要とする知識は宣言的知識、後者の場合は手続き的知識と呼ばれている。したがって、誤文訂正テストの場合は統制的処理に関わる宣言的知識が求められ、自然な速度での聞き取りによる文法性判断は自動的処理に関わる手続き的知識が求められると考えられる。つまり、この例ではイ形容詞や動詞の否定形の宣言的知識はあっても手続き的知識が伴っていない。そのため、誤文訂正では正しい答を書くことができても、聞き取り判断は間違ってしまったと考えられる。正しく使えるかどうかは、宣言的知識で

はなく手続き的知識を測定する必要がある。

3.2 指導の効果測定

次の事例は指導法の効果を検証する仮想リサーチである。

【仮想リサーチ3】
調査目的：シャドーイング中心、リスニング中心、音読中心の指導では、どの方法が日本語能力の向上に効果が見られるかを調べる。
調査対象：シャドーイング中心の指導を受ける学習者　38名　A群
　　　　　リスニング中心の指導を受ける学習者　　　37名　B群
　　　　　音読中心の指導を受ける学習者　　　　　　37名　C群
調査方法：3ヶ月間、一週間1回、授業において30分の指導を行い、事前・事後テスト（共に聴解テスト）によって指導の効果を測定する。
調査結果：分散分析の結果、全体の事前と事後では、聴解テストの成績が向上したが（$F(1, 109) = 10.169, p < .005$）、群ごとに事前と事後の成績の伸びをt検定で分析した結果、リスニング中心の指導を受けたB群のみが有意に向上し（$t = 3.809, df = 36, p > .005$）、その他のA群とC群には有意な差が見られなかった。
結論：3ヶ月の異なった指導を行った結果、リスニング中心の指導はシャドーイングや音読よりも日本語能力を向上させることがわかった。

　結論は正しいと言えるだろうか。答えは否である。この場合、「聴解テスト」だけの調査では、日本語能力を適正に測定しているとはいえない。それは、リスニング中心の指導を受けた学習者は、当然、聴解能力が伸びていることが推測され、音読やシャドーイングの指導を受けた学習者は聴解能力より口頭能力が伸びていることが推測されるからである。リサーチデザインでは、測定すべきプロフィシェンシーをどのように捉えるか明確にし、その調査やテストがどのようなプロフィシェンシーを測定することになるのかを十分に考え、場合によっては複数のテストを使用することも必要である。

4. 調査結果について―異なった学習環境の研究から―

4.1 教室環境と自然環境

　1980年代までは、留学生や就学生を対象とした日本語の習得研究が多かったが、日本国内の年少者や就労者の数が増加するにつれて、自然環境学習者の習得を扱う研究が増えてきた（土岐 1998,尾崎 1999,長友 2002）。自然環境学習者とは、教育機関に通って日本語を学ぶ教室環境学習者に対し、ほとんど教育機関に通わず、主に目標言語圏で生活しながら日本語を学ぶ学習者を指す[2]。

　自然環境学習者を対象にした日本語の習得研究はこれまでブラジルの就労者や日本人男性の外国人花嫁への調査結果が出ている（土岐 1998、長友 2002）。ここでは、学習環境が異なる学習者を対象としたリサーチデザインの場合、日本語のプロフィシェンシーを多面的な角度から分析する必要があることを森本（1998）のデータを基にした仮想リサーチによって述べていく。

【仮想リサーチ4】
調査目的：自然環境学習者と教室環境学習者とでは、どちらが速く正しく日
　　　　　本語を習得するかを調べる。
調査対象：1.　教室環境学習者（OPI で中級レベル）　　　　3名
　　　　　2.　自然環境学習者（OPI で中級レベル）　　　　3名
　　　　　3.　日本語母語話者　　　　　　　　　　　　　　3名
調査方法：1.　話題を構成した15分間の対話
　　　　　2.　設定した課題の1分間の独話
　文字化して資料とし、「動詞・形容詞（イ・ナ）」「接続表現」「文の数」について分析する。

(8)　動詞・形容詞の誤用例
　　　日本語の勉強は5年前に始まった（→始めた）
　　　主人はフィリピン料理嫌い（→嫌いだ）から、作らない

(9)

表2　動詞・形容詞の平均誤用率（誤用数÷使用数）（単位％）

	動詞	形容詞（イ・ナ）
教室環境学習者	2.7	2.5
自然環境学習者	2.0	3.7

(10)

表3　動詞・形容詞の平均使用数と平均異なり語数

	動詞		形容詞（イ・ナ）	
	使用数	異なり語数	使用数	異なり語数
教室環境学習者	86	38	27	11
自然環境学習者	101	39	44	19

(11)

表4　接続詞・接続助詞の使用数

	接続詞		接続助詞	
	使用数	異なり語数	使用数	異なり語数
教室環境学習者	5.3	2.0	28.0	2.7
自然環境学習者	20.6	2.7	51.3	3.0
日本語母語話者	18.7	3.0	78.0	3.7

(12)

表5　1分間に出現する平均文数

教室環境学習者	自然環境学習者	日本語母語話者
7.3	1.3	4.3

　表2・表3の結果では、どちらの環境の学習者も動詞・形容詞の誤用率は2.0〜3.7％と同程度に低い。動詞の異なり語数はあまり変わらないが、使用数では動詞も形容詞も自然環境学習者が多い。表4の接続詞・接続助詞

の使用では、さらに違いが見られ、母語話者と比べた場合、自然環境学習者は、より母語話者に近い頻度で使用していると言える。

表5の1分間の平均の文数の結果を見ると、教室環境学習者は自然環境学習者に比べて数が多い。それぞれの環境学習者の1分間の独話データ（課題「昨日の一日について話す」）では、教室環境学習者の方が接続詞や接続助詞を使用しないために単文が多くなっている。具体的な例を (13) と (14) に示す（森本 1998）。

(13)　教室環境学習者の独話例
　昨日は 70、97 年のあべろ？あるべす、あ、つまりみたいな会があるので、学校の友だち、先生と一緒に餃子を作りました／売っていました／あの、とても楽しかったです／朝、8時半そごうの前で集まって、あと、みんな、一緒にあの、文化、いろいろの国の人も、いらっしゃいました／その国の、文化もきたり、食べ物食べたり、楽しかったですね／うーん、餃子はあまりおいしくなかったので残念でした (6文)

(14)　自然環境学習者の独話例
　昨日はね、4時半ねぇ、4時半に朝は起きて、旦那の朝ごはん作って、あと、洗濯して、掃除して、あ、子供、あの、あの、6時は、旦那さんは仕事行って、あと、子供と、子供は起きて、私ご飯あげて、それから、また家のあの、掃除して、それから、あの合同庁舎行って、あと、買い物行って、帰ったら、作って、ご飯食べさせて、あと、昼は、午後は、犬は連れて、散歩連れていって、あと、またご飯作って、あと、夜は (1文)

(15)　結論：
　動詞・形容詞の誤用率や異なり語数では、教室環境と自然環境の学習者の間に大きな違いがあるとは言えないが、接続詞・接続助詞をみると、自然環境の方が教室環境より使用頻度が高く、単文を多用する教室環境学習者よりは日本語母語話者に近い。その点において自然環境の方が習得が進んでおり、自然環境学習者の方が教室環境学習者より、正しく、かつ速く日本語を習得すると考えられる。

上記の結論は正しいと言えるだろうか。必ずしもそうとは言えない。つまり、自然環境学習者の方が教室環境学習者に比べて「正しく」「速く」日本語を習得するとは言えない。それぞれについて、考察を加える。

4.2 プロフィシェンシーにおける正確さと滑らかさ

まず、「正しく」日本語を運用しているかどうかという点であるが、接続詞・接続助詞の使用に関しては、自然環境学習者に多用されているので、単文が少なく、日本人の使用に近いことが推測される。そして、自然な環境から得られるインプットによって習得が進むことが想定されるので、当然のことながら「自然な日本語」が習得されることが期待される。しかし、「自然環境で学ぶと自然で正しい日本語が学べる」という考えは必ずしもあてはまるとは言えない。

(16)は、30分間の対話に現れた終助詞の平均使用数であるが、日本人と比較して自然環境学習者の使用数は格段に多い。具体的な例を(17)に示す（森本1998）。

(16)

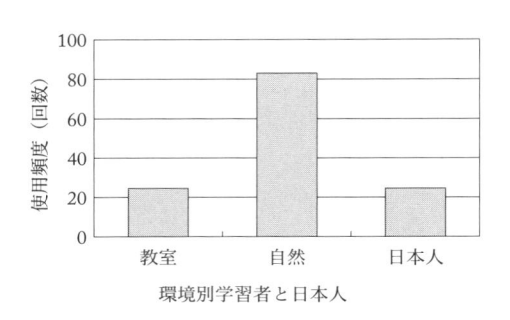

図3　対話における終助詞の平均使用頻度

(17)　NS：どうして看護婦を諦めたんですか
　　　NNS：えーっとね、前はね、あの、妹がけがしたじゃない、縫ったでしょ、血が出たで、なんか、私、弱いのよ、血が見たら、あの、

大きな傷が見たら<u>ね</u>、弱い<u>ね</u>、だから諦めた

　この対話は、初対面の調査者(日本語母語話者)との対話であるので、対象者がこのように終助詞を多用すると、馴れ馴れしくて不自然な日本語使用であるという印象を受ける。従って、終助詞に関して言えば、自然環境学習者が教室環境学習者に比べて自然な日本語を正しく話せているとは断定できない。

　ただし、これも対話者が親しい友人であれば、「ね」の多用はある程度許容され、正しく話せていることになる。自然環境学習者が教室指導学習者に比べて、自然で正しい日本語を習得すると考えられるのは、周囲の親しい日本人からインプットを得るためであると推測できる。しかし、一方で親しい日本人からのインプットだけを受けていると、言語使用における親疎の区別がわからないため、目上や親しくない相手に対してスタイルシフトができず、待遇的に不自然な日本語を使用してしまう場合が出てくる。

　土岐(1998)や尾崎(1999)は、自然習得学習者は助詞の中でも、終助詞の習得は速く、発話に終助詞が多用されることを指摘している。

　教室環境学習者は文法的に正確な日本語を習得し、自然環境学習者は滑らかで自然な日本語を習得すると言われる(迫田 2002)が、これらの結果は、私たちが「自然な日本語の習得」とか「正しい日本語の習得」とは何かを考えるきっかけを与えてくれる。文法的に間違いのない文であれば正しい日本語と言えるのか、また自然な日本語とは何を基準にしてそう言えるのだろうか。自然環境学習者の会話にくだけた表現やフィラーや短縮形があると、上手に話しているような印象を受けるが、果たして自然な日本語と言えるだろうかなど、様々な疑問がわいてくる。

4.3　日本語習得の速度

　次に、自然環境学習者の方が教室環境学習者よりも日本語を「速く」習得するかという習得速度の問題について考えてみよう。6名の調査対象者は、OPIによる日本語能力レベルの評定結果はいずれも(18)のように中級レベルであったが、学習者の滞日期間を調べたら(19)の表6のような結果であった。

(18)　調査対象：教室環境学習者3名（OPIで中級レベル：中中〜中上）
　　　　　　　　（中国語話者2名・スペイン語話者1名）
　　　　　　　　自然環境学習者3名（OPIで中級レベル：中中〜中上）
　　　　　　　　（タガログ語話者3名）

(19)

表6　学習者の滞日歴

教室環境学習者			自然環境学習者		
A	B	C	D	E	F
1年	1年	1年8ヶ月	10年	9年	5年5ヶ月

　この数値から何が言えるだろうか。この数値は、ある実験調査の一時点の滞日歴であって、厳密には彼らが中級レベルに達するために経過した期間を示しているのではないが、自然環境学習者は教室環境学習者に比較してかなりの年数をかけて習得が進むことが推測される。自然環境学習者で最も滞日歴が短い5年5ヶ月を見ても、教室環境学習者と比べると時間がかかる可能性が高い。もちろん、自然環境学習者でも動機が高く、環境や努力によって教室環境と同様、1〜2年で中級レベルに到達する人はいる。しかし、一般的には教室環境学習者の方が自然環境学習者よりは、習得の速度は速く、正確さが高いと言われている（迫田2002）。
　教室環境学習者と自然環境学習者の習得を検討する場合、調査やテスト方法によっては、それぞれのプロフィシェンシーの特徴が現れる。筆記テストや文法テストでは、教室環境学習者の方が学習した知識を活用して正確性が高く、インタビューテストでは、自然環境学習者の方が会話での流暢性が高くなる。このようなことから、学習環境が異なった学習者を対象として研究する場合、彼らのプロフィシェンシーの違いを認識する必要がある。その上で、どのような調査方法が妥当であるのか、1種類だけの調査方法だけでいいのか、などを十分に検討した上で調査をすることが重要であろう。

5. おわりに

　第二言語習得研究のリサーチには、研究者の強い思い込みによってリサーチデザインに問題があるケースがある。ある一カ国の日本語学習者だけを調査対象として誤用データを収集し、その学習者の母語と日本語が異なっていることから、誤用の原因は母語の転移であるとするケース。目標言語圏で自然に学ぶ(自然環境)学習者は、教室で学ぶ(教室環境)学習者より日本語が自然で速く上達するだろうという思い込みを持って調査にのぞむケース。このような場合は、リサーチデザインを立てる段階で他のさまざまな要因の可能性が考えられていなかったり、安易にその可能性を排除していたりする場合が多い。

　本章では、4件の仮想リサーチを設定して、習得研究におけるリサーチデザインを再考し、そのプロセスの中でプロフィシェンシーがどのようにかかわっているのかを見てきた。

　仮想リサーチ1では、母語の違いが要因だと思われたが、実は背後に学習者のレベルの違いが影響している可能性があり、学習者(調査対象者)のプロフィシェンシーの測定を事前に行うことの重要性を示した。リサーチデザインを立てる場合、設定した要因以外にも要因がないかという疑問を持つことが必要である。

　仮想リサーチ2では、聞き取りテストと誤用訂正テストで得た結果が異なったことから、実施するテストやタスクによって測定されるプロフィシェンシーが異なることを示した。

　大神(2000)は、日本語学習者に3種類のタスクを実施した結果、タスクによって成績が異なっていたことを示し、中間言語の可変性(一定ではなく、変化すること)を検証している。つまり、調査方法によって学習者の中間言語のバリエーションが見られるということである。言い換えれば、調査方法によって測定されるプロフィシェンシーが異なることを意味する。

　Tarone(1983)は、このことを中間言語連続体という考え方で説明している。彼女は第二言語学習者のタスクへの注意の度合いによって、中間言語にバリエーションが見られると述べた。つまり、友人たちとの会話など、リ

ラックスしていて形式にあまり注意を向けないタスクだと、誤用も多くなるが、筆記テストや作文などのタスクではモニターなどが働き、緊張して形式に注意を向けるので誤用が少なくなると述べ、どちらも一人の学習者の中間言語であり、連続体をなしていると考えた。

　従って、我々が習得研究でリサーチデザインを立てる場合も、測定したいプロフィシェンシーはどんなものか、採用する方法で測定したいものが測れるかどうか、1つの調査だけで測定できるといえるかどうかを十分に検討することが必要であろう。

　仮想リサーチ3では、指導の効果を測定する場合、事前と事後のテスト方法を綿密に検討することの重要性を述べた。ある指導法の効果を調査する場合、指導が目標とするプロフィシェンシーは何か、その上でどのように具体的に指導を行うのか、そしてそれを測定するためには事前と事後でどのようなテスト方法が妥当なのかを十分に考えることである。

　仮想リサーチ4では、学習環境の違う学習者を対象として、教室指導を受ける教室環境学習者と受けない自然環境学習者の習得の違いを研究する場合を取り上げ、一部の調査結果だけで必ずしも自然環境学習者が速く、正しい自然な日本語を習得するとは断定できないことを示した。しかし、先述したが、「正しい自然な日本語」の基準は、決して明確であるとは言えない。教室環境学習者と自然環境学習者のプロフィシェンシーの違いを認識した上で、どのような調査方法が妥当であるのかを十分に検討し、調査をすることが重要である。

　本章の目的は、「問題のあるケースの仮想データを設定し、リサーチデザインにおける問題点からプロフィシェンシーについて考える」であった。最後に、第二言語習得研究のリサーチデザインで、プロフィシェンシーにかかわる重要な点を(20)にまとめる。

(20) a)　設定した要因以外に、学習者のプロフィシェンシーが要因としてかかわっていないか。
　　 b)　目的に沿って、測定すべきプロフィシェンシーが測定されているか。

c）複数の調査方法や多面的な分析が必要ではないか。

　一人の学習者のプロフィシェンシーは様々な要素から構成されている。そして、それは同時にプロフィシェンシーとは何なのかを我々に考えさせる。研究者が測定するプロフィシェンシーとは、その時点である特定の方法で切り取られたその学習者の一側面でしかない。その意味では、習得研究の前提であるプロフィシェンシーの測定は、リサーチデザインの段階で慎重に考えなければならない。

　日本語を第二言語とする習得研究では、これまで習得の変化や習得の要因を調べるために様々な実験や調査方法を用いてプロフィシェンシーを測定してきた。これからのさらなる日本語の習得過程や要因の解明のためには、綿密で妥当性の高いリサーチデザインのもとでのプロフィシェンシーの測定が望まれる。

注

1　鈴木(1978)では、誤用例に「*」が使用されていたが、本章では使用しない。
2　目標言語圏で教育機関に通っている学習者は教室環境学習者あるいはミックス環境学習者と呼ばれる。しかし、自然環境学習者という用語自体、定義をすることが困難であり、明確にはできないとされている(宮崎：2005)。

参 考 文 献

石田敏子(1991)「フランス語話者の日本語習得過程」『日本語教育』75号 64-77
市川保子(1993)「中級レベル学習者の誤用とその分析―複文構造習得過程を中心に―」『日本語教育』81号 55-66
市川保子(1997)『日本語誤用例小辞典』凡人社
大神智春(2000)「タスク形式の違いによる中間言語の可変性」『第二言語としての日本語の習得研究』第3号 94-110 第二言語習得研究会
尾崎明人(1999)「就労ブラジル人の発話に見られる助詞の縦断的研究(その1)―終助詞

　　　　『ね』を中心として―」『名古屋大学日本語・日本文化論集』7号 91–107
上條　厚(1989)「ベトナム語話者(難民)の誤用分析」『日本語教育』68号 248–258
家村伸子・迫田久美子(2001)「学習者の誤用を産み出す言語処理のストラテジー(2)―否定
　　　　形「じゃない」の場合―」『広島大学教育学部日本語教育学講座紀要』11号 43–48
久野美津子(2003)「ブラジル人幼児の場所表現「に」と「で」の習得過程」『日本語教育』
　　　　117号 83–92
久保田美子(1993)「第二言語としての日本語の縦断的習得研究－格助詞「を」「に」「で」
　　　　「へ」の習得過程について」『日本語教育』82号 72–85
迫田久美子(2001)「学習者の誤用を生み出す言語処理のストラテジー(1)―場所を表す
　　　　「に」と「で」の場合―」『広島大学教育学部日本語教育学講座紀要』10号 17–22
迫田久美子(2002)『日本語教育に生かす第二言語習得研究』アルク
鈴木　忍(1978)「文法上の誤用例から何を学ぶか―格助詞を中心にして―」『日本語教育』
　　　　34号 1–20
土岐　哲(1998)『就労を目的として滞在する外国人の日本語習得過程にかかわる要因の多
　　　　角的研究』(平成6年度～平成8年度科学研究費補助金　基盤研究(A)研究成果報告
　　　　書)
長友和彦(2002)『第二言語としての日本語の自然習得の可能性と限界』(平成12年度～平成
　　　　13年度科学研究費補助金　萌芽的研究　研究成果報告書)
松田由美子・斎藤俊一(1992)「第2言語としての日本語学習に関する縦断的事例研究」『世
　　　　界の日本語教育』2 129-156 国際交流基金日本語センター
宮崎里司(2005)「言語の自然習得とは」『日本語学』vol.24 6–19 明治書院
森本智子(1998)「異なった学習環境における日本語習得の違いに関する研究―教室環境と
　　　　自然環境の学習者を対象として―」平成9年度広島大学教育学部日本語教育学科卒
　　　　業論文
Odlin, T. (1989) *Language Transfer: Cross-linguistic influence in language learning*. Cambridge:
　　　　Cambridge University Press
Tarone, E. (1983) On the variability of interlanguage systems. *Applied Linguistics* 4/2: 143-163
Yagi, K. (1992) The accuracy order of Japanese particles. *Japanese Language Education around the
　　　　Globe. 2:* 15-25 Tokyo: The Japan Foundation Japanese Language Institute

第 7 章
プロフィシェンシー研究と言語研究の接点
― 間投詞アノ・ソノの考察を通して ―

　　　　堤　　良一

　本章では、口頭の運用能力を測定する OPI を用いた言語研究の可能性を探ることを目的とする。すでにいくつかの研究が、OPI を用いて言語習得の過程やその順序に関して興味深い成果をあげているが、そのほとんどが OPI の評価基準に則したものであるため、仮に OPI の評価基準が普遍的な口頭運用能力を測るものでないことが明らかになった場合、せっかくの成果が無駄になる可能性を秘めていると言えなくもない。

　本章では、OPI というテストが持っている、精緻に体系化されたインタビュー技術に着目することで、興味深い言語現象を炙り出すことができることを論じたいと思う。OPI では被験者のレベルに応じて、繰り出す質問の内容を変えていくが、この技術をうまく応用することで、言語学、日本語学的な研究にもこの試験が貢献できると考えられる。本章では、そういった研究の一例として間投詞に着目した研究の成果を紹介する。

　本章は以下のように構成される。まず第 1 節で、口頭のプロフィシェンシーを測定する OPI について概説を行う。次に第 2 節において、OPI を研究に応用した論考を概観する。第 3.1 節で本章で取り扱う間投詞について、言語学の分野における先行研究を眺め、第 3.2 節において OPI の手法を用いた分析によって明らかになる言語事実を提示する。テスターの発話を分析することで、間投詞アノー・ソノーの使い分けに関する興味深い事実が浮き彫りになる。第 4 節では、第 3 節での結果をもとに、非母語話者の間投詞について調査した結果を報告、分析する。第 5 節はまとめと課題である。

1. プロフィシェンシーとOPI

　プロフィシェンシー(Proficiency)とはテスト上の概念でアチーブメント(達成力)に対する「実力」といった意味をもつとされるが(鎌田 2006: 1)、その概念ははっきり定まったものはなく、たとえば坂本(2006: 6)では、コミュニケーション能力の程度とほぼ同義、宇佐美(2006: 19)では「「日本語の総合的能力」のことを指す」、などとされている。また、この用語がそのまま用いられるOPI(Oral Proficiency Interview)の概説書である牧野他(2001: 11)では「到達度」という訳語があてられ、「学習者が現在、ある外国語にどれだけ熟達しているか、その程度のことを指す」とされている。本章では、プロフィシェンシーの定義はさほど重要ではないが、ある言語をいかに自然に駆使することができるかということに関する尺度であるとし、それに対して運用能力という語を用いることにする。

　さて、OPI(Oral Proficiency Interview)は、ACTFL(the American Council on the Teaching of Foreign Languages：アメリカ外国語教育協会)によって作成された口頭能力試験であり、資格を持ったテスターが被験者である非母語話者の口頭能力を測定するものである。試験は1対1の会話形式で最長で30分間行われ、判定は初級－超級までなされ、超級を除いたそれぞれの級には下位レベルが設定される(eg. 初―中、上―中など)。OPIにおける被験者の能力は、(1)機能・タスク、(2)場面／話題、(3)テキストの型、(4)正確さの4つの要素に基づいて判定される。本章で重要なのは(1)(2)と(3)であるので、以下にこの3つに関する判定基準を紹介しておこう。

　次ページの表において、話題／場面が大きく変わるのは上級と超級の間である。上級までの話題は、基本的に被験者の身の回りのことについて、あるいは興味のあることについての質問が多い。一方、超級の話題においては、より抽象的、専門的なものを扱うことになる。このように、話題が変われば、発話される言語形式に差が現れるかどうかを探るには、OPIは格好の材料を提供することになる。

(1) OPI の判定基準(概略)(牧野他 2001: 18)

	機能・タスク	場面／話題	テキストの型
超級	裏付けのある意見が述べられる。言語的に不慣れな状況に対応できる。	フォーマル／インフォーマルな状況で、抽象的な話題、専門的な話題を幅広くこなせる。	複段落
上級	詳しい説明・叙述ができる。予期していなかった複雑な状況に対応できる。	インフォーマルな状況で具体的な話題がこなせる。フォーマルな状況で話せることもある。	段落
中級	意味のある陳述・質問内容を、模倣ではなくて創造できる。サバイバルのタスクを遂行できるが、会話の主導権を取ることはできない。	日常的な場面で身近な日常的な話題が話せる。	文
初級	機能的な能力がない。暗記した語句を使って、最低の伝達などの極めて限られた内容が話せる。	非常に身近な場面において挨拶を行う。	語、句

　さて、OPI はこれらの判定基準に基づいて被験者の口頭能力を測定していくのであるが、その際、レベルチェックと突き上げという技術を用いる。
　レベルチェックとは、その被験者が安定してできることを探る質問を行うことである。ある被験者が上級以上だと思えば、その被験者には上級の話者ならこなせるタスクを与え、それについて答えさせる。難なくこなせれば、その被験者の下限は上級(あるいはそれ以上)と考えることができる。
　突き上げとは、その被験者の上限を探る質問を行うことである。上と同じ被験者には、超級のタスクを与えることによって、そのタスクがこなせれば超級、そうでなく、何らかの挫折(ブレイクダウン)を起こせば、その被験者は超級ではないというように判断することができる。
　レベルチェックと突き上げを 30 分間のインタビューの間に複数の異なる話題／場面について行い、(1)の記述と照らし合わせながら総合的に被験者のレベルを判定していくのである。

2. OPIを応用した言語研究

　以上のようなOPIで得られたデータを、言語研究に活かそうとする流れは早くから見られる。1つはKYコーパスである。このコーパスは英語、韓国語、中国語の母語話者それぞれ30名のOPIを文字化したものであり、これを用いた言語研究や第二言語習得の研究などに活用することができる。実際、このコーパスを用いた研究に、許(2000)、スニーラット(2001)、野田他(2001)、山内(2005)、中石(2004, 2005)などがある。その他の研究も含めて詳しくは鎌田(2006)を見られたい。また、KYコーパスを用いずに、自ら収集したOPIのデータを扱った研究もある。代表的なものは迫田(1998)などをあげることができる。

　これらの先行研究に概ね共通している手法は、OPIであるレベルであると判定された被験者に共通の言語的特徴を洗い出し、第二言語の発達段階や特定の表現形式の習得の段階を調べるというものである。例えば山内(2005)では、間投詞(山内ではフィラー)のアノーについて、初級話者ではほとんど現れないが、中級話者になると使用率が一気に増加することを報告し、アノーの使用が増えることによって、中級であると判定される可能性を示唆している(p.19)。その他の研究においても、ある形式がどのレベルの話者で出現し始めるか、あるいはある誤用形式が、どのレベルの話者になると正用へと置き換えられていくか、という着眼点で論じられているものが多い。

　これはこれで非常に興味深く、意味のある研究であると思う。しかしながら、このような手法で研究を行うことに、全く問題点がないというわけでもなかろう。というのは、OPIの口頭能力に関する判定基準が、それ自体がOPIというテストの中で有用な判定基準であり、いわば自己完結的な側面を持っているからである。つまり、OPIでの判定結果が、「真の」口頭運用能力の正しいレベル―Oral Proficiency―を測っているかどうかに関しては、全く疑問がないわけではないと考えられるからである。本書のように、プロフィシェンシーという語をより幅広い概念として捉えるような取り組みにおいては、例えばOPIでは測定されない、発話時の被験者の表情やジェスチャーなども考慮する必要があるかもしれない。また、OPIは限られた

時間に抽出された音声データのみを判定の対象にするという側面を持っており、何らかの特殊な要因－例えば、その被験者の苦手な話題ばかりが偶然並んだとか、テスターの質問のスタイルなど－によって（本来はあってはならないことではあるが）、判定が変わる可能性は常に否定できない。さらに重要なことに、OPI の判定基準は年々微妙に変化してきている部分がある。特に、いわゆるベースラインの超級と言われる話者については、少し前までは上級－上と判定されていたが、現在では超級と判定される。このように、OPI の判定が必ずしも、その被験者の絶対的な口頭能力を測っているという保証が、OPI という枠組みの外からなされない段階においては、その判定基準を用いて言語形式の発達段階を云々することについては少しく注意する必要があるように思うのである[1]。以上のような問題点があるものの、上記の先行研究で見いだされた事実が、日本語教育や第二言語習得の研究の分野に貢献したことは事実であり、その価値を決定的に揺るがすものでないことはもちろんである。

　本章では、このようなアプローチで OPI を使用するのではなく、OPI の別の側面を利用して言語研究を行うことを試みてみたい。別の側面というのは、先にも少し触れたが、OPI では話題の質を、被験者のレベルによってコントロールするという点にある。先にも論じたが、一般的に OPI においては上級以上の被験者に対しては、超級への突き上げを行う。(1)の判定基準によれば、上級と超級の違いは、抽象的な話題を扱うことができるか否かであるので、インタビューの中では、身近な話題から抽象的な話題へと、話題の転換が行われる部分が存在する。以下に、その一例を実際の OPI から引用しておこう。

(2)　T1：(被験者のアルバイトについて)なるほどね、はあはあ…。その、えーっとまあちょっと企業秘密と関わるかもしれないんですけど、関わらない部分で、どういうことを通訳したり翻訳したりするわけですか、あの、つまり、ど、どんなときにそういう仕事が必要になるかっていうことなんですけども。
　　　T2：今の仕事はその、理系関係の仕事ですけれども、あのー、まー、

最近はこう日本でもえー理系にこう、理系が大切だみたいな流れになってきてますねー。(中略)あのー、そういうような流れの中で、えー〇〇さんは法学部でここは文学部ですけれども、文系の、人間が、どのように社会に参加していったらいいと思います？

(3)　T1：(園芸の話題)どんな花を作っていますか？
　　　T2：どんな花が好きです？
　　　T3：色んな品種が改良されて、人工的に作られることに対してはどうお考えですか？

　(2)T1では、被験者のアルバイトである通訳でどのような仕事をしているかという、身近な話題(つまり上級の話題)について聞いている。T2では、その仕事の話題に関連して、理系と文系の問題について抽象的な議論を行うための質問を与えている。(3)T1, T2では被験者の趣味である園芸について、身近な話題から入っていき、T3で花を人工的に改良することに対して意見を述べさせようとしている。このようにOPIでは一般的に同じ話題について徐々にレベルを上げていく、螺旋式(spiral)に突き上げていくという手法がとられる。

　ここで、次のようなことを考えてみよう。もし、ある言語形式の出現が、話題の内容や質によって影響されるものであると考えられるならば、OPIというインタビューは、そのような言語形式を洗い出すための道具として活用することができると考えられる。例えば、抽象的な話題になれば現れるような語彙の特徴を調べたり、スピーチスタイルの変化を分析したりすることが可能であるかもしれない。

　本章では、そのような、話題に応じて出現頻度が変化すると考えられるものとして、間投詞のアノー・ソノー(以下、単にアノ・ソノと記す)に注目して論じることにする。

3. 間投詞アノ・ソノ

3.1 先行研究の概観

　間投詞アノ・ソノとは、以下の例に現れるような、談話中の要素のことである（本節の議論および用例は堤(2006, 2007)における議論による）。

(4)　「あ、その場合だと割合はっきりしてて、アノー維持はしてないってことになりますよね。ですから、まーソノー、度合いとか全体的に判断しないとダメですけど、なんか、あるテーマに…例えばそう、ですねぇ、アノー家の周りってどんなおうちなんですか中国のソノ家の今日のセキホウ…セキホウだったね？…」　　　　　　　　（K氏の発話）

(5)　「…それに対して韓国政府がどういう風に対応していったらいいのか正直ソノ困っている、という言い方をしていました。でアノーその後、ソノ韓国政府がまーアノー…DNA鑑定を独自に行うということを発表しましたけれども、これはついに韓国政府が動き始めたという楽観的な見方なのではなくて韓国側としてはソノー・まぁ6カ国協議を再開して、ま今回の件で膠着してしまっては困ると…」

（2006.4.15日放送分のBC、竹内由布子氏の発言から引用）

　このような要素は従来フィラー(filler)と呼ばれ、場つなぎ的な性格を有するとされることがある。実際、(4)(5)からこれらの要素を取り除いても談話は成立するし、また書きことばにおいては、そもそも場をつなぐ必要がないために、これらの要素は現れない。

　間投詞のアノ・ソノの違いを中心的に扱ったものとしては堤(2004)、大工原(2005)がある。堤(2004)は、アノとソノが使用される場合ではニュアンスに差があることを指摘し、ソノは言い訳めいたニュアンスを伝えることと、話題の複雑さがアノ・ソノの使用頻度に影響を与えることを指摘した。大工原(2005)は、主に談話の冒頭部に現れるアノ・ソノの違いについて、ア系列指示詞・ソ系列指示詞との連続性から説明を試みている。大工原(2005)は言語的文脈の有無がソノの使用の自然さに影響するとし(p.71)、(6)でソ

ノが使用できないのは、言語的な先行文脈が存在しないという、文脈指示用法におけるソ系列指示詞の機能を受け継いでいるからだという。

(6) (一郎は初めて訪れた町で偶然通りかかった見知らぬ男性に声をかけた)
　　一郎：(あのー／#そのー)、すみません。
　　男性：はい。
　　一郎：ちょっと道をお尋ねしたいんですが…。
　　　　　　　　　　　　　　　(大工原(2005: 70)より引用、判断は筆者)

一方、(7)で両方が使用できるのは、太郎がトイレに立つまでにハリー・ポッターという小説について話していたという先行文脈があるからであるという。

(7) (喫茶店で、太郎と花子が会話をしている。2人はハリー・ポッターという小説について話をしていた。途中で、太郎がトイレに行ったため、1分間ほど話が途切れた。太郎が席に戻ってきた時、花子が太郎に話しかけた)
　　花子：(あのー／そのー)、さっきの話の続きなんだけどさ、ハリーって、何歳のときに魔法の学校に入学したんだっけ？
　　太郎：あ、たしかね…。(大工原(2005: 71)より引用)

　大工原(2005: 注8)では、言語的文脈をＩ−領域であるとし、(8)のように主張している。なお、Ｉ−領域とは、田窪・金水(1996)で提示される概念であるが、金水(1999)は(9)のように述べている。

(8) 言語的文脈の有無は、間投詞「その(ー)」の使用の自然さに影響する。
　　(大工原(2005: 71)から引用)
(9) 「言語的文脈は、話し手にとっての外的世界とは独立に、それだけで状況を形成することができる。この状況は、語彙の概念的意味、フレー

ム的意味と最小限の推論等によって形成される。この言語的文脈がつくる状況を、田窪・金水(1996)その他に従ってI－領域と呼んでおこう。」(金水(1999: 72)から引用)

大工原の説をそのまま理解すれば、I－領域の有無がソノの自然さに影響を与えるということである。しかしむしろ、大工原の意図としては金水(1999)の(9)の記述を反映させたいものと考えられる。これは金水(1999)が別のところでI－領域のことを「言語的に形成された状況」であると記述しているように、先行文脈によって描き出された状況であると考えて差し支えない。

そうすると、大工原の主張には経験的にも理論的にも問題点が指摘できる。まず、経験的な問題として、(10)のような例では言語的文脈は何の状況も作らないと考えられるのに、ソノが用いられるということが指摘できる。

(10)　a.　田中さん、実は…ソノ…折り入って相談したいことがあるんですけど…。
　　　b.　美子さん、アノ…ソノ…僕はあなたが好きなんです！

(10)では、話者は相手に呼びかけているだけであるが、このような例ではソノが使用できるようになる。

次に理論的な問題点であるが、大工原(2005)では、国立国語研究所(2004)「話し言葉コーパス」の中の2つのタイプの異なる談話を用いて、言語的文脈が豊富にある談話では、言語的文脈が全くない談話に比して、ソノが多く使用されるという結果を報告している。しかし、言語的文脈は、ある程度まとまった状況が提示されれば存在するはずであるから、その状況が皆無であると考えられるのは定義上、談話の開始部のみである。だとするならば、どちらの談話でも、アノ・ソノの使用頻度に大きな差は現れないはずである。

また、指示詞は談話管理理論では、複数ある心的領域のどちらに存在する情報を利用して発話するかを指定する要素であると考えられているが、間投詞は、どのような処理が話者の頭の中で行われているかを示す標識であると

されている。特に定延・田窪(1995)においてアノが言語形式の編集という処理を行っていることを示す標識であるとされていることを考えると、少なくとも指示詞と間投詞は、談話管理理論においては情報の属する場所の指定と、言語形式の編集という、2つの異なる仕事を行う要素であると考えられる。ところが、大工原(2005: 75)では、以下のような仮説を提示しており、これは間投詞アノ・ソノが指示詞のように意味情報がどちらの領域に属するかを指定する機能を果たしていると考えているように理解できる。

(11) 「間投詞「あの(ー)と「その(ー)」は、話し手がこれから発話しようとしている意味情報がどの心的領域に属するかによって使い分けられる。」 (大工原(2005: 75)から引用)

しかしながら大工原(2005)全体としては、間投詞アノ・ソノについては言語形式を編集中であることを表す要素であると考えており、彼の理論的な立場が明確ではない。もし、間投詞アノ・ソノを(11)のように定義するのであれば、(10)のように情報が全くない情報でのソノの使用をどのように説明するのかを明らかにする必要があるだろう。

　本章では、アノ・ソノの差は話者がある発話を行おうとする際に、話者の頭にかかる負担と関係すると考える。詳しくは次節で説明するが、ある発話を行う際に、内容を表現する形式の候補を複数用意し、その中から最もその状況に合った表現形式を選択するというような処理を行うような場合にはソノが用いられやすくなると考えるということである。次節で、このことについて説明し、実際の調査を用いて証明することにしよう。

3.2　間投詞アノ・ソノの使い分け
　堤(2006, 2007)では、アノとソノを以下のように規定した[2]。

(12)　アノ：言語編集という、聞き手の存在を予定する心的操作を行っていることを表す。言いたいこと(P)から言語形式(L)を作成する心内作業に対応する。

ソノ：言語編集という、聞き手の存在を予定する心的操作を行っていることを表す。すでに作成された言語形式(L)から、同内容で別形式の(L′)を作成する心内作業に対応する。

　このような規定は、定延・田窪(1995)や田窪・金水(1997)などの論考をもとにしている。彼らは、間投詞を「心的操作標識」である(定延・田窪(1995: 76))と考える。つまり、間投詞は「外部からの言語的・非言語的入力があったときの話し手の内部の情報処理状態の現れ」である(田窪・金水(1997: 261))。その中で、アノ・ソノは話者が言語を編集している際に無意識に発話されるものであると考える。両者の違いは、編集中の表現形式が複数あるか否かという点である。
　表現形式をいったん作成して、さらに、それを編集し直すような場合とはどのような時であろうか。堤(2006, 2007)では、それは聞き手に誤解を招かないように慎重になったり、フォーマルな話し方をしなければならないような状況下において、普段はあまり使用しないような語彙を選択して発話しなければならないような時であるとされている。例えば会議の席上での司会や報告者などは、彼らの発言が議事録に残ることになる、あるいは格調高く話す必要に迫られる、一度に多くの聴衆に理解してもらう必要がある、などのために、普段話している時よりも、より慎重に言語編集を行うと考えられる。教師は、人前で話すことが多いため、そのような場合にはソノが多くなるのではないかと考えられる。
　さて、堤(2006, 2007)では、言語編集を慎重に行わなければならない場合とそうでない場合とで、ソノの発話頻度がアノに比してどのように変化するかを調べるために、話題の異なるテレビ番組におけるアノ・ソノの出現率を調査している。1つは、時事問題を扱うテレビ番組「ブロードキャスター」(TBS系列、毎週土曜午後10：00〜11：30、以下BC(2008年9月番組終了))、今1つは「はなまるマーケット」中の「はなまるカフェ」(TBS系列、月−金午前8：30〜10：00、以下HC)である。前者はやや抽象的な話題を扱い、ややもすると問題発言を引き起こしかねないようなデリケートな問題も含んだ内容をゲストがコメントしていくという番組であり、公共放送に

のってしまう以上、誤解のないように慎重に発話しなければならないと考えられる。後者での話題は、ゲストのプライベートな生活や仕事の話題が中心であり、ゲストは特に言語編集に注意をして誤解を招かないように慎重になる必要はない。もし(12)の規定が正しく、なおかつ、アノ・ソノは上述のように、話者がどれほど言語の編集に慎重になっているかによって使い分けられているのであるとするならば、後者よりも前者において、より多くソノが使用されるという予測が成り立つ。この予測は、堤(2006, 2007)において報告した以下の調査によって立証される。

(13)　ブロードキャスターの出演者

	F氏	N氏	M氏	T氏	S氏	TO氏	K氏	KB氏	AM氏	HO氏	計
アノ	22	13	8	26	25	52	35	19	6	25	231
ソノ	22	8	9	30	4	2	1	11	0	3	90
時間	13:50	2:42	4:06	9:12	10:34	5:05	10:35	2:36	4:20	2:46	65:46
出現率	50:50	62:38	47:53	46:54	86:14	96:4	97:3	63:37	100:0	89:11	72:28

(14)　はなまるマーケットの出演者

	I氏	TJ氏	MM氏	KR氏	SM氏	MD氏	YM氏	KK氏	KT氏	IT氏	計
アノ	27	34	26	39	13	42	21	42	47	11	302
ソノ	1	3	1	1	3	2	1	1	8	1	22
時間	14:22	6:30	6:14	13:21	10:39	12:22	5:36	7:32	22:14	9:56	108:46
出現率	96:4	92:8	96:4	98:2	81:19	95:5	95:5	98:2	85:15	92:8	93:7

ブロードキャスターの中には(13)中のTO氏、K氏、AM氏のようにソノをほとんど使用せずに発話する話者がいる一方で、F氏、N氏、KB氏のようにアノとソノの比率が6:4〜5:5の話者から、M氏やT氏のようにアノよりもソノを多用する話者が存在することが特徴的である。一方、はなまるカフェの(14)においては、10名の話者全てが、BCの中には(13)中のTO氏、K氏、AM氏のようにソノをほとんど使用せずに発話する話者がいる一方で、F氏、N氏、KB氏のようにアノとソノの比、圧倒的にアノを多用して

話していることが見て取れる。SM 氏と KT 氏がアノとソノの使用の比率が 8:2 ほどである以外は、全ての話者でアノが 9 割以上という高い率で使用されているのである。

多少注意しなければならないのは、個人差についてである。間投詞の使用には、かなりの個人差が認められる。ある話者はアノ・ソノを多用するが、ある話者はそうではない。また、別のある話者はアノは多く発話するがソノは少ない。このような個人の傾向は、編集作業の処理中であるということを、音声標識として聞き手に知らせるか否かという点が、個人によって異なるというだけであって、いわば談話ストラテジーの個人差であるということになろう。

さて、2 節でも論じたように、OPI において上級から超級へ突き上げる時には、被験者の身近な話題から抽象的な話題へと話題、場面が転換する。被験者がどれ程のレベルで抽象的な議論を行うことができるかを調べるために、テスターの側でも抽象的な語彙を用いたり、また、あるいは反論を行うために相手の言葉尻をつかんで、瞬時に発話したりなど、言語編集にかなりの負担がかかるようになる。そのようなとき、テスターの側の発話はどのようになるのであろうか。堤(2006, 2007)はこのことについて調査し、身近な話題ばかりを扱う中級程度の OPI の遂行時と、超級への突き上げを行う上級～超級への被験者に対する OPI の遂行時とでは、後者の方がソノの使用率が上昇することを報告している。

(15) アノ：ソノ（括弧内は OPI の回数）

	Ik	T	W	In
初級、中級	5:0(2)	3:0(2)	3:0(1)	29:1(1)
上級、超級	2:5(2)	17:31(2)	14:13(1)	29:6(1)

例えば、Ik 氏は初中級の 2 回のインタビューにおいてアノを 5 回発し、ソノは一度も発しなかったが、上級や超級のインタビューになるとアノを 2 回発したのに対し、ソノを 5 回発し、初中級のインタビューとでは異なる傾向を示している。T 氏や W 氏は、話が複雑になる上級、超級のインタビュー

においてはアノの使用も増えるが、それと同時にソノの使用も増え、T氏ではソノがアノのおよそ倍、W氏ではアノとほぼ同数のソノが使用される。In氏は特に興味深い。インタビュー時間はともに約30分であり、その間にIn氏が使用したアノの数は29と同数である。つまり、In氏は29回のアノを使用する間に、初中級ではソノを1回しか用いなかったが、上超級では6回のソノを使用したことになる。

堤(2006, 2007)は、以上2つの調査から、アノ・ソノが話者の言語編集にどれだけの労力を費やしているかということによって使い分けられていることを、場面・話題の違いを通して証明したのであるが、OPIを、第二節で紹介した先行研究とは異なった形で用いて分析の材料としている点がこれまでにない着眼点であると思われる。

本節では、アノ・ソノについて堤(2006, 2007)が明らかにしたことを紹介しながら、OPIの手法を言語研究に応用する可能性とその有用性に論じた。これまでの研究では、OPIの被験者の発話を直接研究対象としていて、テスターの発話を対象とすることはなかったように見受けられるが、話題がコントロールされた中でのネイティブの発話を採取するには、OPIは格好のデータを提供してくれるということは、これまで見落とされてきたように思う。今後はこのような着眼点からの言語研究がさらになされていくことが望ましいだろう。

4. 非母語話者のアノ・ソノ

前節までで、間投詞のアノ・ソノは、話者が言語編集にどれだけの労力を費やしているかによって出現率が変化するということが明らかになった。具体的には、言語編集の際にいったん作成された言語形式(L)から別形式(L′)を作成する作業を行っているときに、ソノが発話されるということであった。そして、そのような編集作業が必要な状況として、抽象的な話題を扱うときがあることを指摘し、テレビ番組とOPIのテスターの発話を調査することによって、このことを確かめた。

このことは、非母語話者の間投詞アノ・ソノについても言えるのであろう

か。また、もし同じような傾向が非母語話者の発話に見られるとするならば、それはなぜなのだろうか。本節ではこのことについて考えていきたいと思う。

前節までは、OPI のテスターの発話を見ていたが、本節では被験者の発話に目を向ける。上級から超級への質問の際に、身近な話題から抽象的な話題へと変換が起こることを利用して、被験者の発話の中に見られる間投詞アノ・ソノを探っていくことにする。なお、今回は中国語母語話者 9 名の発話を分析した。実際には 10 名の中国語母語話者の OPI を調査しているのであるが、うち 1 名は、ソノが発話中全く現れなかったので除外した。OPI におけるどのレベルから、ソノが使用されるようになるかという問題自体、研究されるべき興味深いテーマであるが、それは別稿に譲る[3,4]。

さて、被験者の OPI の判定結果は上－上 4 名、超級 5 名である。調査方法は以下のとおりである。まず、それぞれのテープの中で、中級の質問をしている時間帯、上級の質問をしている時間帯、超級の質問をしている時間帯に分け、それぞれの質問に対する被験者の発話の中のアノ・ソノの数を数え上げた。その上でアノ・ソノの使用比率の変化を見ることにした[5]。なお、間投詞のアノ・ソノは、談話中の冒頭部を除けばかなり自由な位置に現れることができるため、正用か誤用かというような判断は難しい。実際今回調査したテープにおいても、明らかに誤用であるとか、不自然な位置でアノ・ソノが使用されているといった箇所は見あたらなかった。それぞれの話者のアノ・ソノの使用数および使用比率を次頁の(16)に示す。

9 人の被験者が、中、上、超級それぞれの質問に対して発したアノ・ソノの回数と、ソノ／アノの値を示してある。なお、被験者 3 の中級の割合は計算できないのであるが、便宜上 0 としてある。また、被験者 9 の OPI においては、ウォームアップの段階から、かなり上級的な話題、発話へと被験者自身が移行しており、中級的な話題はほとんどないと判断し、＊を付してある。

これらの結果を少し詳しく見てみよう。まず、i) 被験者 2, 3, 4, 5, 6, 7 で、中級の質問に対する発話時よりも、上級のそれに対する発話時においてアノに対するソノの使用率が上がっている。ii) さらにその中で被験者 2, 4, 5 は、

(16)

1(上－上)	中	上	超
あの	18	25	11
その	4	10	5
	0.5	0.4	0.46

2(上－上)	中	上	超
あの	10	16	12
その	1	10	16
	0.1	0.63	1.33

3(上－上)	中	上	超
あの	0	7	6
その	1	19	8
	0	2.71	1.33

4(超)	中	上	超
あの	16	47	46
その	0	2	5
	0	0.04	0.11

5(超)	中	上	超
あの	7	12	23
その	0	4	14
	0	0.33	0.61

6(超)	中	上	超
あの	6	23	5
その	0	29	1
	0	0.39	0.2

7(超)	中	上	超
あの	0	14	3
その	0	2	0
	0	0.14	0

8(上－上)	中	上	超
あの	2	2	15
その	0	0	1
	0	0	0.07

9(超)	中	上	超
あの	*	26	96
その	*	13	56
	*	0.5	0.58

上級よりも超級に対する発話においてさらにソノの使用率が上昇する。被験者9においても上級から超級の間で同じ傾向が見られる。また、iii)被験者1を除いて中級の突き上げに対する発話にはほとんどソノが使用されていない。以上のような傾向を読み取ることができる。

　ii)とiii)は、日本語母語話者を調べた前述での調査結果とほぼ同様であることが注目される。注意すべきはi)の点である。日本語母語話者においては、OPIを用いた間投詞アノ・ソノの調査を未だ行っていないが、(13)(14)の調査結果は抽象的な話題と身近なプライベートの話題を比較しているという点において、概ね上級の話題と超級の話題に対応する。だとするならば、

日本語母語話者においては、アノに対してソノの使用率が増すのは上級から超級の突き上げへと話題が転換するときであると考えられ、非日本語母語話者の結果とはズレがある。このことはどのように考えればよいのであろうか。

　このことについても、本章で提示した枠組みが適切な答えを与えてくれる。我々は、第 3.2 節で、ソノの使用が増すのは、発話者が誤解を与えないように慎重に表現形式を編集している時であると仮定した。そしてその仮定は複数の事実によって支持されることを既に見た。母語話者が上級程度の話題を話す時にはさほど慎重にならなくてもよい言語編集が、非母語話者にとってはより負担のかかる編集作業であることは想像に難くない。いくら上級－上や超級レベルであると判定される話者であっても、日本語を話すという仕事は、母語話者が同じ作業を行うことと比べれば、より脳に負担を強いているであろう。言語編集作業にかかる脳の負担が大きければ大きいほどソノが出やすいと考える我々の立場は、日本語母語話者のソノと、非母語話者のソノとの出現の仕方の異同に対して、適切な説明を与えてくれるものなのである。つまり、少なくとも中国語母語話者についていえば、ある程度間投詞アノ・ソノが発話されるならば、その発話は日本語母語話者の使用実態とほぼ同様に、話者がその話題にどれほど慎重に言語編集を行っているかという観点から捉えることができるということである。

　さらに重要なことは、間投詞アノ・ソノは教室で教育されて習得されていくような要素ではなく、自然に習得され、しかもその使用は全く無意識に使い分けられているということである。さらに、アノ・ソノの研究をはじめとした日本語の間投詞の言語学的研究は始まったばかりであるとも言え、日本語教師も含め、母語話者にとってもその使用実態を明示的知識として学習者に提示することは困難である。そしていまひとつ注目されるべきであると考えられる点に、アノ・ソノの習得過程においては過剰般化や、誤用が正用へと置き換えられていくといったようなプロセスが起こっていない可能性があり、もしそうだとするならば、間投詞アノ・ソノの習得過程は、他の文法形式の習得過程とは全く異なるものである可能性がある点が指摘できる。いわゆる指示詞の習得過程では過剰般化からそれが正用へと置き換えられてい

く過程が存在することが迫田(1998)をはじめとする迫田氏の一連の研究によって明らかにされているが、今回の調査結果は、間投詞の習得は別に考えなければならないということを強く示唆するものである。

　今回の調査では、被験者の数が少なく、また中国語母語話者に調査対象を絞っているので、より一般的な結論を出すにはさらなる研究が待たれるが、もし、このような方向が正しいものであるとするならば、間投詞の習得については、表現文法の習得などとは異なる、より普遍的な言語学的メカニズムが関与している可能性が考えられることになる。これは、指示詞系の間投詞が使用される言語では(中国語では指示詞系間投詞が存在するが、それぞれコレ、アレに対応する。中国語の間投詞の使用実態を調査することも重要な仕事であり、OPI 的な手法が非常に有益であろう)、脳の中では堤(2006, 2007)や本章で論じたような言語編集が行われており、同じメカニズムが使用されているとすると、中国語母語話者が行うべき仕事は単に音声形式の調整のみであるということになる。これは日本語教育の世界では正の転移として広く知られる現象であるが、言語学的な観点からは、普遍的な文法モデルの構築に対して貢献できる発見が期待できる分野である。

5.　おわりに

　プロフィシェンシー研究は、これまでのところ主に OPI を用いた研究がなされているが、これまでとは異なった観点から OPI を研究に応用することで、プロフィシェンシー研究が言語研究にインパクトを与えることが出来る可能性について、間投詞アノ・ソノに関する研究成果である堤(2006, 2007)と、中国語母語話者の間投詞の出現率を調査した結果をもとに論じてきた。今回の調査の結果自体も非常に興味深いものであるが、このような研究がさらに盛んになることで、プロフィシェンシー研究と言語研究が相互に刺激し合い、新しい知見がもたらされることを願ってやまない。

注

1. 許 (2000) やスニーラット (2001) の論文のタイトルには「自然発話」という語が見られるが、筆者の見解では OPI での発話はかなりコントロールされた環境における話者の発話であり、「自然発話」をどのように定義づけるかという問題とも絡むが、必ずしも「自然」であるとは言い難い。
2. 本章では紙幅の都合や本章の目的との関係から間投詞の理論的な扱いに関しては言及しない。本章で前提にしている枠組みは金水・田窪 (1992)、定延・田窪 (1995)、田窪・金水 (1996)、堤 (2002) などで援用されている談話管理理論を基にしたモデルである。
3. なお、予備調査的に上級−下や中級の中国語母語話者の OPI の発話を調査したが、現段階でソノを発話するような例は認められない。
4. 本章では KY コーパスを使用しない。それは、KY コーパスは文字化資料であり、音声資料ではないために、アノ・ソノが指示詞であるのか間投詞であるのかにわかには判断できないためである。指示詞であるか間投詞であるかの基準には、音声・音韻的な要因が絡んでおり (cf. 田窪・金水 (1997)、堤 (2006, 2007))、時間はかかるが 1 つひとつのテープを丹念に聞いていくという作業が必要になろう。なお、KY コーパスを用いた指示詞の研究に阪上 (2007) がある。
5. それぞれの発話時間は本章では問題にしない。そのために、アノに対するソノの使用率がどのようであるかを分析するという方法を採っている。

参 考 文 献

大工原勇人 (2005)「間投詞「あの (─)」・「その (─)」の使い分けと指示詞の機能との連続性」『日本語学会 2005 年度秋季大会発表予稿集』69–76.

鎌田修 (2006)「KY コーパスと日本語教育研究」『日本語教育』42–51.

関西 OPI 研究会 (編) (2006)『南山日本語教育シンポジュウム　プロフィシェンシーと日本語教育　日本語の総合的能力の研究と開発をめざして』

金水敏 (1999)「日本語の指示詞における直示用法と非直示用法の関係について」『自然言語処理』6–4: 67–91.

金水敏・田窪行則 (1992a)「日本語指示詞研究史から／へ」金水・田窪 (編) (1992) に所収: 151–192.　ひつじ書房.

金水敏・田窪行則(編)(1992b)『指示詞』ひつじ書房.
牧野成一・鎌田修・山内博之・齋藤眞理子・荻原稚佳子・伊藤とく美・池崎美代子・中島和子(2001)『ACTFL OPI 入門―日本語学習者の「話す力」を客観的に測る―』アルク.
中石ゆう子(2004)「日本語の記述的研究から独立した習得研究の必要性―日本語学習者による対のある自他動詞の活用形使用を例として―」『日本語文法』4-2 120–135.
中石ゆう子(2005)「対のある自動詞・他動詞の第二言語習得研究―「つく―つける」、「きまる―きめる」、「かわる―かえる」の使用状況をもとに―」『日本語教育』124: 23–32.
野田尚史・迫田久美子・渋谷勝己・小林典子(2001)『日本語学習者の文法習得』大修館書店.
定延利之・田窪行則(1995)「談話における心的操作モニター機構―心的操作標識―「ええと」と「あの(―)」―」『言語研究』108 74–93.
坂本正(2006)「第 2 言語習得からの視点」基調パネル「これからの日本語教育：プロフィシェンシーの観点から」関西 OPI 研究会(2006)所収: 5–18.
坂上彩子(2007)「日本語学習者が用いる指示詞の不適切な用法―省略すべき「それ」に着目して―『2006 年度日本語教育学会第 10 回研究集会：関西地区予稿集』21–24.
迫田久美子(1998)『中間言語研究―日本語学習者による指示詞コ・ソ・アの習得―』渓水社.
スニーラット・ニャンジャローンスック(2001)「OPI データにおける「条件表現」の習得研究―中国語、韓国語、英語母語話者の自然発話から―」『日本語教育』111: 26–35.
田窪行則・金水敏(1996)「複数の心的領域による談話管理」『認知科学』3-3 59–73.
田窪行則・金水敏(1997)「応答詞・感動詞の談話的機能」音声文法研究会(編)『文法と音声』257–279. くろしお出版.
堤良一(2002)「文脈指示における指示詞の使い分けについて」『言語研究』122: 45–78.
堤良一(2004)「アノー・ソノー―談話管理の視点からみた日本語のフィラー―」第 295 回岡山国語談話会発表資料.
堤良一(2005)「文脈指示における指示詞―コ系列指示詞の機能を中心に―」『岡山大学文学部紀要』43 41–52.
堤良一(2006)「談話中に現れる間投詞、アノ(―)・ソノ(―)について」『日本言語学会第 132 回大会予稿集』87–92.
堤良一(2008)「談話中に現れる間投詞アノ(―)・ソノ(―)の使い分けについて」『日本語科

学』23: 17–36, 国立国語研究所.
宇佐美まゆみ(2006)「談話研究からの視点」基調パネル「これからの日本語教育：プロフィシェンシーの観点から」関西 OPI 研究会(2006)所収：19–31.
許夏珮(2000)「自然発話における日本語学習者による『テイル』の習得研究— OPI データの分析結果から—」『日本語教育』104: 20–29.
山内博之(2005)「日本語教育における学習者の日本語」『國文學』50–5: 15–23.

音声データ
K 氏(大学教員)：2006.1.28、岡山市にて協力いただいたもの
OPI テープ：Ik 氏、In 氏、T 氏、W 氏にそれぞれ提供いただいたもの
TBS 系列「ブロードキャスター」2006.2.4, 2.11, 2.18, 3.4, 3.11, 4.15, 4.22, 4.29 日放送分
TBS 系列「はなまるマーケット」2006.3.22-3.24, 3.27-3.30 日放送分

本研究は、日本学術振興会の科学研究費補助金による基盤研究 C「方言・歴史・理論の融合を目指した日本語指示詞の研究」(課題番号：20520387、代表：堤良一)、「古代・現代語の指示詞における総合的研究」(課題番号：19520406、代表：岡崎友子)の成果の一部である。

第3部

プロフィシェンシーと教室活動

第8章
「話」技能ガイドライン試案

山内博之

1. 言語活動のプール

　本章の目的は、日本語教育における「話」技能のガイドラインの試案を提示することである。「話」技能のガイドラインとは、会話教育のよりどころとなって、教科書や教材の作成やコースの設計に寄与するものである。では、どうすれば、そのようなガイドラインを策定することができるのか。「話」技能ガイドライン策定の第一歩として注目すべきものに、鎌田修氏が提案した「言語活動のプール」がある。以下が、その「言語活動のプール」である[1]。

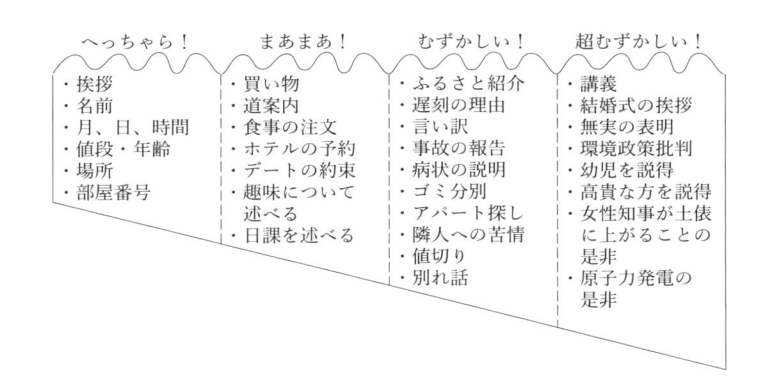

へっちゃら！	まあまあ！	むずかしい！	超むずかしい！
・挨拶 ・名前 ・月、日、時間 ・値段・年齢 ・場所 ・部屋番号	・買い物 ・道案内 ・食事の注文 ・ホテルの予約 ・デートの約束 ・趣味について述べる ・日課を述べる	・ふるさと紹介 ・遅刻の理由 ・言い訳 ・事故の報告 ・病状の説明 ・ゴミ分別 ・アパート探し ・隣人への苦情 ・値切り ・別れ話	・講義 ・結婚式の挨拶 ・無実の表明 ・環境政策批判 ・幼児を説得 ・高貴な方を説得 ・女性知事が土俵に上がることの是非 ・原子力発電の是非

図1　言語活動のプール

図1の「へっちゃら！」「まあまあ！」「むずかしい！」「超むずかしい！」は、OPIの「初級」「中級」「上級」「超級」のレベルに、それぞれ対応している。つまり、鎌田氏が示した「言語活動のプール」は、OPIのレベル判定に基づくものだということである。
　そして、図1の波線の下の「挨拶」「買い物」「ふるさと紹介」「講義」などという記述は、それぞれのレベルにおける言語活動の具体例を示している。たとえば、「挨拶」「名前」「月、日、時間」、つまり、「挨拶をする」「名前を言う」「月・日・時間を言う」などは、OPIで言う初級の言語活動だということである。同様に、「買い物をする」「道案内をする」「食事の注文をする」などは中級の言語活動であり、「ふるさと紹介をする」「遅刻の理由を述べる」「言い訳をする」などは上級の言語活動だということである。そして、「講義をする」「結婚式の挨拶（スピーチ）をする」「無実の表明をする」などは超級の言語活動だということである。
　「言語活動のプール」の優れている点は、OPIのレベルに合致した言語活動の例が具体的に記述されている点である。もちろん、図1に示された例だけでは不十分なのではあるが、各レベルの言語活動の具体例が提示されたことによって、OPIのガイドラインが、単なる会話テストのための基準ではなく、外国人学習者の言語活動全体を整理し得る"入れ物"にもなる可能性があることが示されたのではないかと思われる。
　ちなみに、OPIには試験官養成マニュアルがあるのだが、そもそも、このマニュアルには、それぞれのレベルにおける言語活動の具体例があまり示されていない。一方、最近とみに注目されているCEFRの記述は、OPIの試験官養成マニュアルと比べると言語活動等の例示が豊富[2]であり、教材・教科書の作成やコース設計などにも応用しやすい。しかし、CEFRは、能力レベルの基準設定については、明確な原理が示されているわけではなく、OPIよりもあいまいであるように思える。OPIはテストだから基準がしっかりしており、それに対して、CEFRは学習・教授・評価全体の指針を目指すものだから、厳密さよりも網羅性や例示の豊富さに重点が置かれる、ということなのかもしれない。鎌田氏の「言語活動のプール」は、OPIに依拠することによってレベル判定の厳密さを維持し、かつ、言語活動の例示を

目指すことで、CEFR 的な良さをも取り入れたものであると言える。

本章では、鎌田氏が作成した「言語活動のプール」を出発点として、「話」技能ガイドラインの試案を考えていく。まず、次節では、「言語活動のプール」の改善案を示す。

2. 改善案

筆者が考える「言語活動のプール」の改善案は図2のとおりであり、これが、現時点での「話」技能ガイドライン（試案）である。

レベル			初級	中級前期	中級後期	上級	超級
言語的要素	テキストの型		単語	単文	複文	段落	複段落
	文法		文法なし	丁寧形の文法	普通形の文法	談話の文法	スタイル統一の文法
	語彙		話題を構成できない	話題を構成できない	具象的で詳細でない話題が構成できる	具象的で詳細な話題が構成できる	抽象的な話題が構成できる
言語活動の領域（会話のタイプ）	私的領域（「1対1」型）	人に従属する	友人にあいさつをする	友人を映画に誘う	友人に日課を説明する	友人に映画のストーリーを説明する	子供の教育について夫と議論する
				友人 ⇒ 先輩・後輩・恋人 ⇒ 配偶者・子供 ⇒ 親戚			
		場に従属する	ホテルのフロントで部屋の鍵をもらう	店員に食事を注文する	欠席した理由を教師に説明する	発症から現在までの経過を医者に説明する	離婚の正当性を裁判官に述べる
				スーパー・食堂 ⇒ 病院・学校 ⇒ 商工会議所・裁判所			
	職業領域（「1対多・1対不特定」型）		客にあいさつをする	客からの注文をとる	一日の仕事の概要をバイト生に説明する	新製品の特徴と使用法を取引先に説明する	経済学の講義をする

図2 「話」技能のガイドライン

図2の最上段に示されているのは、「初級」「中級前期」「中級後期」「上級」「超級」というレベルの名前である。その下には、それぞれのレベルが、「テ

キストの型」「文法」「語彙」という言語的要素において、どのような特徴を持つのかということが示されている。そして、その下が、言語活動の具体例である。

第3節〜第6節においては、この改善案の眼目となる事柄について、順に説明していく。第3節ではレベル設定について、第4節では文法について、第5節では語彙について、第6節では言語活動の領域について、それぞれ述べていく。

3. レベルについて

図2の最上段には、「初級」「中級前期」「中級後期」「上級」「超級」というレベルが示されている。このレベルは、基本的にOPIのレベルと同じものであるが、中級を「中級前期」と「中級後期」に分けた点がOPIとは異なっている。

中級を2つに分けた理由は2つある。1つめは、「テキストの型」との整合性である。「単文」を形成するルールと「複文」を形成するルールは異なるものであり、また、「段落」を形成するルールも、それらとは異なるものであると考えられる。たとえば、南(1974)の従属節の分類や、寺村(1975)、寺村(1977a)、寺村(1977b)、寺村(1978)の連体修飾節の分類などは、複文に独特なルールであり、単文のルールとは異なるものである。したがって、学習者は、単文を形成するルールを身につけただけでは、複文を生成することはできない。同様に、庵(2007)などで示されている結束性に関わるルールは、段落(談話)に独特なものであり、単文のルール、複文のルールとは異なるものである。単文ルール、複文ルール、段落ルールという3つの異なるルールがあるのであれば、それらを習得する段階も3つあると考えるのが妥当であろう。OPIには、単文ルールの習得が終了した段階(中級)と段落ルールの習得が終了した段階(上級)は設定されているが、複文ルールの習得が終了した段階というのが設定されていない。だから、単文ルールの習得が終了した段階(中級)と段落ルールの習得が終了した段階(上級)の間に、複文ルールの習得が終了した段階を設けようと考えた。

2つめは、あまり客観的な理由ではないのだが、平たく言えば、これまでOPIに携わってきた筆者の勘のようなものである。OPIには、上級レベルの質問（突き上げ）というものがある。たとえば、最近見た映画のストーリーを話させたり、得意なスポーツのルールを説明させたり、といったものである。他にも、日本の若者と自国の若者を比較させる、などといったものもある。この「比較させる」という質問は、いちおう、上級レベルのものと考えられるのであるが、映画のストーリーを話させたりスポーツのルールを説明させたりするより、何となく簡単なような気がする。実際、テスターが「比較させる」という質問のみをしていたのでは、その被験者が本当に上級であるのか否かがわからず、そのため、そのインタビューが「unratable（判定不能）」になってしまう可能性が高い。そう考えると、「比較させる」という質問は、上級レベルのものであるとは言えないように思えてくる。しかし、「何かと何かを比較できる」という能力は、明らかに、OPIで言う中級の能力ではない。それなら、OPIで言う中級と上級の間に、もう1つ、別の段階を設けるべきではないだろうか。

　1つめの理由は、テキストの型をレベル設定の基準にしようというものであり、タスク・機能をレベル設定の基準とするOPIの考え方とは異なるものである。一方、2つめの理由は、「比較させる」というタスクが真性の上級タスクではないと指摘したものであり、仮に、タスク・機能をレベル設定の基準にするとしても、現行のOPIのレベル設定は変更した方がいいのではないかと主張するものである。テキストの型から見ても、タスク・機能から見ても、現行のOPIの中級と上級の間には、やはり、もう1つ別のレベルを設定する必要があるのではないかと考える[3]。

4.　文法について

　図2の「文法」の欄には、「初級」「中級前期」「中級後期」「上級」「超級」に対応する形で、それぞれ「文法なし」「丁寧形の文法」「普通形の文法」「談話の文法」「スタイル統一の文法」と記述されている。初級から超級に向かうにつれて、プロフィシェンシーの伸びに対する文法の負担が少しずつ

減り、逆に語彙の負担が増えていくものと思われる。したがって、プロフィシェンシーの伸びに対する文法の負担ということで言えば、やはり、「中級前期」と「中級後期」の「丁寧形の文法」「普通形の文法」というところが最も重要であるように思われるし、また、この「丁寧形の文法」「普通形の文法」という用語・概念は、あまり耳慣れないものなのではないかと思う。「丁寧形の文法」「普通形の文法」については、山内(2009予定)の第4章〜第6章で、具体的なデータも添えて詳述されているが、ここでも、簡単にその概略を述べておきたい。

　山内(2009予定)では、初級の代表的なテキストである『みんなの日本語初級Ⅰ・初級Ⅱ』(スリーエーネットワーク)で扱われている文法形式を、OPIの中級話者がどのぐらい使用しているのかという調査を行ない、その結果、中級話者は、「助動詞」「補助動詞」「接続助詞」に関しては、十分に使用できていないということを明らかにした。そして、そこから、中級話者は動詞の活用が習得できていないために、普通形に接続する文法形式である「助動詞」「補助動詞」「接続助詞」を十分に使用することができないのではないかという推測を行なった。

　山内(2009予定)の調査結果は、以下のとおりである。中級話者の発話において安定した出現があった形式を「出現あり」、安定した出現がなかった形式を「出現なし」とし、「格助詞」「とりたて助詞」「並立助詞」「助動詞」「補助動詞」「終助詞」「接続助詞」「接続詞」「フィラー」というカテゴリー別に結果を示す。

【格助詞】
　　出現あり：が、を、に、と、から、より、で、の、について
　　出現なし：へ
【とりたて助詞】
　　出現あり：は、も、ぐらい、だけ
　　出現なし：でも、しか、ほど
【並立助詞】
　　出現あり：とか、と

出現なし：や
【助動詞】
　　出現あり：です、た、ます、（ませ）ん、ない、たい、ようだ
　　出現なし：のだ、受身、使役、はずだ、そうだ(様態)、そうだ(伝聞)、つ
　　　　　　　もりだ、ばかりだ、ところだ
【補助動詞】
　　出現あり：ている
　　出現なし：てくる、てしまう、てみる、てある、ておく、すぎる
【終助詞】
　　出現あり：か、ね
　　出現なし：よ、な
【接続助詞】
　　出現あり：て、けど、たら、たり、とき、ため
　　出現なし：から、が、し、ながら、と、ば、ので、のに、なら
【接続詞】
　　出現あり：でも、じゃ(あ)、それから[4]
　　出現なし：それで、そして、ですから、しかし、そのうえ、ところで、で
　　　　　　　は、それに
【フィラー】
　　出現あり：あのー、えーと、えー
　　出現なし：―

　「出現あり」と分類された文法形式より「出現なし」と分類された文法形式の方が多いカテゴリーは、「助動詞」「補助動詞」「接続助詞」「接続詞」である。このうち、「接続詞」は、段落・談話レベルのルールに関わるものだから、習得が遅いのも、ある意味、当然だろうと考えられる。しかし、「接続詞」以外の3者、つまり、「助動詞」「補助動詞」「接続助詞」の中に、初級で教えても習得されないであろう文法形式が多く存在するのは、なぜなのだろうか。山内(2009予定)では、その理由を、動詞の活用の習得の遅さとの関わりから説明した。

「格助詞」「とりたて助詞」「並立助詞」「助動詞」「補助動詞」「終助詞」「接続助詞」「接続詞」「フィラー」という9つのカテゴリーのうち、「助動詞」「補助動詞」「接続助詞」以外は、すべて、普通形を作らずに使用できるのだが、「助動詞」「補助動詞」「接続助詞」の3者は、動詞の普通形を作って、それに接続させることを前提としている。動詞の普通形を作るということは、動詞を活用させるということであり、したがって、もし動詞の活用が習得できていないのなら、当然のことながら、普通形を作ることもできず、だから、「助動詞」「補助動詞」「接続助詞」が使用しにくいのではないかと、山内（2009予定）では考えたのである[5]。

　以上が、「丁寧形の文法」と「普通形の文法」という項目を立てた理由である。そして、図2においては、「丁寧形の文法」を「中級前期」の文法であるとし、「普通形の文法」を「中級後期」の文法であるとした。山内（2009予定）においては、「中級前期」（OPIで言う中級）の学習者は「丁寧形の文法」を使用でき、しかし、「普通形の文法」は使用できないことを示したので、図2において「丁寧形の文法」と「中級前期」を対応させたことは、根拠のないことではない。しかし、「中級後期」の学習者が「普通形の文法」を使用できるようになることを示したわけではないので、その点が、まだ不十分である。この点については、「談話の文法」及び「スタイル統一の文法」の具体的な内容を明らかにすることとともに、今後の課題としたいと思う。

　ところで、「テキストの型」を見ると、「丁寧形の文法」と「単文」、「普通形の文法」と「複文」が対応する形となっている。しかし、複文の中でも、南のA類もしくはC類の従属節を持つ複文は、普通形接続をしなくても生成が可能である。その点、図2には矛盾があるように見える。そこで、本章では、南のA類に属する従属節は、文以下の単位である句であると考え、そして、C類に属する従属節は、節ではなく単文とまったく同等のものであると考える。つまり、「太郎は、ハンバーガーを食べながら歩いた。」は、「ハンバーガーを食べながら」という句を持つ「単文」であり、「太郎は行きますけど、次郎は行きません。」は「単文」が2つつながっているもの（重文）であると考える。つまり、図2における「複文」とは、南のB類の従属節を持つものだけだということである[6]。

また、これとは逆に、受身や種々のモダリティ形式は、いずれも動詞の活用を前提とした接続をするが、複文生成とは関わりのない文法形式であるように見える。しかし、受身とモダリティ形式は、連文とは密接な関わりを持つものである。受身は、主に目的語を主語に変えるという役割を担うものであるが、どのような時に目的語を主語に変えるのかというと、普通は、主語を同一のものにそろえる時である。主語を同一のものにそろえるということは、言うまでもなく、文をいくつか連続して述べる時、すなわち、連文を発話する時である。
　モダリティ形式についても、同様のことが言える。「風邪をひいたんです。」「先生は奥さんとけんかしたようです。」などとだけ述べても、何のことだか意味がよくわからない。しかし、「学校を休みました。風邪をひいたんです。」「先生は機嫌が悪いです。奥さんとけんかしたようです。」などというように、前提となる事柄や根拠となる事柄とともに述べれば、何を言いたいのかがすぐに理解できる。受身と同様、多くのモダリティ形式は、主に連文の中で使用されるのではないかと考えられる。つまり、図2の「複文」には、ある種の「連文」も含めて考えるということである。

5. 語彙について

　「語彙」について、図2では、「初級」「中級前期」に対応する形で「話題を構成できない」、「中級後期」「上級」「超級」に対応する形で、それぞれ「具象的で詳細でない話題が構成できる」「具象的で詳細な話題が構成できる」「抽象的な話題が構成できる」と記述されている。「初級」と「中級前期」においては、まとまった事柄を話す必要がないので、「語の集り」という意味での「語彙」能力は要求されず、そして、「複文」レベルの発話が要求される「中級後期」から「語彙」能力が要求されるようになると考える。
　「中級後期」「上級」「超級」においては、いずれも、それなりの語彙能力が必要なのであるが、「中級後期」から「上級」、さらに「超級」へと進むにつれて、扱う語彙が少しずつ難しくなっていく。具体的には、大まかなものから詳細なものへ、そして具象から抽象へ、というようにである。

では、ある語がある語よりも難しいとは、一体どのようなことなのだろうか。たとえば、「うどん」という語と「パン」という語では、どちらの方が難しいのだろうか。「パン」と「庭」ではどうだろうか。本節では、まず、語の難易度の設定方法について考えてみる。
　(1)に示す2語のうち、どちらの方がより難しい語であるか、考えていただきたい。

(1)　「診療所」と「激怒する」

　「診療所」という語と「激怒する」という語のどちらが難しいかと問われても、なかなか答えにくいのではないかと思われる。
　では、次の(2)と(3)の2語について、それぞれどちらの方が難易度が高い語か、考えていただきたい。

(2)　「病院」と「診療所」
(3)　「怒(おこ)る」と「激怒する」

　(2)なら「診療所」の方が難易度が高く、(3)なら「激怒する」の方が難易度が高い、と判断されることが多いのではないだろうか。
　ところで、なぜ、(1)の2語については難易度の違いがわかりにくく、(2)と(3)の2語については難易度の違いがわかりやすいのか。その答えは、「paradigmaticに対立する語同士であるか否か」ということではないかと思われる。(1)の2語、つまり、「診療所」と「激怒する」はparadigmaticに対立する語ではない。一方、(2)の「病院」と「診療所」、及び、(3)の「怒(おこ)る」と「激怒する」は、それぞれparadigmaticに対立する語同士である。
　paradigmaticに対立する語同士であるということは、話者がある文を発話する時に、どちらが使われて、どちらが使われないのかという競合が起こるということである。次の(4)(5)を見ていただきたい。

(4)　体の調子が悪いので、(　)に行ってくる。

(5)　弟の不真面目な態度に姉が(　)た。

　(4)の(　)には「病院」も入り得るし、「診療所」も入り得る。しかし、両方を同時に入れることはできないから、話者は(4)の文を言う時には、「病院」か「診療所」のどちらかを選んで言うことになる。(5)も同様である。(5)の(　)には「怒っ」も入り得るし、「激怒し」も入り得るが、同時に両方を入れることはできないから、話者はどちらかを選んで(5)を発話することになる。

　「病院」と「診療所」、「怒(おこ)る」と「激怒する」は、それぞれ、一方が使われたら他方は使われないという競合関係にある。そのような競合関係にある中、日常生活において、どちらか一方を、もう一方よりもよく耳にするということであれば、その、よく耳にする方をなじみが深いと感じ、したがって、難易度が低いと判断できるのではないだろうか。だから、paradigmaticに対立する語同士であれば、どちらが難しくて、どちらが簡単なのかがわかりやすいのではないかと思う。

　つまり、語の難易度の設定方法は、次の(6)のようにすればいいのではないかということである。

(6)　paradigmaticに対立する語を集めて、その中で相対的に難易度を決定する。

　では、paradigmaticに対立する語というのは、具体的に、どのようにして探し出せばいいのだろうか。その1つの方法として、国立国語研究所によって作成された『分類語彙表』の利用が考えられる。
　次の(7)を見ていただきたい。(7)は、『分類語彙表』において「1.2650-21」という分類番号が付された語群である。

(7)　医院　診療所　クリニック　病院　避病院　救急病院　サナトリウム　療養所　産院　養老院　老人ホーム　ホスピス　養護施設

これらの語は、概ね、paradigmatic に対立していると言えるのではないかと思う。そして、これらの語の出現頻度を、小説 22 作品[7]をデータとして調べ、その出現頻度によって 4 段階に分けたものが、次の(8)である。語の後ろの( )の中の数字は、それぞれの出現頻度を示している。

(8)　　出現頻度 1：病院(577)
　　　　出現頻度 2：医院(39)
　　　　出現頻度 3：診療所(5)　療養所(3)　クリニック(3)
　　　　出現頻度 4：産院(1)　サナトリウム(0)　ホスピス(0)　救急病院(0)
　　　　　　　　　避病院(0)　老人ホーム(0)　養老院(0)　養護施設(0)

　「病院」は出現頻度が 577 回と圧倒的に多く、そのため、「出現頻度 1」とした。次に多かったのが「医院」で、出現頻度は 39 回である。これを「出現頻度 2」とした。残りの語の出現頻度は、いずれも 5 回以下であったので、0 回もしくは 1 回を「出現頻度 4」とし、それ以外を「出現頻度 3」とした。
　この(8)は、ただ単に、語の出現頻度を調べたものである。しかし、(8)の出現頻度の段階は、難易度の段階を表しているとも言えるのではないかと思うが、いかがであろうか。
　『分類語彙表』の「2.3012–04」についても、これと同様の作業をしてみたいと思う。「2.3012–04」の語群は、次の(9)のとおりである。

(9)　怒(おこ)る　怒(いか)る　頭に来る　青筋を立てる　怒り狂う　腹立つ　腹が立つ　小腹が立つ　腹を立てる　むかっ腹を立てる　立腹する　激怒する　憤怒する　激高する

　そして、これらの語の出現頻度を、先ほどと同じく小説 22 作品をデータとして調べ、その出現頻度によって 4 段階に分けたものが、次の(10)である。語の後ろの( )の中の数字は、それぞれの出現頻度である[8]。

(10)　　出現頻度 1：怒る(173)

出現頻度2：腹を立てる(75)　腹が立つ(38)
　　出現頻度3：怒り狂う(8)　立腹する(7)　激高する(7)　激怒する(6)
　　　　　　　頭に来る(3)
　　出現頻度4：憤怒する(1)　腹立つ(0)　むかっ腹を立てる(0)　青筋
　　　　　　　を立てる(0)　小腹が立つ(0)

　小説をデータとしたためか、「頭に来る」よりも「立腹する」や「激高する」の方が頻度が高いというような現象が起こってはいるが、(10)に示した出現頻度の段階も、概ね、難易度の段階を表していると言ってもいいのではないだろうか。
　そこで、次の(11)を仮説として提示したいと思う。

(11)　paradigmatic に対立する実質語の場合、出現頻度と難易度が概ね比例する。

　やはり、「paradigmatic に対立する」という部分が鍵なのではないかと考える。paradigmatic に対立する語を集めるということが非常に重要なのであり、paradigmatic に対立する語を集めてしまいさえすれば、後は、単純に頻度を調べるなり、質問紙調査をするなり、あるいは、教師の直感で判定するなり、難易度を決定する方法はどのようにでもなるのではないかと思われる。
　さて、図2の「具象的で詳細でない話題が構成できる」「具象的で詳細な話題が構成できる」「抽象的な話題が構成できる」という記述についてであるが、「中級後期」の「具象的で詳細でない話題が構成できる」と「上級」の「具象的で詳細な話題が構成できる」については、その枠にどの語が入るのかということが、(8)(10)のような表から明らかにできるのではないかと思われる。(8)(10)の表なら、たとえば、「出現頻度1」と「出現頻度2」の語群を「具象的で詳細でない話題が構成できる」語彙だと考え、「出現頻度3」と「出現頻度4」の語群を「具象的で詳細な話題が構成できる」語彙だと考えればよいのではないか。

「超級」の「抽象的な話題が構成できる」語彙については、もし『分類語彙表』を利用するのであれば、そもそも、別の分類から語を選んでくる必要がある。たとえば、「1.1211–01」や「1.1500–19」からである。「1.1211–01」の語群を(12)に、「1.1500–19」の語群を(13)に、それぞれ示す。

(12)　兆し　しるし(微)　先触れ　兆　予兆　前兆・前徴　兆候・徴候　症候　マーカー
(13)　改革　変事　変革　ビッグバン［金融〜］革命　政変　更改　変改　改変

　これらの語群は、「抽象的な話題が構成できる」語群であると言ってもいいのではないだろうか[9]。
　ちなみに、「2.1501–01」などには、具象的な話題を構成するための語も、抽象的な話題を構成するための語も、両方とも含まれているのではないかと思われる。「2.1501–01」の語群を、次の(14)に示しておく。

(14)　かえる(代・換・替・変)　かわる(代・換・替・変)　変換する　チェンジする　シフトする　コンバートする　移調する　転調する　転向する　倒錯する

6.　言語活動の領域について

　最後に、図2の下半分に記述されている「言語活動の領域」について述べる。
　鎌田氏が作成した「言語活動のプール」では、言語活動の例示がなされているだけで、特に分類はされていなかった。一方、図2の改善案においては、言語活動が「私的領域」と「職業領域」に分類されている。「私的領域」は、日本人ならば誰でも行なう可能性のある言語活動の領域であり、「職業領域」とは、特定の職業に従事している人しか行ない得ない言語活動の領域である。

たとえば、「友人に挨拶をする」「友人を映画に誘う」「子供の教育について夫と議論する」などの言語活動は、日本人なら誰でも行ない得る言語活動であり、したがって、それらは「私的領域」の言語活動であると考えられる。一方、「客から注文をとる」「新製品の特徴と使用法を取引先に説明する」「経済学の講義をする」などの言語活動は、ある特定の職業についている人以外は、普通は行なうことのない言語活動であり、したがって、それらは「職業領域」の言語活動であると考えられる[10]。

　また、それぞれの言語活動の特徴として、「私的領域」の場合には、会話のタイプが「1対1」型になり、「職業領域」の場合には「1対多」型か、もしくは「1対不特定」型になるのではないかと思われる。講義や講演のような言語活動は「1対多」型である。店員にとっての客との会話は、1対1ではあるが、どのような相手と話すことになるのか、会話の直前までわからないことが多く、また、会話の最中にも相手の素性を聞き出すようなことは普通はしないので、「1対不特定」型であると考えられる。「1対1」型の会話と言うのは、ある意味、普通(無標)の会話である。一方、「1対多」型・「1対不特定」型というのは、職業上の要請によってのみ起こる、ある意味、特殊(有標)な会話であると言える。

　ところで、図2では、言語活動が、「私的領域」と「職業領域」に分かれているのみでなく、「人に従属する」ものと「場に従属する」ものにも分かれている。次に、このことについて説明する。

　「話す」という言語活動は「人」か「場」かの必ずどちらかに従属するものである、という考え方は、山内(2004)及び田尻(2008)で主張されていることである。本章でもそれを踏襲し、その考え方を図2に反映させた。

　「人に従属する」活動というのは、たとえば、友人や恋人や先輩・後輩、配偶者、子供、親戚などと行なう言語活動のことである。ある外国人学習者が来日し、日本人の友人ができたとすると、その友人と一緒に買い物に行ったり、食事に行ったり、映画を見に行ったり、時には旅行に行ったりすることになるだろう。ということは、いったん友人ができてしまえば、様々な「場」に行き得るということである。したがって、その学習者の言語活動は、ある特定の「場」に従属するものではなく、「友人」という「人」に従属す

るものとなる。

　そして、その学習者がサークルなどに入り、先輩や後輩ができたとすると、その先輩や後輩とともに様々な言語活動を行なうだろうし、また、恋人ができたとすると、その恋人ともに様々な言語活動を行なうことになるだろう。さらに、結婚し、子供が生まれたとすると、配偶者との言語活動のみでなく、子供や子供の友人との言語活動も行なうことになり、場合によっては、親戚との言語活動も行なうようになってくるだろう。

　ここで、「友人」「先輩・後輩」「恋人」「配偶者」「子供」「親戚」という言語活動の相手の例を順に挙げたが、日本語学習者が来日したとすると、だいたい、このような順で人間関係が広がっていき、それに付随する形で言語活動の幅も広がっていくのではないだろうか。「友人」ができる前に「恋人」ができたり「親戚」との付き合いが始まったり、などということは普通は考えられない。

　また、もし、来日した外国人学習者に友人等の知り合いがまったくできなかった場合は、その学習者の言語活動はどのようなものになるのか。その場合、その学習者の言語活動は「場に従属する」もののみとなる。たとえば、「スーパー」や「食堂」での言語活動である。そして、来日してしばらくすると、「病院」に行ったり「学校」に行ったりし、そこで必要とされる言語活動を行なうようになるかもしれない。さらに、日本に長く住むようになれば、もしかしたら「商工会議所」や「裁判所」などに行き、そこで必要となる言語活動を行なうこともあるかもしれない。

　ここで、「スーパー」「食堂」「病院」「学校」「商工会議所」「裁判所」という言語活動の「場」の例を順に挙げたが、日本語学習者が来日したとすると、だいたい、このような順で生活の「場」が広がっていき、それに付随する形で言語活動の幅も広がっていくのではないだろうか。「スーパー」に行くようになる前に「病院」に行ったり「商工会議所」に行ったり、などということは普通は考えられない。

　なお、「職業領域」における言語活動というのは、「私的領域」の「場に従属する」活動の、いわば裏返しの形で存在するものである。「私的領域」の「場に従属する」言語活動は、「スーパー」や「食堂」や「病院」などの「場」

を舞台とするものであり、学習者がスーパーや食堂や病院などに行くと、そこには、店員や医師や受付の人がいて、その人たちとの言語活動を行なうことになる。「職業領域」の言語活動とは、その店員や医師や受付の人にとっての言語活動のことである。これらの人は、しかるべき職業につき、しかるべき立場にいる人たちであり、その人たちのその「場」での言語活動は、日本人なら誰でも行ない得るというタイプのものではない。

7. まとめ

　本章では、日本語教育における「話」技能ガイドラインの試案を提示した。このガイドラインは、鎌田氏の「言語活動のプール」に改善を加えることによって作成したものである。改善に際し、留意したことは、次の３点である。

①言語活動にプロフィシェンシーのレベルを付すこと。
②言語活動を「領域」によって整理すること。
③言語活動と文法・語彙の関係づけを行なうこと。

　①は、「言語活動のプール」でも実現されていたことであるが、①が実現されていれば、まず、学習者のレベルに合った言語活動を取り出すことができる。そして、②が実現されていれば、学習者の生活のあり方に即した言語活動を取り出すことでき、さらに、③が実現されていれば、その言語活動を行なうのに必要な文法・語彙がどのようなものであるのかを知ることができる。
　今後の課題は、次の２点である。

①多数の言語活動をリストアップすること。
②図２に「機能」の欄を入れること。

　①が実現されれば、教科書や教材の作成が楽になるだろうし、かつ、本章

で提案したガイドライン案の妥当性を検証することにもつながっていくものと思われる。また、②についてであるが、ガイドラインを考える際には、やはり「機能」を無視することはできない。「単文」のみを使って実現できる機能にはどのようなものがあるのか、「複文」レベルの発話で実現できる機能にはどのようなものがあるのか、「段落」レベル、「複段落」レベルではどうか、ということを、今後考えていきたいと思う。

注

1 「言語活動のプール」は、鎌田 (2000) で提案され、鎌田 (2003) において詳しく解説されている。「言語活動のプール」の図は、鎌田 (2003) にも掲載されているが、鎌田 (2000) の方が例がやや豊富であるため、図 1 は鎌田 (2000) より引用した。

2 たとえば、吉島・大橋 (他)(訳・編)(2004) の 48–49 ページの表 5 など。

3 ここでは、レベルのネーミングにはこだわらないが、「中級前期」「中級後期」ではなく、「初中級」「中級」としてもよいかもしれない。

4 ちなみに、「で」「だから」「たとえば」の 3 者は、『みんなの日本語』では扱われていないが、中級話者の発話における出現が非常に多かった。

5 もちろん、接続助詞の中には、丁寧形に接続が可能なものがあるし、助動詞、補助動詞についても、連用形接続のものであれば、動詞の活用のタイプを考えることなく使用できるので、それらの使用は、さほど困難ではないだろうと予想される。今後、さらにデータを増やして綿密に分析を行ない、「助動詞」「補助動詞」「接続助詞」の中で、どの形式の習得が早く、どの形式の習得が遅いのかということを探りたいと考えている。

6 ちなみに、峯 (2007) も、南の A、B、C の各類について、本章と同様の考え方、つまり、A 類は「句」、C 類は「単文」、B 類は「複文」という考え方を示している。そして、その習得順序も、A 類・C 類よりも B 類が遅いとのことであり、その点でも、本章の考え方と立場を同じくしている。

7 『CD-ROM 新潮文庫の 100 冊』の中から、昭和生まれの 22 作家の 22 作品を選んだ。その 22 作品は、次のとおりである。有吉佐和子『華岡青洲の妻』、赤川次郎『女社長に乾杯！(上)・(下)』、井上ひさし『ブンとフン』、五木寛之『風に吹かれて』、大江健

三郎『死者の奢り・飼育』、開高健『パニック・裸の王様』、北杜夫『楡家の人びと(上)・(下)』、倉橋由美子『聖少女』、沢木耕太郎『一瞬の夏(上)・(下)』、塩野七生『コンスタンティノープルの陥落』、椎名誠『新橋烏森口青春篇』、曽野綾子『太郎物語』、高野悦子『二十歳の原点』、田辺聖子『新源氏物語』、筒井康隆『エディプスの恋人』、野坂昭如『アメリカひじき・火垂るの墓』、藤原正彦『若き数学者のアメリカ』、三浦哲郎『忍ぶ川』、宮本輝『錦繡』、村上春樹『世界の終りとハードボイルド・ワンダーランド』、吉村昭『戦艦武蔵』、渡辺淳一『花埋み』

8 出現頻度を数える際、「怒(おこ)る」と「怒(いか)る」を区別することができなかったので、(10)では、単に「怒る」として示してある。また、「激高する」については、「激昂する」も同語であるとしてカウントした。

9 (7)の語群が収録されている「1.2650」の分類名は「店・旅館・病院・劇場など」であり、(9)の語群が収録されている「2.3012」の分類名は「恐れ・怒り・悔しさ」である。一方、(12)が収録されている「1.1211」の分類名は「発生・復活」であり、(13)が収録されている「1.1500」の分類名は「作用・変化」である。「店・旅館・病院・劇場など」「恐れ・怒り・悔しさ」という名前と「発生・復活」「作用・変化」という名前を比べただけでも、抽象度に違いがあることがある程度わかるのではないかと思われる。

10 吉島・大橋(他)(訳・編)(2004)によると、CEFRでも「言語活動の領域(domain)」という概念が使用されており、具体的には、「私的領域(personal domain)」「職業領域(occupational domain)」「公的領域(public domain)」「教育領域(educational domain)」の4つが設定されている。本章との対応関係を述べておくと、まず、CEFRの「私的領域(personal domain)」と「職業領域(occupational domain)」は、それぞれ、本章の「私的領域」「職業領域」と対応している。そして、CEFRの「公的領域(public domain)」と「教育領域(educational domain)」は、サービスを提供する側であれば本章の「職業領域」、サービスを受ける側であれば本章の「私的領域」であると考えられる。

参　考　文　献

庵功雄(2007)『日本語におけるテキストの結束性の研究』くろしお出版
国立国語研究所(2004)『分類語彙表―増補改訂版』大日本図書
鎌田修(2000)「日本語の会話能力とは何か―プロフィシェンシーの観点から―」『2000年度日本語教育学会春季大会予稿集』
鎌田修(2003)「接触場面の教材化」『接触場面と日本語教育　ネウストプニーのインパクト』明治書院
田尻由美子(2008)「実践女子大学留学生の言語活動―「話す」場面を中心に―」『実践女子大学外国語教育研究センター FLC ジャーナル』3 号
寺村秀夫(1975)「連体修飾のシンタクスと意味―その 1 ―」『日本語・日本文化』4 号、大阪外国語大学留学生別科
寺村秀夫(1977a)「連体修飾のシンタクスと意味―その 2 ―」『日本語・日本文化』5 号、大阪外国語大学留学生別科
寺村秀夫(1977b)「連体修飾のシンタクスと意味―その 3 ―」『日本語・日本文化』6 号、大阪外国語大学留学生別科
寺村秀夫(1978)「連体修飾のシンタクスと意味―その 4 ―」『日本語・日本文化』7 号、大阪外国語大学留学生別科
南不二男(1974)『現代日本語の構造』大修館書店
牧野成一(監修)(1999)『ACTFL-OPI 試験官養成マニュアル(1999 年改訂版)』アルク
峯布由紀(2007)「認知的な側面からみた第二言語の発達過程について―学習者の使用する接続辞表現の分析結果をもとに―」『日本語教育』134 号
山内博之(2004)「言語活動の目録化と教材バンク作成の指針―ドイツ VHS の学習者を例にして―」南山大学国際教育センター『南山大学国際教育センター紀要』4 号
山内博之(2009 予定)『プロフィシェンシーから見た日本語教育文法』ひつじ書房
吉島茂・大橋理枝(他)(訳・編)(2004)『外国語教育 II ―外国語の学習、教授、評価のためのヨーロッパ共通参照枠―』朝日出版社

追記：本研究は、文部科学省科学研究費特定領域研究「代表性を有する大規模書き言葉コーパスの構築：21 世紀の日本語研究の基盤整備」(平成 18 ～ 22 年度)の成果の

一部である。特に、本章の第5節は、2007年3月18日に時事通信ホールで行なわれた「特定領域研究『日本語コーパス』平成18年度公開ワークショップ」での発表「日本語教育における語彙シラバスの作成について」の内容をまとめたものである。

第9章
「聞いて話す」プロフィシェンシーとその養成のための教室活動

ボイクマン総子

1. はじめに

　学習者が特定の学習期間内に一定のレベルに達したかどうかをはかるテストは到達度テスト（achievement test）と呼ばれる。それに対して、受講したコースや教科書、学習歴に関係なく学習者の目標言語の能力を測定するものを能力テスト（proficiency test）と言う。proficiency（プロフィシェンシー）というのは言語の運用能力のことを指し、言語能力をはかるテストについて用いられる概念である。

　本章は、2006年に南山大学で開催されたシンポジュウム「プロフィシェンシーと日本語教育—日本語の総合的能力の研究と開発を目指して」において筆者らが提起した問題（ボイクマン・宮谷・小室 2006a）と会場からの質問やコメントをもとに、プロフィシェンシーと教室活動についての筆者自身の考えをまとめたものである。シンポジウムでは、測定することのできる言語能力、すなわち、プロフィシェンシーとして捉えることのできる範囲と測定になじまない実際の言語使用とにどう折り合いをつけていくのか、ということが議論の焦点となった。そこで、本章ではプロフィシェンシーの測定基準を設けることの可能性と限界について筆者自身の考えを述べるとともに、現場の教師（私）はどのようなことを念頭においた上でこの概念を教室活動に応用することができるのかについて述べたいと思う。

2. 会話における「聞いて話す」プロフィシェンシー

　プロフィシェンシーは、話す能力に限定されるものではなく、聞く・話す・読む・書くという4つの技能に関わる総合的な言語運用能力のことを指すが、ここでは、「会話」をする上で必要となる能力に限定して話を進めていきたい。「会話」に必要となるのは、4技能のうち、相手の話を「聞く」・相手に「話す」という2つの技能である。聞く能力にはニュースの聞き取りのように話し手から聞き手へと一方向に流れる情報を聞き取る能力も含まれ、また、話す能力には講演やスピーチのように話し手が聞き手に情報を一方的に伝える能力も含まれる。しかし、会話においては、ニュースを聞いたりスピーチで話をしたりするのとは異なり、聞き手と話し手の役割は固定されておらず、その役割が会話に参加する者同士で交互に入れ替わるという特徴がある。そのため、会話においては、聞いたり話をしたりする能力のうち、相手の話を聞きそれを踏まえて話をするという能力が必要となる。

　本章では、会話におけるプロフィシェンシー全体を扱うのではなく、従来プロフィシェンシーを論ずる際に抜け落ちていた相手の話に基づいて話すという能力に焦点をあて、「相手の話を聞きそれに基づいて話す（聞いて話す）能力」とはどういうものであるのか、そして、その能力を伸ばすためにどのような教室活動が可能であるのかについて考えていきたい。

2.1　会話における「聞く」プロフィシェンシー

　ACTFL（The American Council on the Teaching of Foreign Languages, 全米外国語教育協会）による「聞く」に関する言語運用能力の基準「ACTFL 言語運用能力基準　汎言語的記述—聞く」では、「聞くタスクが全て普通の自然な環境で、普通の速さの、標準あるいはごく標準に近い話し方でなされることを前提」（ACTF 1995: 付録）とした上で、初級-下・初級-中・初級-上、中級-下・中級-中・中級-上、上級・上級-上、超級という9つのレベルの能力基準を設けている。ここでは、上級-上と超級の「聞く」ことに関する基準を挙げておく。

上級-上：標準語の大抵の場合話の主題がわかるが、内容上、あるいは言語上複雑な複段落が長く続くと理解することができない場合がある。テクストに表れた言葉の表面上の意味以外に文化的な含みもあることに気がつき始めていることをうかがわせるが、文の意味する社会文化的なニュアンスを捉えそこなうことがある。

　超級：標準語のあらゆる話の主題を理解することができる。その中には専門分野の技術的な詳しい話も含まれる。学術的／専門的な場面とか、講義、演説、報告のように、内容的にも言語的にも複雑な談話の主題を理解することができる。目標言語の美的基準とか、慣用句、口語的な表現、使用域の変更（register shifting）がある程度わかることをうかがわせる。目標言語の文化的枠組みの中で推論ができる。理解力はテクストの基礎となっている全体的な構成がわかることによっても助けられており、社会的、文化的に何を意味するか感情面での含みにも敏感である。間違って解釈することはほとんどないが、速くて非常に通俗的な語、あるいは文化に深く関わっているような語は理解できないこともある。　　　　　　　　（ACTFL 1995: 付録）

　初級から上級までは、情報内容をいかに正確に聞き取れるかが能力測定の基準になっているが、上級-上では、「表面上の意味以外に文化的な含みもある」ことが理解できること、その上のレベルである超級では、「目標言語の文化的枠組みの中で推論ができ」、かつ、「社会的、文化的に何を意味するか感情面での含み」についても理解できることがレベル判定の基準となっている。
　さて、会話をする際には、話された情報を正確に理解できる能力に加えて、話された内容に込められた社会的、文化的な意味や感情面での含み、すなわち、語用論的な意味や話し手の感情・意図が適切に理解できる能力も必要となる。ACTFL（1995）の「聞く」能力についてのガイドラインにはこのことに関する詳細な記述はないため、筆者の考えをここでもう少し詳しく述べておきたい。
　会話における語用論的な表現は、社会文化的に強く規定された慣用的なも

のから、このような話し方をすれば日本語話者はこのような印象を持つことが多いといったような類いのものまでさまざまなレベルがある。慣用的なものの例としては、「お出かけですか」という表現がある。「『お出かけですか』という慣用的な言い方と、その平板な調子の、強勢のない言い方によって、それが社交的な会話である」(井上 1999: 16)ことを察知して、相手は自分に対してどこに出かけるのかを真剣に尋ねているのではなく、あいさつ程度にそう言っているのだと解釈できることが聞き手には求められる。

　この「お出かけですか」の例は日本語社会の慣用表現がわかっていれば済むことであるが、慣用と呼ぶほどではないが社会文化に広く認められた話し方とでも言えるような種類のものもある。これは、慣用表現のように状況に強く規定されているわけではないので、他言語話者にはわかりにくく日本語母語話者でも指摘されなければ気づかないことがある。例えば、上司であるあなたに部下が休暇の許可をもらいたいと言いに来たときに、部下が「今日の午後、休みを取りたいのですが」と用件を先に述べ、あなたから理由を尋ねられてはじめて理由を述べた場合、上司であるあなたはどんな印象を持つだろう。次のような場合である。

(1)　部下：あの、すみません。今日の午後なんですが、
　　　上司：ん？
　　　部下：申し訳ないんですが、休みを取らせていただけないでしょうか。
　　　上司：どうして？
　　　部下：実はさっき、保育園から電話があって、子供が急に病気になったという連絡を受けまして…

　日本語母語話者なら、このように相手が理由も言わずに用件を先に述べた場合、自分の主張を全面に出している、自分の都合を優先しているという印象を受けるのではないだろうか。では逆に、次の(2)の例のように相手が自分から先に理由を述べたとしたら、どのような印象を受けるだろうか。

(2) 部下：あの、すみません。今日の午後なんですが、
　　上司：ん？
　　部下：実はさっき、保育園から電話があって、子供が急に病気になったという連絡を受けまして…
　　上司：そう。
　　部下：申し訳ないんですが、休みを取らせていただけないでしょうか。

　(1)と(2)は、理由が先か用件が先かという話の順序が違うだけである。にもかかわらず、同じような口調で話されたとしたら、大方の日本語母語話者は(2)のほうが(1)よりも丁寧だと感じるのではないだろうか。ここで言う「丁寧さ」とは、敬語を使う等の形式的な丁寧さだけでなく、「相手に対して心地よさを感じさせたり、あるいは不快感を減らそうとしたりするあらゆる気づかい」(井上1999: 69)のことである。日本語母語話者にとって、(2)の順序で話をするほうが丁寧に感じられるのは、休みを取りたいという自分の用件を伝えることよりも上司である相手への説明を優先させており、そのことに相手への気づかいが感じられるからだと考えられる。

　しかしながら、用件よりも理由を先に述べるほうが丁寧に聞こえる(気づかいが感じられる)という日本語母語話者が一般的にもつであろうと思われるこの印象は、他の言語話者にも共通するものではない。筆者の知人のインドネシア語母語話者によると、理由を先に述べると言い訳がましく聞こえ、用件を先に述べたほうが効率的なので丁寧な印象を受けるそうである。つまり、インドネシア語母語話者にとっては、(1)の順序で話をしたほうが、コミュニケーションの効率性という面に関する相手への気づかいが感じられるというわけである(椙本(ボイクマン) 2005)。

　日本語社会では、フォーマルな場面では理由を述べてから用件を述べることのほうが多いので、話し相手が自分に何らかの要求をしてきたときに、理由よりも用件を先に述べたとしたら、すなわち、日本語母語話者が通常行う話の流れとは違う流れで相手が話をしたとしたら、この人は急いでいるのだろうか、私にノーと言ってほしくないのだろうか、といったようなことを感

じたりする。また、相手の話し方次第では、自分の要求を全面に出していて不愉快だと思ったりするかもしれない。このように、聞き手は相手がどういう気持ちや意図で話をしているのかを話の順序、用いられている表現の組み合わせ、口調、などから推測しているのである。ただ、相手が言いたかったことの推測がどの程度正確にできるかは、話し手と聞き手がこの推測に関する共通の指標をどの程度共有しているかに関わってくる。推測の指標は、どの言語にも共通であると思われるもの（例えば、長い沈黙は「話したくない」という気持ちの表れ、命令形は威圧的だ、など）もあれば、用件が先か理由が先かの例のように言語社会によって異なる指標もある。

　以上のことから、「聞く」プロフィシェンシーには、**相手の話からその人の気持ちや意図を推測できる能力**を積極的に加える必要があると筆者は考える。なぜなら、相手の話し方から相手の気持ちを推測できたほうが、そうでない場合よりコミュニケーションがスムーズに運ぶ確立が高いからである。もちろん、相手の気持ちを正確に理解することなど不可能であるし、そもそもコミュニケーションにおいては理解は過剰か過小であるものなのでこういった読みは外れることもある。また、母語話者がみな同じ推測の指標を共有しているとは限らない。しかし、特定の話し方から母語話者が感じる社会文化的な意味というのはある程度共通するものがあるため、そこから相手の気持ちや話の意図を理解できるような能力を養成することは可能だと思われる。

　ACTFL（1995）の「聞く」基準には、上級－上というレベルになって初めてこのことに関する言及がある。しかも、上級－上では「表面上の意味以外に文化的な含みもあることに気がつき始めていることをうかがわせる」と記述されており、このプロフィシェンシーはかなり高いレベルの学習者に対してのみ当てはまるものであると考えられているようである。しかし、「文化的な含み」はコミュニケーション上の摩擦を引き起こす可能性が高いため、むしろ学習の早い段階から積極的に取り上げていくべきではないかと思う。

　以上をまとめると、「会話を聞くことができる能力（プロフィシェンシー）」とは、**話された情報を正確に理解できるだけではなく、話された内容や話し方に込められた社会文化的な意味や相手の感情・意図を推測することができ**

る能力と定義できるであろう。次の 2.2. 節では「会話における話す能力」
とは何かについて考えたい。

2.2　会話における「話す」プロフィシェンシー

　《ACTFL 言語運用能力基準－話技能》(ACTFL 1999)にある、1 番上のレ
ベルである超級の「話す能力」は次に挙げる通りである。

　超級：超級レベルの話者は、正確で流暢な話し方でコミュニケーションを
し、具体的・抽象的双方の視点から、フォーマル／インフォーマルな状況で
のさまざまな話題について、十分にしかも効果的に会話に参加できる。難な
く、流暢に、しかも、正確さを保ちながら、関心のある事柄や特別な専門的
分野について議論したり、複雑なことを詳細に説明したり、筋の通った長い
叙述をしたりする。社会問題や政治問題など、自分にとって重要な数多くの
話題について、自分自身の意見を明白にし、その意見を裏付けるために、う
まく構成された議論をする。彼らは、別の可能性を探るために仮説を立てた
り、その仮説を発展させたりすることができる。たとえ抽象的な詳述をする
場合でも、不自然に長くためらったりせず、要点をわかってもらうために、
必要に応じて複段落を展開する。そうした段落は、終始一貫しているが、そ
の論理構成は、まだ目標言語より母語の影響を受けている場合もある。

　超級話者は、多様な会話ストラテジーや談話管理ストラテジーを使いこな
す。例えば、ターンを取ることができるし、高低アクセント・強勢アクセン
ト・語調などのイントネーション的要素や、適切な文構造および語彙を用い
て、中心となる主張とそれを裏付ける情報を話し分けることができる。彼ら
は、基本的構文を使う場合、パターン化された誤りをすることは実質上ほと
んどない。けれども、特に、低頻度構文や、公式なスピーチや文書に多く使
われるような複雑な文型の高頻度構文の使用では、散発的な誤りをすること
もあり得る。たとえそのような誤りをしても、母語話者である話し相手を
混乱させたり、コミュニケーションに支障をきたしたりすることはない。

(ACTFL 1999: 122)

上述の基準の中で「会話」に関わるものを拾うと、総合的な能力としては言語的に不慣れな状況にも対応でき、裏付けのある意見が述べられる。話題については、フォーマル／インフォーマルいずれの状況においても抽象的・専門的な話題について話せる。文法はほぼ間違いがなく、語彙は豊富である。社会言語学的能力としては、くだけた表現もかしこまった敬語もでき、語用論的能力としては、ターンテイキング、重要な情報のハイライトの仕方、間の取り方、相づちなどが巧みにできる(山内 2005: 3-4)、ということになる。この「話す」能力の超級の記述を読む限りでは、いわゆる「丁寧さ」に関しては、フォーマル(かしこまった表現)／インフォーマル(くだけた表現)ができるかどうかについての記述があるのみである。このことから、ACTFL が定めているプロフィシェンシーにおける丁寧さとは、主として敬語などの文法化された表現形式が使いこなせるかどうかということに焦点があてられているように思われる。しかし、2.1節で挙げた、用件と理由の話し方の例のように、どのような話の流れで話したいことを伝えるか、その際にどのような表現の組み合わせを用いるのか、といったことも広い意味の丁寧さ(気づかい)に関わる要件である。このことから、「会話における話す能力」には、敬語・丁寧体・普通体の使い分けといった文法化された表現形式上の問題だけでなく、相手に不快感[1]を与えずに、自分の気持ちや意図を伝えられる話し方ができるか、といった能力も加える必要があると思う。ACTFL の超級の基準には「さまざまな話題について、十分にしかも効果的に会話に参加できる」(ACTFL 1999: 122)、傍点引用者)と記述されている。従って、相手に不快感を与えず自分の気持ちや意図を伝えられる能力はここに含まれていると理解することも可能である。しかし、「効果的」の中身がこの記述では不十分であるので、その点を厳密にしておくことは言語教育への応用を考える上で大切なことだと思う。3節では、相手に不快感を与えず自分の気持ちや意図を伝える能力についてさらに考えていきたい。

3. 配慮のある話し方

言語行動を行う話し手は、2つの指向性(熊谷 1995)を常に併せ持ち、話

し手は 2 つの指向性に「配慮」(熊谷・篠崎 2006: 19)をして話をしているという。その 2 つの指向性を、熊谷は「ひとつは、当該の言語行動の目的(依頼、謝罪、説明、など)を効果的に達成すること、もうひとつは、相手との対人関係を良好に保つこと」(熊谷 2000: 109)と述べている。

　前者は例えば、許可を求めるという言語行動が効果的に達成できているかということである。2.1 節に挙げた例のように、上司に休暇の許可を求める場合、理由を言った後に休ませてほしいという用件を述べるよりも、用件をまず先に言う方が、「当該の言語行動の目的を効果的に達成する」ことになる。しかし、「目的達成を推し進めることは、話し手の意向を相手に押しつけることになり」(熊谷 2000: 109)、相手の感情を損ねてしまうかもしれない。そこで、「対人関係を良好に保つ」よう配慮することも行動目的の達成のためには必要である。そして、そちらのほうを重視するなら、まず理由を言ってから用件を言うという話の流れが選択される。このように話し手は、ある言語行動を行う際に、これら 2 つの指向性に配慮しているのであるが、熊谷・篠崎(2006: 19)は、この 2 つの指向性を両立させることは容易だとは限らないことを指摘している。そしてさらに、双方の指向性のバランスを保ち、その両方を満たすための工夫には、「言語行動における『働きかけの仕方』、すなわち、依頼の際に当該の頼みをするに至った事情を述べるか、断りを言う際にお詫びの言葉を添えるか、そのほか、用件の切り出し方、話を進める順序などといったこと」(熊谷・篠崎 2006: 19)が関わってくると述べている[2]。

　しかしながら、《ACTFL 言語運用能力基準－話技能》(ACTFL 1999)には、こういった「働きかけの仕方」に関する記述はないため、話し手が「配慮」の行き届いた話し方をしているかどうかの判定は、OPI テスターの裁量に任されていると考えられる。筆者の推測であるが、丁寧な話し方ができているかという項目については、敬語とくだけた表現が適切に使えているかといった文法化された表現形式だけをレベル判定の考慮に入れるテスターもいれば、「働きかけの仕方」も含めて判定するテスターもいることだろう。

　プロフィシェンシー・テストの基準として「配慮のある話し方(働きかけの仕方)の工夫」を含めないという選択もあるだろうが、相手に誤解を与え

ないような形で意図した通りに自分の気持ちを伝えられる能力があるかどうか、言い換えれば、日本語社会になじむ「働きかけの仕方」の工夫ができるかどうかは、文法的に正しく適切なフォーマリティーの形式を用いて流暢に話せることよりも、コミュニケーション上の摩擦を引き起こす可能性が高いという点でより重要となる場合もある。このことを次節では会話例を挙げて説明したい。

3.1 相手に対する配慮—「謝罪をする」という言語行動を例にして

次に挙げる実際の会話例(3)は、国立国語研究所『日本語学習者による日本語／母語発話の対照言語データベース　モニター版』[3]に収録されているもので、以下のような筋書きの固定されたロールカード(実際は、中国語に訳されたものをロールカードとした)を渡し、日本語学習者に会話をしてもらったものである。

【ロールカードA】　あなたは、同じクラスの友達に本を貸します。その本は高かったのですが、とても欲しかったので2週間アルバイトをしてやっと買えた本でした。あなたはその本を日々大事にしていました。今日その友達に会うと、友達はあなたがしぶしぶ貸したその本をなくしてしまったと言います。あなたは怒ります。友達は何度も謝罪しますが、あなたはどうしても許せないと思います。しかし結局、友達が同じ本を買って返すことを約束し、仕方なく許すことにします。

【ロールカードB】　先週、友達の家に遊びに行ったとき、欲しいと思っていたがかなり高くて買えなかった本がちょうどありました。あなたは友達に無理に頼んでその本を借りることができました。しかし、昨日電車でカバンをなくしてしまいました。しかもそのカバンには、借りた本も入っていたのです。あなたは友達に会い、本をなくしたことを話して謝りましたが、友達はなかなか許してはくれません。結局あなたは、その本を買って返すことにして許してもらいます。

会話例（3）にでてくる名前は全て仮名である。また、会話者双方とも女性で中国語母語話者である。Aの発話は謝罪する側の発話で、Bの発話は謝罪を受ける側の発話である。また、注目してほしい発話は太字にしてある[4]。

(3)　A：きょうこ。
　　　B：えったかこ何？
　　　A：**ちょっと聞いてくれる？**
　　　B：ん何が？
　　　A：(吸気)あのですね。(0.6)私はね、あの、**昨日かばんはね落としちゃ**
　　　　　た／／んですよ。
　　　B：　　　はーそうですか。大変ですね、どうしよう。
　　　A：それでね中に何があると思う？
　　　B：ん、ん、が、が学校の本とか。
　　　A：それはそうなんですよー。で図書館に、借りた本でしょう。
　　　B：　　　　　　　　　　　　　　　　　　　　　　　　ん―。
　　　A：で財布でしょう。
　　　B：あー大変ーですね、いろいろ。
　　　A：それでもう一つはね。(0.4)きょうこ、
　　　B：もしかし／／てー。
　　　A：　　　　が貸してくれたハリーポッターの本。
　　　B：(吸気)何ーー。何。
　　　A：**すいません怒らないで。**
　　　B：そ／／れ、
　　　A：　　　すいません。
　　　B：それは二週間アルバイトをしてから、買った本ですよ。
　　　A：まそれはきょうこさんにとって、大事な本だと思うんですけど。
　　　　　でもなくしちゃったのも私のせいじゃないーです。
　　　B：ででもー大切に、して、くれ、なかったの。で。
　　　A：**ごめんだからほんとにごめんなさい。すいません。**
　　　B：じゃあどうしよう。あのー(0.6)どうしてもかい、／／返して

```
    A：                              怒らないで
       んーじゃあ、
    B：新し／／い、
    A：       そうですね。
    B：の買ってくれてー
    A：本来の物ならまあ多分見つからないでしょうし／／わかった。
    B：                                      拾ってくれた。
    A：じゃあ新しいの買ってお返しします。
    B：それはー、よっいいね。
    A：**怒らないでね。**
    B：でも、んー新しい本もらえれば、ふー。
    A：うんわかった、じゃあ早速買いにー来ます。
    B：よろしくね。
    A：はい、**すみません。**
```

　中国語母語話者の A は、謝罪表現（「すみません。怒らないで」「すいません」「ごめんだからほんとにごめんなさい。すいません」）とその説明（「昨日かばんはね落としちゃったんですよ」）と述べているので、当該の言語行動である謝罪をするという目的を達成してはいるが、友人同士の会話という設定があるにも関わらず、丁寧体を所々に混ぜて話しているため、くだけた表現を一貫して使える力はないと判定できる。しかし、このくだけた表現を一貫して使えていないということよりも、日本語母語話者に不快感を感じさせてしまうだろうと筆者が考えるのは、中国語母語話者 A の一連の発話が対人関係を良好に保つような配慮を欠いているという点である。

　それは次のような箇所である。1つ目は、会話の不適切な切り出し方である。会話例(3)では「ちょっと聞いてくれる？」という表現で話題の前触れが始まっているのだが、「ちょっと聞いてくれる？」という表現は、愚痴を言うなどの話し始めの表現で、謝罪を述べるという言語行動にはふさわしくない。さらに、謝罪という深刻な話題に対して「ちょっと聞いてくれる？」などという話の切り出し方をすると、事態を深刻に捉えていないという印象

を相手に与えてしまう。話の切り出し部分には、会話の目的に応じた表現が用いられていないと、話し手と聞き手で会話の目的がずれて誤解が生じてしまう可能性がある。2つ目は、自分には責任がないかのような表現が使用されている点である。「かばんはね落としちゃったんです」という説明はあるものの、「私の不注意で」「うっかりしていて」などのような自らの責任を認めるような発話は見られないため、開き直っているような印象を与えてしまう。3つ目も2つ目の点と同じく責任の所在に関する発話であるが、「でもなくしちゃったのも私のせいじゃないです」という自己弁護の発話を行なっている点である。ロールプレイで設定されているような状況で自己弁護をすると、日本語母語話者には自らの責任を放棄しているように感じられ、相手を不愉快にさせる可能性が多いにある。

　このように、対人関係に対する配慮が欠けており、日本語母語話者なら不愉快に感じることが予想される話し方をすることは、それが人間関係に直接関わることだけに、敬語やくだけた表現が人間関係や場面に応じて使いこなせていないということよりも、コミュニケーションにおける摩擦が生じる危険性が高い。

　そこで、どうして日本語母語話者が不愉快に思うような、このような発話がでてくるのか調べるために、同様のロールカードを日本人同士20組に日本語で、中国人同士20組に母語である中国語で行ってもらった（ボイクマン・宇佐美 2005）。この調査では、意味的にまとまりをなしている一続きの発話単位で発話を区切り、それが会話の流れの中でどのような働きを果たしているかによって分類し、それを「方策」と名付け、日中で方策の現れ方を比較した。

　ボイクマン・宇佐美（2005）では、謝罪をする側の方策を表1に示すように分類した。そして、それぞれの方策を性質の似たもの同士でまとめ、表1にあるような11のカテゴリを設定した。その結果、日本語母語話者と中国語母語話者が使用する方策には表2に示したような違いがあった。表2は、日本語母語話者と中国語母語話者とで大きな異なりが見られた部分だけを抜粋したものである。

表1　謝罪する側の方策

カテゴリ		方　策
話題の前触れ	a	話を始めることの前触れ　例：ちょっと話があるんだけど
	b	話の目的を暗示する前触れ　例：謝りたいことがあるんだけど
	c	話題についての前触れ　例：こないだ借りた本なんだけど
	d	謝罪慣用表現を用いた前触れ　例：申し訳ないんだけど
事情説明	e	自己弁護　例：わざとじゃないんだから／気をつけてたつもりだった
	f	損害発生時の客観的状況説明　例：昨日電車がとても混んでて
責任の承認	g	自分の責任を暗示的に承認　例：慌てて下りたので／うっかりしてて
	h	自分の責任を明示的に承認　例：私の不注意で／私が悪いから
謝罪	i	慣用表現で謝罪　例：ごめんなさい／申し訳ない
	j	慣用表現以外の表現で謝罪　例：許してもらえる？／勘弁して
申し訳なさの表明	k	当惑・恐縮の気持ちを表明　例：どうしよう
	l	後悔の気持ちを表明　例：貸してもらうんじゃなかった
	m	被害の大きさに言及　例：あんな高くてすごく大事にしてた本なのに
	n	修復の悲観的見込みを表明　例：出てこないよなやっぱり
なだめ	o	相手の気持ちを推測・怒りの静め　例：許せないでしょ／怒らないで
	p	楽観的見込みを表明　例：多分出てくると思うんだ
人間関係への言及	q	相手からの恩恵に言及　例：無理ゆって借りたのに
	r	互いの親しさに言及　例：我們是交情這麼好的朋友（訳：私たちこんなに仲良しの友達でしょ）
埋め合わせ	s	損害修復のための試みを説明　例：駅に問い合わせてみたんだけど
	t	埋め合わせ伺い　例：どうしたらいいの
	u	謝罪・弁償では不十分との表明　例：同じ本にはならないけど
	v	弁償の申し出・弁償の約束　例：必ず、あの、買って返すんで
	w	弁償に関わる質問・お願い　例：もうちょっと待ってください
感謝	x	相手の謝罪受け入れに感謝・安堵　例：ありがとう／よかった
約束	y	今後気をつけると約束　例：もうこんなことないよう気をつけるから
その他	z	相づち、相手の質問への応答等　例：そうだね／本当
		その他・不明　例：もし出てきたらそんときはそんときだよね

ボイクマン・宇佐美（2005: 34）

表2 謝罪する側の方策とその使用状況

カテゴリ		謝罪する側の方策	JPm（日本人の日本語）		CNm（中国人の中国語）	
			総数	使用率	総数	使用率
話題の前触れ	a	話を始めることの前触れ	1	5%	7	35%
	b	話の目的を暗示する前触れ	14	65%	4	20%
事情説明	e	自己弁護	2	10%	29	70%
責任の承認	g	自分の責任を暗示的に承認	13	55%	7	35%
	h	自分の責任を明示的に承認	12	50%	8	25%
謝罪	i	慣用表現で謝罪	104	100%	54	100%
	j	慣用表現以外の表現で謝罪	12	45%	5	20%
	m	被害の大きさに言及	28	80%	9	40%
	n	修復の悲観的見込みを表明	6	30%	1	5%
人間関係への言及	q	相手からの恩恵に言及	8	30%	1	5%
	r	互いの親しさに言及	0	0%	3	15%
埋め合わせ	s	損害修復の試みを説明	29	95%	10	30%
	u	謝罪・弁償では不十分	9	30%	0	0%

ボイクマン・宇佐美 (2005: 35) より抜粋、網かけは強調したい部分

　結果を比較してみると、①日本語母語話者は「謝りたいことがあるんだけど」というように話の目的である謝罪を暗示する前触れを言うことで話を切り出すことが多いのに対し、中国語母語話者はそうではない。②自分の責任を承認する方策を用いる割合は日本語母語話者のほうが高い。③被害の大きさに言及したり、何度も繰り返し謝罪を述べたりする(慣用表現で謝罪をする割合は日中ともに100％だが、回数は日本語母語話者が2倍)といった方策は日本語母語話者に多い。④埋め合わせは日本語母語話者がよく行う方策である。一方、⑤中国語母語話者は自己弁護による事情説明を行う割合が高い。⑥人間関係への言及は、中国語母語話者は互いの親しさを強調するのに対し、日本語母語話者は相手への恩恵に言及することが多い、などの違いがあった。

　この結果から、中国語母語話者が日本語で会話した場合、会話例(3)に見られたように自己弁護の発話が出てきてしまうのは母語の影響が少なからずあるからだという予測ができる。しかし謝罪をする側だけでなく、謝罪を受

ける側の方策も調べてみると、表2で示したような表層に表れた方策の違いにとどまらない、日中母語話者のコミュニケーションに対する姿勢の違いとも呼べるようなものがあることがわかった。3.2では、このことを考察するために謝罪を受ける側の方策について述べたい。

3.2 相手に対する配慮—「謝罪を受ける」という言語行動を例にして

　表3は、謝罪を受ける側の発話を方策によって分類したものである。そして表4は、謝罪を受ける側の方策に関し、日本語母語話者と中国語母語話者とで大きな異なりが見られた部分だけを抜粋したものである。

　日本語母語話者と中国語母語話者の母語による、謝罪を受ける側の方策を比較してみると、①日本語母語話者は間接的に非難する方策を好んで用いるのに対し、中国語母語話者は直接的に非難する方策を用いる割合が高い。②日本語母語話者は、謝罪する者に対する譲歩を行う傾向があるのに対し、中国語母語話者は中国語でそのようにしない。③弁償の要求は日本語母語話者が間接的に行うのに対し、中国語母語話者は直接的に要求する割合が高い。④人間関係に言及する方策を中国語母語話者はよく用いる、ということがわかった。

　謝罪を受ける側が直接非難をどの程度用いているのか見てみると、日本語母語話者が直接非難をする割合は25％だったのに対し、中国語母語話者は70％だった。このことから、中国語社会では、謝罪を受ける者が謝罪する者を直接非難するという言語行動を取ることが多く、そのことが謝罪をする側の自己弁護を誘引していると考えられる。

　つまり、謝罪をするという言語行動においては、「責任の所在を明らかにする」という手順が必要となるのであるが、「JP（日本語母語話者）においては、（責任の所在を明らかにするという）手順を謝罪する側が行うように期待されているのに対し、CN（中国語母語話者）ではこの手順を、謝罪を受ける側が直接非難によって行ってしまうことが少なくないため、謝罪する側は自分の責任については特に言及しないこともある。相手に強く非難された上、さらに自らの責任について述べることは、謝罪する側のfaceが損なわれすぎてしまうからであろう」（ボイクマン・宇佐美 2005: 43、括弧内は本論で新

表3　謝罪を受ける側の方策

カテゴリ	方策
前触れに対する反応	ア 相手の様子伺い　例：どうしたの
	イ 不安を表明　例：なんか怖いんだけど
	ウ 相手の持ち出した話題を発展　例：大丈夫？
事態の確認	エ 事態の確認・事態に対するさらなる情報求め　例：どういうこと？
	オ 相手の取った対策を質問　例：電車の会社に問い合わせとかは？
謝罪拒否	カ 謝罪を拒否　例：やです嫌です
直接非難	キ 相手の行動に対する直接非難　例：ひどいやんかなんでなくすの？
間接非難	ク 驚き・心外の念・困惑・混乱を表明　例：えっ本当？／信じらんない
	ケ 不快・不満・不賛同を表明　例：すごい困る／腹は立つな
	コ 後悔を表明　例：だからあの本貸すの嫌だったのに
	サ 被害・損失の大きさに言及　例：二週間バイトしてやっと買ったんだよ
	シ 悲観的見込みを表明　例：誰かさ持ってちゃって返してくれないんじゃないかと思うんだけどさ
譲歩	ス 相手の過失・損害状況に対する一定の理解　例：そっかいろいろあったもんね昨日、わからないわけじゃないけど
人間関係への言及	セ 信頼への裏切り・関係の非継続を表明　例：でも佐藤さんのためだからと思って貸したのに／もう絶対貸さないからね
	ソ 互いの親しさに言及　例：看在我們是従小到大的朋友（訳：私たち小さい時からの友達だもんね）
弁償要求	タ 直接的に弁償を要求　例：弁償してもらうしか私の気持ちは晴れない
	チ 間接的に弁償を要求　例：ごめんなさいじゃちょっと困るんだよね
弁償申し出・謝罪に対する反応	ツ 弁償・謝罪の受け入れ　例：仕方ないねいいよわかった
	テ 弁償が困難なことを言及　例：あの本売り切れちゃってると思うし
	ト 弁償に関する同意内容の確認　例：本当にもう絶対約束だよ
	ナ 弁償申し出・謝罪に対する気遣い　例：急がなくてもいいんだけどさ
感謝	ニ 弁償・謝罪に感謝　例：ありがとう
約束	ヌ 今後気をつけるよう約束　例：もうほんと今度から気をつけてね
その他	ネ 相づち、相手の質問に対する応答　例：そうだよね
	ノ その他・不明　例：出てこないかな／メールします

ボイクマン・宇佐美（2005: 39–40）

たに追加）ということが言える。実際、中国語母語話者による自己弁護の用いられ方を観察すると、相手から厳しい言葉で直接非難を浴びせられたときに、「わざとじゃなかった」といったような言い訳が出ていた。謝罪する側

表 4　謝罪を受ける側の方策とその使用状況

カテゴリ	謝罪を受ける側の方策	JPm（日本人の日本語） 総数	JPm 使用率	CNm（中国人の中国語） 総数	CNm 使用率
直接非難	キ 相手の行動に対する直接非難	9	25%	23	70%
間接非難	ク 驚き・心外の念・困惑・混乱	33	75%	9	45%
	ケ 不快・不満・不賛同を表明	22	55%	7	20%
	シ 悲観的見込みを表明	11	30%	0	0%
譲歩	ス 過失・損害状況に一定理解	13	50%	0	0%
人間関係への言及	セ 信頼の裏切り・関係非継続表明	3	10%	12	45%
	ソ 互いの親しさに言及	0	0%	3	10%
弁償要求	タ 直接的に弁償を要求	10	30%	21	45%
	チ 間接的に弁償を要求	9	25%	0	0%

ボイクマン・宇佐美(2005: 41)より抜粋、網かけは強調したい部分

の発話だけを見ると、中国語母語話者は日本語母語話者に比べ自分の非を認めることが少なく、自己弁護をするという結果が得られるのであるが、謝罪を受ける側とのやりとりも併せて見ることでその背景にあるコミュニケーションの取り方の違いが見えてくる。そして、それは宇佐美(2006: 22)が述べているように、「『日本人は自分の非を認めるが中国人は認めない』というような、表面にあらわれた言語行動のステレオタイプ的な理解」であってはならず、「表面的な行動の背後に存在する、コミュニケーションにおける基本姿勢の違い、とでもいったものを理解すること、あるいは少なくとも理解しようと努力することが大切」である。また、謝罪をする側と謝罪を受ける側のやりとりを分析することでコミュニケーションの日中の姿勢の違いが見えてきたことから、会話における「配慮」を扱うときには、一方の会話者の発話だけではなく会話者同士の「やりとり」を見る必要があると言えるだろう。

3.3　会話における「聞いて話す」プロフィシェンシーの測定の限界

　本節ではここまで述べた議論をまとめ、会話におけるプロフィシェンシーの測定基準を設けることの限界について考えたい。
　まず「会話」においては相手の話を聞き、それに基づいて話すという能力

が求められるということを本章では述べた。スピーチや講義といったモノローグでは、自分の主張を相手にわかりやすく述べるという能力が必要となるが、会話ではそういった能力だけでなく、相手の話を聞き、それについて推測・理解した上で、相手の話に応じた形で自分の言いたいことを述べることが要求される。つまり、単に聞いたり話したりするのではなく、「聞いて話す」ことが会話には求められるわけである。したがって、会話の「聞く」「話す」に関するプロフィシェンシーには、以下のことを追記できるだろう。

会話における「聞く」能力とは、話された情報内容を正確に理解できることに加え、語用論的な意味や話し手の感情・意図が適切に推測できることである。また、会話における「話す」能力とは、自分の言いたいことが相手にわかりやすく伝えられるだけでなく、自分の気持ちや意図を誤解なく相手に伝えることができること、すなわち、社会文化的に問題が生じない形で「働きかけの仕方」が工夫できることである。

　上述のことは人間関係に直接影響を与えるという意味において、スピーチレベルや待遇表現に限定した狭い意味の ACTFL の社会言語学的能力（表5）に加えて、「話す」技能の重要な基準になるのではないかと筆者は考える。

表5　ACTFL の社会言語学的能力

	社会言語学的能力
超級	スピーチレベルに問題がない。イディオム的待遇表現も出来る。敬語も一通り出来る。
上級	主なスピーチレベルが出来る。敬語の部分的コントロール。
中級	スピーチレベルは常体か敬体かどちらか一つがよく使える。
初級	暗記した待遇表現だけが使える。

牧野(1991: 21)より抜粋

　牧野(1991: 19)は表5の社会言語学的能力以外に「文化的規則」なるものを設けることを提案している。具体的には、日本語社会ではポケットに両手をつっこんだまま話をしないといった非言語行動や、身内の者を人前でほめ

ないといった例を挙げている。これは、ある言語社会の慣習とでも呼べるようなもので、本章で言う「働きかけの仕方が工夫できること」とは異なる。なぜなら、「文化的規則」は社会文化的に規定された決まりであるが、働きかけの仕方は社会的な決まりといったようなものではなく言語の使い手の工夫の仕方であるからである。

　本章の「働きかけの仕方」というのは、熊谷(2000)が提示している言語行動の仕方を形づくる諸要素のことを指す。ある言語行動(例えば、依頼をするという働きかけ)を行うときに、その働きかけを効果的に達成するという目的達成と対人関係の両方に配慮しながら、どのような言語形式の表現を用い、それらの表現をどのように組み合わせ、どの順序で、どのような音調で話すのか、また、相手の反応(依頼の承諾や断り)に応じてどのような言語形式を用いて、どのような言い方で返答するか、さらには、会話をどのように始めどのように終わらせるのか、などといったことが働きかけの仕方に関わる要素である。

　このことをプロフィシェンシーの観点から考えると、会話において「聞いて話す」能力を測る上で重要な項目になるのは、「聞く」場合は、相手の「働きかけの仕方」の諸要素から相手の気持ちや意図を推察できるかどうか、「話す」場合は、自分が言いたいことを「働きかけの仕方」を工夫しながら誤解なく相手に伝えられるかどうか、ということになるだろう。

　しかし、このことをプロフィシェンシーの基準に取り込むのはそう簡単な話ではない。なぜなら、言語行動の働きかけの仕方に関して母語話者がもっている共通の了解のようなものはあるにはあるが、その工夫の仕方や解釈の仕方には個人差があるからである。実際、ボイクマン・宇佐美(2005)のデータでも少数ではあるが日本語母語話者が直接非難を述べることも、自己弁護をすることもあった。さらに、何を配慮のある話し方だと感じるかは、言語社会特有のものでもあるので、それをプロフィシェンシーの枠の中に過剰に押し込めると、日本人はこうする(しない)ものだという文化の押しつけにもつながる可能性があるという問題が挙げられる。

　このように考えると、「働きかけの仕方(配慮の仕方)の工夫」を能力判定の基準として採用するかどうかは熟考の必要があるだろう。ただ、この基準

を全く入れないとなると、日本語母語話者が不愉快に思うような話し方をしていても他の項目に難点がない場合は、かなり上級の日本語運用能力があると判定されてしまう可能性もある。ここで述べた「働きかけの仕方」や牧野（1991）で提示されている「文化的規則」などの社会文化に関わる項目の何をどこまでプロフィシェンシー・テストの基準に含めるのかは今後の大きな課題であろう。

　自分の気持ちや意図を誤解なく相手に伝えることをプロフィシェンシー・テストの基準として設けるにはいくつかの課題を解決しなければいけないが、それを教室活動において学習者に意識させることはコミュニケーション上の誤解を回避するという点から有用であると筆者は考える。次の4章では、対人関係を良好に保ちつつ自分の気持ちや意図を誤解なく相手に伝えるというプロフィシェンシーを教室活動でどのように取り入れることができるかについて考えていきたいと思う。

4. 配慮とプロフィシェンシーと教室活動

　対人関係を良好に保ちつつ自分の気持ちや意図を誤解なく相手に伝える、言い換えれば、配慮のある話し方をするということは、文化差や個人差があるため、言語運用能力を判定する基準にはなじまないかもしれないが、日本語学習者が無用な誤解を受けることのないように、この点について教育現場で指導することは必要だという主張を前節の3.3節では行なった。筆者自身は、最終的に学習者が自分の責任において自分らしい言い方を選択できるようになればそれが理想であり、教師の役目はその手助けをすることだと思っている。

　そこで本節では、相手の気持ちや意図をなるだけ正確に「聞く」ことができ、誤解を生まないようなやり方で自分の気持ちや意図を「話す」ためにはどのような教室活動が有効だと考えられるかについて述べたい。

4.1　会話において「聞く」能力を伸ばすための活動

　会話を「聞く」ことができる能力とは、話された情報を正確に理解するだ

けでなく、話された内容や話し方に込められた相手の感情や意図をなるだけ正確に推測できる能力であると、2.1節で述べた。この能力を養成する教室活動としては、異なる場面、人間関係、状況のリスニング・インプットを数多く与え、その際に、話し手の気持ちを聞いたり、話し手が意図するものは何かを問うたりするような設問を設けるといいのではないかと思う。これには、次の(4)のように発話を聞いてその人の気持ちを推測する練習をする、(5)のように話し手が一体何を言いたかったのかという話し手の意図を問う問題を設けそれについて考える、という練習がある。

(4) 話している人は、部下の行動に対してそれぞれどんな気持ちだったと思いますか。クラスで話し合ってみましょう。

① 男性1：最近の若い社員って、ほんと信じらんないんだよな。こないだなんかさあ、新入社員の片岡だっけ、あの髪が長い奴、「有休取らせてください。」だって。しかも、三日も。四月に入社して、まだ一ヶ月も経ってないだろ。ま、確かに、有休取っちゃいけないっていう規則はないんだけどさ。常識はずれだよ。まったく。仕方ないから、しぶしぶオーケー、出したんだけどさ。最近の若いのは、何考えてんだか。

(中略)

③ 男性2：でも、若い子がみんなひどいってふうには言えないと思うよ。俺の課にさあ、5時に会社を抜けたいっていう奴がいて、理由を聞いたら、コンピュータかなんかの資格を取りたいからだって。「よし行って来い」って行かせたんだけど。5時に会社を出る代わりに、朝は7時に出勤してがんばってるよ。若い子っていっても、いろいろいるよ。

(『聞いて覚える話し方 日本語生中継　中～上級編』第3課：32、別冊：14)

(5) 電話をかけた人はどんな気持ちを伝えるために電話したのか、a. b. ど

ちらか選んでください。
　　a．どんなお土産がほしいか聞きたい。
　　b．無事チェックインができたことを伝えたい。

メッセージ：横田でございます。ただいま、外出しております。発信音の後
　　　　　にお名前とご用件をお話しください。折り返しお電話いたしま
　　　　　す。
妻：もしもし、お父さん、ああ、いないのかな。あ、今、空港です。チェッ
　　クインも終わって、今からバリに出発します。おみやげ買ってくるから
　　ね。留守中、子供たちをよろしくお願いします。何かあったらホテルに
　　電話してください。じゃあね。
（『聞いて覚える話し方 日本語生中継　中〜上級編』第1課：12、別冊：5）

　学習者の日本語のレベルがまだ高くない場合は、(6)(7)のように短い発話
から話し手の気持ちや意図を推測するというリスニング・インプットを試み
てもいいだろう。

(6)　話をしている人は、お願いを(a)引き受けましたか、それとも、(b)断っ
　　ていますか。

　　①あの本、ちょうど今、人に貸してるんだよね。
　　②ビデオカメラ？　あれ、自分のじゃなくて、弟のなんですよ。
　　③悪いけど、他に借りられる人いない？
　　④今、使ってるから、今日はまずいんですよ。
　　⑤今、1000円しか、持ち合わせないんですよ。
　　⑥月曜日に返してもらえるんなら、いいよ。
（『聞いて覚える話し方 日本語生中継　初中級編1』第1課：11、別冊：3）

(7)　話をしている人は、旅行を(a)楽しめましたか、それとも、(b)楽しめ
　　ませんでしたか。

①寒くて、寒くて。もう、死にそうでしたよ。
②にぎやかで、町が生きているって感じでしたね。
③とっても静かで。あんなに心が落ち着いたのは、久しぶりでしたね。
④それが、うるさくて、もう、さんざんでしたよ。
⑤グループの人も、みんな気軽に話しかけてくれるしね。
⑥物価は高かったけど、町はきれいだし、夜でも安全だしね。
(『聞いて覚える話し方 日本語生中継　初中級編1』第4課：35、別冊：15)

　リスニングの際には、スキミングやスキャニングなど聞き取りのストラテジーを養成するような問題を課すことも重要であるが、話し手の感情や意図をなるだけ正確に推測できる能力を養成することも大切だろう。その際には、(4)〜(7)で示したような練習問題が相手の話の意図を観察したり分析したりするのに有効だと考えられる。次に、4.2節では対人関係を良好に保ちつつ自分の気持ちや意図を誤解なく相手に伝えることができるような「話す」能力を養成するための教室活動を提示したい。

4.2　会話において「話す」能力を伸ばすための活動

　対人関係を良好に保ちつつ自分の気持ちや意図を誤解なく相手に伝えるためには、「働きかけの仕方」(熊谷2000)を工夫しなければならない。それには、まず4.1節で述べたようにリスニングによる数多くのインプットによって発話を観察・分析する練習を行い、そして、「働きかけの仕方」についてよく考えた上で話すというアウトプットを行う練習をするといいだろう。

　例えば、「借りた本をなくしたので相手に謝罪をする」というタスクを学習者に与える場合、教師は学習者の日本語のレベルに応じて「働きかけの仕方」の工夫を促すことができる。中級の下の方のレベルであれば「謝罪の意を伝える」ことだけを課すが、もっと上の上級レベルであれば、謝罪をするときの「話の切り出し方」「話を進める順序」「謝罪をする際に当該の謝罪をするに至った事情を述べる言い方」「責任の承認を言うか言わないかの判断」は適当かというようなことを考えさせた上で話をさせるという方法である。謝罪を受ける側についても「相手の事情説明に応じた非難の言い方」など、

相手の出方に応じて自分はどのように応じると自分の気持ちを誤解なく伝えるのに有効かということを考えさせるやり方が考えられる。

　つまり、単にある状況のタスクを学習者に与え会話をさせるのではなく、最終的には、自分で自分の発話をモニタリングしながら会話ができるような力がつくようにすることが望ましい。そのために、学習者には事前に(8)のようなことを考えさせ、教師は(9)のようなフィードバックを行うというのも一案である。

(8)　［手順］ペアやクラス全体で、下のようなストラテジーについての話し合いを行なってから、ロールプレイの練習をするといいでしょう。
　　・　予定の変更を頼むときにどう切り出すか
　　・　理由は具体的に述べたほうがいいのか、それとも具体的に述べる必要はないのか
　　・　予定の変更を願い出るとき、相手が友人の場合と目上の人の場合では、何が異なるか
　　・　予定を変更するとき、相手の都合を聞いたほうがいいのか、聞かなくてもいいのか
　　・会話はどう締めくくるのが適当か
　　（『聞いて覚える話し方 日本語生中継　初中級編1　教室活動のヒント＆タスク』：25）

(9)　［フィードバックの観点］
　　□　話の流れはどうだったか（一般的には、前置き→理由→用件）
　　□　友人と目上の人の場合の表現の使い分けができていたか
　　□　理由は述べられていたか（述べないほうがよかったか）
　　□　理由は具体的だったか（場合によっては具体的に理由を述べた方が丁寧）
　　□　話の終わり方はどうだったか
　　（『聞いて覚える話し方 日本語生中継　初中級編1　教室活動のヒント＆タスク』：26）

本節では、「相手の話を聞きそれに基づいて話す(聞いて話す)能力」を養うためにはどのような教室活動が有効だと考えられるか、具体的に教室活動を例に挙げて述べた。次節ではまとめとして、会話のプロフィシェンシーを設けることの難しさと、にもかかわらず、教室活動では学習者のプロフィシェンシーをのばすための教室活動をしていかなければならないという問題にどう対処していけばいいのかについて筆者の考えを述べる。

5. おわりに―教師ができること

　プロフィシェンシーというのはそもそもテストについて用いられる概念であるので、「測定可能な基準」を設ける必要がある。しかし、実際に話される会話は、個人差や文化差があるため、測定という概念にはなじまないものもある。その１つの例が「働きかけの仕方」の工夫である。

　「働きかけの仕方」にはその言語社会特有の取り決めといったようなものがあり、母語話者はそれをうまく利用して自分の言いたいことや気持ちを的確に人に伝えたり、相手の言いたいことや気持ちを解釈したりしている。そういったことは、学習者に自然に身につく能力ではないし、彼(女)らの母語の社会文化の影響がマイナスの方向に強くでてしまう危険もあるため、学習者は目標言語社会特有の取り決めについての指標をどこかで学ぶ必要がある。実際に日本人と話をすることで幾多の失敗を繰り返し、それによって社会文化的な意味を学ぶ学習者もいるであろうが、失敗が起こることを未然に防いだり失敗が起こったとしてもその理由がわかって次に改善できたりするような手だてを学習者に提示することが、語学教師の役目の１つだと筆者は考える。

　しかし、その一方で、働きかけの仕方のもつ言語社会特有の意味を強調しすぎると、日本ではこうするべき(するべきではない)という押しつけとなってしまう危険があることも教師は留意しておくべきである。

　学習者を目の前にして教室活動を行う場合は、文化の押しつけの危険を承知しつつ、彼らが困らないために教師として何ができるのかを考え、対応していくほかはない。文化の押し付けにならないために教師ができることは、

数多くの異なる場面、状況、人間関係の会話に触れさせ、そこから学習者が学び取れるように、会話者の人間関係や場面に応じた表現や話し方を考えさせたり、話し手の気持ちや意図を理解できるよう推測の言語的指標や音調などのパラ言語的指標を提示したりすることだろう。

　筆者が考える、学習者の会話における「聞いて話す」プロフィシェンシーとは、社会文化的に規定された働きかけの仕方ができることでも、平均的な日本語母語話者が話すように話すことでもなく、どのような働きかけの仕方が日本語社会でどのような意味をもつのか、それを聞いた人はどのような解釈をするのかということがわかった上で、学習者が自らの責任において自分らしい言い方を、それによって起こりうるリスクも承知の上で選択できるようになることである。そして、そのための材料提供とその材料についての適切な解説をするのが教師(私)の役目なのだと思う。

注
1　相手に不快感を与える誤りについて、Khalil(1985: 336)は irritation ということばを用いて母語話者の感情容認度を表している。
2　働きかけの仕方に関わる要素については、熊谷(2000)に詳細がある。熊谷(2000)では、言語行動の仕方を形づくる諸要素として、次のものを挙げている。
　　○全体的な構成：長さと複雑さ、はたらきかけの組み合わせ、表現類型の組み合わせ、「核」となるはたらきかけのあり方
　　○はたらきかけの表現：表現類型、インパクトの強さや情報伝達の明確さを調整する表現、スピーチレベル、各種伝達手段(言語、パラ言語、非言語)の使い方
　　○行動の指向性：目的達成指向／対人配慮指向のあらわれ方
3　データの詳細は宇佐美(2005)に詳しい。
4　相づちは実質的な発話と区別し、直前の相手の発話の右下に表示した。文字化の表記は次の通りである。　／／：重複発話の開始箇所　(数字)：沈黙の秒数　、：0.2 秒未満の沈黙　？：上昇調　。：下降調　ー：延長された音節　下線：笑いながらの発話　(吸気)など：パラ言語的特徴

参 考 文 献

ACTFL(1995)『ACTFL-OPI　試験官養成用　マニュアル』アルク．
ACTFL(1999)『日本語改訂版　ACTFL-OPI試験官養成用マニュアル』アルク．
井上逸兵(1999)『伝わるしくみと異文化間コミュニケーション』南雲堂．
池田理恵子(1993)「謝罪の対照研究―日米対照研究― face という視点からの一考察―」『日本語学』12(12)：pp.13–21．明治書院．
宇佐美洋(2005)『日本語学習者による日本語発話と、母語発話との対照データベース―開発・応用のための研究(科学研究費補助金基盤研究(B)(2)研究成果報告書)』国立国語研究所．
宇佐美洋・籠宮隆之・椙本(ボイクマン)総子(2005)「『日本語学習者による日本語／母語発話の対照言語データベース』の設計」宇佐美洋(2005)所収：pp.1–15．国立国語研究所．
宇佐美洋(2006)「わざとじゃなかったんだから許してよ―中国人と日本人の謝り方の違い―」シリーズ・国語研究の現場から(15)『文部科学教育通信』162：pp.22–23．ジアース教育新社．
奥山洋子(2005)「話題導入における日韓のポライトネス・ストラテジー比較―日本と韓国の大学生初対面会話資料を中心に―」『社会言語科学』8(1)：pp.69–81．社会言語科学会．
鎌田修(1996)「OPI(オーラル・プロフィシェンシー・インタビュー)」鎌田修・川口義一・鈴木睦(編著)『日本語教授法ワークショップ』pp.196–216．凡人社．
蒲谷宏・川口義一・坂本恵(1998)『敬語表現』大修館書店．
熊谷智子(1993)「研究対象としての謝罪―いくつかの切り口について―」『日本語学』12(12)：pp.4–12．明治書院．
熊谷智子(1995)「依頼の仕方―国研岡崎調査のデータから―」『日本語学』14(11)：pp.22–32．明治書院．
熊谷智子(2000)「言語行動分析の観点―「行動の仕方」を形づくる諸要素について―」『日本語科学』7: pp.95–113．国立国語研究所．
熊谷智子・篠崎晃一(2006)「第3章　依頼場面での働きかけ方における世代差・地域差」

国立国語研究所(2006)所収：pp.19–54．国立国語研究所．
国立国語研究所(2006)『言語行動に於ける「配慮」の諸相』国立国語研究所報告 123．国立国語研究所．
ザトラウスキー，ポリー(1993)『日本語の談話の構造分析―勧誘のストラテジーの考察―』くろしお出版．
杉戸清樹(1996)「メタ言語行動の視野―言語行動の構えを探る視点―」『日本語学』15(11)：pp.19–27．明治書院．
杉戸清樹(2001a)「待遇表現行動の枠組み」『第 7 回国際シンポ第 4 部会報告書　談話のポライトネス』pp.199–109．凡人社．
杉戸清樹(2001b)「敬意表現の広がり」『日本語学』20(4)：pp.22–33．明治書院．
杉戸清樹(2005)「日本人の言語行動―気配りの構造」中村明・野村雅昭・佐久間まゆみ・小宮千鶴子(編)『表現と文体』pp.362–371．明治書院．
杉戸清樹・尾崎喜光(2006)「第 1 章『敬意表現』から『言語行動における配慮』へ」国立国語研究所(2006)所収：pp.1–10．国立国語研究所．
椙本(ボイクマン)総子・宇佐美洋(2005)「話題の切り出しから謝罪に至るまでの言語行動―日本語母語話者の日本語と中国語母語話者の日本語との比較―」宇佐美洋(2005)所収：pp.129–151．国立国語研究所．
椙本(ボイクマン)総子・宮谷敦美(2004a)『聞いて覚える話し方　日本語生中継　中～上級編』くろしお出版．
椙本(ボイクマン)総子・宮谷敦美(2004b)『聞いて覚える話し方　日本語生中継　中～上級編　教師用マニュアル』くろしお出版．
椙本(ボイクマン)総子(2005)「ことば Q & A」『国語研の窓』22: p.6．国立国語研究所．
筒井佐代(2002)「会話の構造分析と会話教育」『日本語・日本文化研究』12: pp.9–21．大阪外国語大学日本語講座．
筒井佐代(2005)「会話の構造と会話教育」『日本語教育ブックレット 7　話しことば教育における学習項目』pp.35–51．国立国語研究所．
中田智子(1989)「発話行為としての陳謝と感謝」『日本語教育』68: pp.191–203．日本語教育学会．
中田智子(1990)「発話の特徴記述について―単位としての move と分析の観点―」『日本語学』9(11)：pp.112–118．明治書院．
ボイクマン総子・宇佐美洋(2005)「友人間での謝罪時に用いられる語用論的方策―日本語母語話者と中国語母語話者の比較―」『語用論研究』7: pp.31–44．日本語用論学会．

ボイクマン総子・宮谷敦美・小室リー郁子(2005)『聞いて覚える話し方　日本語生中継　初中級編1』くろしお出版.

ボイクマン総子・宮谷敦美・小室リー郁子(2006a)「会話における『聞くこと』と『話すこと』とは― OPI を活かした教室活動の提案―」『南山日本語教育シンポジュウム　プロフィシェンシーと日本語教育　日本語の総合的能力の研究と開発をめざして』pp.87–103.　関西 OPI 研究会事務局.

ボイクマン総子・宮谷敦美・小室リー郁子(2006b)『聞いて覚える話し方　日本語生中継・初中級編1教室活動のヒント＆タスク』くろしお出版.

彭国躍(1992)「『謝罪』行為の遂行とその社会的相関性について―中日社会語用論的比較研究―」『大阪大学日本学報』11: pp.63–81.　大阪大学文学部日本学研究室.

彭国躍(2003)「中国語の謝罪発話行為の研究―『道歉』のプロトタイプ―」『語用論研究』5: pp.1–16.　日本語用論学会.

牧野成一(1991)「ACTFL の外国語能力基準およびそれに基づく会話能力テストの理念と問題」『世界の日本語教育』1: pp.15–32.　国際交流基金.

牧野成一・鎌田修・山内博之・齋藤眞理子・荻原稚佳子・伊藤とく美・池崎美代子・中島和子(2001)『ACTFL-OPI 入門―日本語学習者の「話す力」を客観的に測る―』アルク.

山内博之(2005)『OPI の考えに基づいた日本語教授法―話す能力を高めるために―』ひつじ書房.

Blum-Kulka, Shoshana and Elite Olshtain.(1984) Requests and Apologies: A Cross- Cultural Study of Speech Act Realization Patterns（CCSARP）. *Applied Linguistics*, 5–3: pp.196–213.

Brown, Penelope and Stephen, C. Levinson.（1987）*Politeness: Some Universals in Language Usage.* Cambridge: Cambridge University Press.

Coulthard, Malcolm.(1977) *An Introduction to Discourse Analysis.* London: Longman.

Gumperz, Joseph.（eds.）(1982)*Language and social identity.* Cambridge: Cambridge University Press.

Hymes, Dell.(1972) Models of the Interaction of Language and Social Life. Gumperz, Joseph. and Dell Hymes.（eds.）*Direction in Sociolinguistics.* New York: Holt Reinhalt & Winston.

Kasper, Gabriele. and Shoshana Blum-Kulka.(eds.)(1993) *Interlanguage Pragmatics.* New York: Oxford University Press.

Khalil, Aziz（1985）Communicative Error Evaluation: Native Speakers' Evaluation and

Interpretation of Written Errors of Arab EFL Learners. *TESOL Quarterly*, 28(1): pp.49–79.

Kumagai, Tomoko.(1993) Remedial Interactions as Face-Management: The Case of Japanese and Americans. In Yumoto, S., M. Sakurai and A. Baba (eds.), *In Honor of Tokuichiro Matsuda*. pp.278–300. Tokyo: Kenkyusha.

Lakoff, Robin T.(1975) *Language and Women's Place*. New York: Harper & Row.

Olshtain, Elite and Andrew D. Cohen.(1983) Apology: A speech-act set. In Wolfson W. and E. Judd (eds.) *Sociolinguistics and Language Acquisition*. pp.18–35. Rowly, MA: Newbury House.

Szatrowsky, Polly.(eds.)(2004) *Hidden and Open Conflict in Japanese Conversational Interaction*. Tokyo: Kuroshio Publishers.

Tannen, Deborah.(1984) *Conversational Style*. Ablex Publishing.

Tannen, Deborah.(eds.)(1993) *Framing in Discourse*. New Yolk: Oxford University Press.

Trosborg, Anna.(1987)Apology Strategies in Natives/Non-natives. *Journal of Pragmatics*, 11: pp.147–167.

Usami, Mayumi. (2002) *Discourse Politeness in Japanese Conversation*. Tokyo: Hituzi Syobo.

Wierzbicka, Anna.(2003) *Cross-Cultural Pragmatics: The Semantics of Human Interaction*. Berlin: Mouton de Gruyter.

第10章
プロフィシェンシーと書く能力の開発
―機能を考慮した作文教育を目指して―

由井紀久子

1. はじめに

　日本語教育の現場において書く能力といえば、ひらがな、カタカナ、漢字等の文字が書けることも含まれるが、一般的には「作文」などの文章が適切に書けることを思い浮かべることが多いだろう。
　文章を書くことに関しては、母語であっても第二言語であっても、苦手意識を持っている人が多い。受容活動と比べたときの産出活動そのものの難しさもある。言語の産出活動という点では、話す活動と同じであっても、多くの話す活動のように、話し手と聞き手が同じ時空間を共有して理解を助けあっているわけではない。書き手と読み手は時間的にも空間的にも離れているので、また、産出されたものが文字媒体で後に残るので、より正確に、より適切に書くことが求められる。
　産出されたものが正しいかどうかの判断が十分につきにくいということから、海外の教育現場では、日本語ノン・ネイティブの教員は作文の添削指導などを自らは行わないで、ネイティブの教員に任せているという話もよく聞く。書く能力は、さらに、思考・創造活動とも密接に関連しあっているので、難しさを複雑にしている面もある。
　本章では、日本語学習者の実際使用における書く能力にはさまざまな難しさを孕んでいるという点は認めながらも、能力を伸ばすにはどのような指導のポイントを考えればいいのかという点について、プロフィシェンシーの観

点から包括的に捉え、いくつかの文章サンプルをもとに、アイディアを述べていく。なお、本章ではある程度文が産出できるようになった段階以上のことを扱うこととし、文字の導入指導については扱っていない。

2. ACTFLライティングの評価基準

　本章のテーマであるプロフィシェンシーと書く能力の開発を考察するに当たり、まず書く能力とはどのようなものかを概観することから始めたい。

　日本語学習者の中には、授業科目として日本語を勉強するだけで、特に現実生活でのコミュニケーションのことは意識していない人も少なくない。しかしながら、どんな学習者も一旦日本語能力を獲得すれば、その人は顕在的にせよ潜在的にせよ日本語使用者になる。書く日本語についても、教室内での作文にとどまらず、メールや手紙、学科科目や仕事のためのレポート、さまざまな用紙・書類など、実際の多様な日本語使用場面においてタスク遂行能力や場面処理能力が求められるようになるというわけである。

　実際使用における第二言語としての日本語能力を考える際には、プロフィシェンシーという概念が役に立つ。プロフィシェンシーの規定についてはさまざまあろうが、本章では「外国語がどれほどできるかを規定する概念(鎌田 2000: 197)」であり、「学習者が現在、ある外国語にどれだけ熟達しているか、その程度のことを指していて、『熟達』のように絶対的な最高のレベルを指しているわけではない(牧野 2001: 11)」という考え方を採り入れる。また、「OPIでは、コンピテンスとパフォーマンスを1つにして、パフォーマンスから言語能力を見る(牧野同書：19)」というが、この言語能力観で書く能力についても考えていきたい。

　アメリカ外国語教育協会(The American Council on the Teaching of Foreign Languages、以下ACTFL)の汎言語的プロフィシェンシー・ガイドラインは話、聴、書、読の各技能および文化技能に分かれている。牧野(1991)では、ACTFLによる口頭能力のプロフィシェンシー・ガイドラインによる4つの基準――(1)機能・タスク、(2)場面・内容、(3)正確さ、(4)テキスト・談話の型――に分け、さらに、(3)正確さを次の6つ――(ア)文法、(イ)語彙、

(ウ)発音、(エ)社会言語学的能力、(オ)言語運用能力、(カ)流暢さ——に下位分類して、表に整理している[1]。この表は、プロフィシェンシーを多元的に捉えた形で提示していて分かりやすい。ライティングについても、プロフィシェンシー・ガイドラインの記述内容をこの表に倣って、以下の表のように整理してみた。

ACTFL(2002)によると、ライティングの評価基準にも4つの柱がある。すなわち、(1)機能・タスク、(2)場面・内容、(3)正確さ、(4)談話の長さと構成である。口頭能力とよく似た構成になっているのが分かる。

正確さについても、牧野(1991)の表に倣い、下位分類しておく。ただし、「流暢さ」は書く能力にはあてはまりにくいので、「分かりやすさ」とする。

表1a　ACTFLライティングの評価基準(概要)

基準 レベル	機能・タスク	場面・内容	談話
超級(Superior)	考えや意見が言え、議論ができ、仮説が立てられる。複雑な状況の説明や詳しい語りができる。	ほとんどのフォーマル、インフォーマルな状況において、実用的、社会的、職業的なトピックについて、抽象的にも具体的にも、効果的に書くことができる。	拡張した談話。論理的な順序
上級(Advanced)	事実の語りや記述、要約、通信文を書くことができる。	日常的なインフォーマルあるいはいくつかのフォーマルな状況において書くことができる。	段落
中級(Intermediate)	簡単なメッセージや手紙、情報の要求やメモなど単純で実際的に書く状況が処理できる。	簡単な実用的な範囲で対応できる。個人的な興味や社会的に必要なトピックについて書くことができる。	ゆるやかにつながった文
初級(Novice)	リストやメモ、簡単な書式の用紙や書類に限られた定型的な情報を書くことができる。暗記した語句の使用に限られている。機能的な書く能力はほとんどない。	基本的な情報のやり取りはできる。	語

表 1b　ACTFL ライティングの評価基準（概要）

基準 レベル	正確さ		
	文法	語彙	表記
超級	一般的構文も特殊な構文もコントロールできる。時制やアスペクトを使いこなせる。	一般的な語彙も専門的な語彙も駆使できる。	一般的な綴りも句読点法も文字記号もコントロールできる。
上級	高頻度構文をよくコントロールできる。	一般的な語彙が使える。	綴りや句読点に間違いがある。
中級	基本的な構文が表せる。主に現在時制で書く。	限られた語彙が使える。	綴りや句読点に間違いが多い。
初級	語句のレベルなので、文法はないに等しい。	まる暗記した語句が書ける。	ある程度の正確さでよく知っている語句を見て書き写すことができる。

表 1c　ACTFL ライティングの評価基準（概要）

基準 レベル	正確さ		
	社会言語学的能力	言語運用能力	分かりやすさ
超級	多様な読み手に合わせて書くことができる。	自分の言わんとすることを効果的に表現できる。	読み手が混乱するような間違いはない。
上級	読み手を意識している。	言い換えや推敲ができる。	非母語話者の書いたものに慣れていない人でも理解できる。
中級	読み手のことを時折意識できる。	前後関係の整った文にしようとする意識はほとんど見られない。	非母語話者の書いたものに慣れている人が理解できる。
初級	コミュニケーションのために書く技術はない。	基礎的な情報が書ける。	非母語話者の書いたものに慣れている人でも理解するのが難しい。

　以上、ACTFLによるライティングの基準を見てきた。これはあくまでも汎言語的な記述であり、必ずしも日本語にぴったりと当てはまるわけではない。例えば、伝言メモや手紙を書く際にも対人関係や話題によって表現を選ばなければならないので、日本語においては、一見簡単そうなタスクでもかなり高度な社会言語学的能力が要求される。表1にあるように、これを中級レベルとするには実際上難しいこともある[2]。他にも、デス・マス体とダ・

デアル体の使い分けも容易ではない。今後は日本語の特質も考慮に入れたプロフィシェンシーの基準を整備していく必要があるだろう。

　一方で、上の基準は、プロフィシェンシーを多元的・包括的に捉えて学習者の日本語能力の開発を考える際には、分かりやすいものである。以下、表1を考察の基盤として暫定的に据えながら、実際に日本語を書く能力をどのように伸ばせばいいのかということを考えていきたい。

3. プロフィシェンシーを高めるための作文教育試案

　これまでの書く能力を高めるための日本語教育は、作文を学習者に書かせ、教師が添削して返却する形態で授業を行うことが多かった。評価やフィードバックのより望ましい方法についてはさまざまな研究もある（田中他 1998, 1999 など）。評価やフィードバックの方法は作文教育においてはたいへん重要な役割を果たすのであるが、本章では産出能力の開発・支援を考察の対象とし、教室における評価行動等の方法は中心におかないことにする。

　プロフィシェンシーを考える場合、現実生活での日本語がうまく書けるようになることが目標になる。となれば、日本語教室で行われている作文と実際使用の日本語をうまく結び付けることはできないのかと考えたくなる。そこで、本節では、「機能」概念を使って実際使用に結び付ける作文教育を考えてみたい。以下、機能の観点から見て、日本語の教室でよく行われている作文指導はどのように特徴づけられるのかを概観し、作文と実際使用の日本語と結び付けることは可能なのかどうかを考えてみたい。

3.1　実際の文書と機能

　手紙やメール、報告書、答案、授業科目のレポート、論文など、実際の文書にはどのような機能が含まれているのだろうか。機能という概念は、日本語教育の分野において多義的に使われているのだが、本節では、ACTFL が提示しているプロフィシェンシーの基準で用いられている発話行為としての機能をまず取り上げる。次に、より分析的に、文書の談話構成要素としての

機能を概観することにする。

　文書には数多くの種類がある。その中でも、手紙やメールの機能には様々な種類がある。例えば、感謝する、依頼する、断る、招待する、報告するなどがあるだろう。また、社内の研修報告書であれば、報告するのが主な機能である。授業科目の試験の答案にも様々な機能が含まれ得るが、用語を規定する、説明する、意見を述べるなどである。レポートも課題によって機能が異なるが、報告する、意見を述べるなどが多いだろう。

　次に、文書の談話構成要素としての機能を考えてみると、例えば手紙やメールで感謝する場合、挨拶を述べる、感謝の対象となる事実を述べる（〜をいただきまして）、感謝の言葉を述べる（まことにありがとうございました）、対象の有用性などに関して考えを述べる・心的態度を表明する（これからの毎日の生活に役立ちそうです・〜毎日の生活が楽しくなります）、対象の扱いについて希望を述べる（大事に使わせていただきたいと思います）、挨拶を述べる等々が含まれる。また、論文の本論部分のように事実に基づいて論じる文章であれば、事実を述べる、解釈を述べる、意見を述べる、予告する、まとめを述べる等が含まれる（浜田他 1997）。

　このように、文書の構成要素を機能で捉えることによって、その表現形式も一対一対応ではないものの、ある程度まで特定できるはずである。このことを念頭に置いて、次に、これまでの日本語教育で行われてきた作文を再考してみたい。

3.2　作文と機能

　作文はさまざまな題が与えられて書くことが多い。まず、例として、「私のふるさと」や「私の夢」というテーマの作文における「機能」について考えてみたい。

　機能を考えるにあたって、まず、なぜ日本語の教室では作文を書くのかということを問うてみたい。しばしば言われることは、漠然とではあるが、書く力をつけるためということのほかに、習った語彙や文型の定着のため、文脈の中でそれらを使うため、あるいは、近い将来そのテーマで話すのに役に立つように準備するためということである。特に、最後のそのテーマで話す

ことについては、日常的な会話やスピーチが想定されているのだろう。この場合、発話行為としての機能は、紹介・説明する等が中心になる。

さらに、文章の構成要素としての機能を考えると、「私のふるさと」であれば、予告する、事実を述べる、ふるさとに対する心的態度を表明する、誘う、等があげられるだろう。「私の夢」であれば、事実を述べる、好みなど心的態度を表明する、意図を表明する等になろう。

作文を単なる語彙や文型の定着目的に限らなければ、機能を重視した日本語産出の練習は可能であると考えられる。

3.3 機能重視の作文教育へ向けて

では、機能を重視した作文教育とはどのようなものなのだろうか。以下、やや古い資料だが、よくありそうな作文の例を示し、機能に基づいた作文指導について考えてみたい。

(1) 　三月二十五日に、関西留学生会館に入った<u>のである</u>。初めて寮に入った私は全然こわがらなかって、新しい経験を楽しみにしていた<u>のである</u>。多分その時に万博に来た親友がいて、荷物をまとめることと、引越しのことを手伝ってくれた<u>のだから</u>、一人ぼっちの気持ちをしなかった訳であろう。それにその時私はもう十カ月ぐらい日本に留学したので、大分なれて来て、自信があったのであろうと考えられる。寮の友達も皆親切にしてくれ、全然困ることがなかった<u>のである</u>。

　寮に入ってから一週間ぐらい新留生が入って来て、ちょうどその頃、帰国していった留学生と代ることになれた<u>のだ</u>。その結果、女性寮の賑しさが少しも減らず、一階と二階の女性のことだったらよく分かって、同じ廊下を使っている<u>のだ</u>からだ。簡単に大変賑やかで忙しい三階の女達だといえる。皆研究生で、二人の絵書き、一人の建築生、一人の社会生と一人の日本語学生の私だ。専門が変っていても、皆の興味が芸術の傾向で、知ることや、意見や考えなどの話合をよくするわけである。

　しかし寮で仲よく生活できることは、そういう訳からだけでない。

こんな人の多いところに利己主義や悲観主義を捨てなければならない。一人々々の性質や国の習慣などが違っているので、その人のほしい事もしたい事もやはり変っている<u>のだ</u>。こんな国際的な所に集まって生活する時に、時々お互に自分のほしい事かしたい事を犠牲にしなければならぬ。同時に何をしても他人に困る事か、じゃまになることかどうか考えなければならない事である。

　私はタイから来た時から日本人の家に入って、十カ月ぐらいそこに住んでいた<u>のだ</u>。いつもその家の人達に対して自分の家族の様に考えて、何をしても遠慮しなければならなかった。寮に入るとこの性質をもっといる様になって、人数が多い訳だ。先輩の目で新しい留学生の態度を見ている私は、1つの事を断定できた。

　それは、つまらない事や苦しい事などがあまり強く感応すると、どこにいても、どの国に行っても、毎日の生活がつまらなくなる<u>のだ</u>。

　ヨロッパーの留学生に、日本に生活する事は大変な事だ。しかし、二人のヨロッパーの絵書きが日本の事に対して同じ感応をもっていない。一人には何でもつまらない。彼女の目で、日本人が電車に乗るために他人を押す場合は失礼な事だ。天気や食物や寮の法則なども彼女には嫌な事だ。この世には多分彼女の楽しませる事がないと思う。

　その逆はもう一人の世を楽天的に見る事だ。楽しい事も、つまらない事も、彼女は楽しんでいつも笑える。回りの人々に大変いい影響になって世が明るく見える訳だ。

　日本は特別の習慣を持っている国で、大分の外国人にはなれにくい習慣だ。言葉もむずかしいし、人々も考え方や表現のし方や態度などが本当にわかりにくくて、張合いのない事な<u>のだ</u>。その結果、心の明るさが一番大事で、手に入れる事は必要だ。そうしないと日本はどうしても美しく、おもしろく見えない<u>のだ</u>。

（佐治 1976：資料 A、下線は筆者による）

　語彙レベルの誤用も見られるのだが、ここでは、文末形式に注目して考えてみたい。下線を引いた「〜のだ」について、佐治（1976）では、概略的説

明として以下のように述べている。

> 「のだ」はそれのついている述語の表す判断が状況や知識など何かの根拠によって確かに成り立つこと（確認的二重判断）を表すもので、その結果、「のだ」の文の全体が他の何かについての説明になっていることが多いと言ってよい。だから「のだ」の文が出てくるためには説明されるべき何か（前文とか、言外の状況とか、心中の判断とか）が存在していることが必要で、そういった前提のない①〜③（筆者注：(1)の1段落目）のような場合には「のだ」を付けるとおかしくなるのである。
>
> 佐治（1976: 201）

　「のである」が多用されている上の(1)の例は、かたい書き言葉では「のである」を使うように指導されている可能性もある。留学生だけでなく、中学生の時期から日本の学校に通い始めた帰国生徒・学生の書いた文章にもよく見られる例である。「のである」と「のだ」は機能の面では違いもあるが、本章では「のだ」の近似例として扱っておく。
　「のだ」については諸説あるが、上の引用では「説明されるべき何かの存在」の必要性で説明している。文法レベルではこのような説明が行われているのだが、ここでは、上述した機能の面から、作文の文末表現を考えてみたい。
　(1)の作文の題や形式は引用元には示されていないが、内容から推測すると、「日本の寮で暮らし始めてどう思ったか」といった感想文のようである。感想文と意見文は異なるのだが、文章の構成要素としての機能を考えると、次のように言えるのではないだろうか。感想文においては、エピソードなどを述べ、心的態度を表明する機能が文章の中心となる。学術的意見文においては、根拠となるデータを述べ、論理的結論を述べる。これらの前半は、ともに、事実を述べる文と言える。感想文の心的態度を表明する部分と意見文の論理的結論を述べる部分は、ともに、事実を述べてから、それに依拠しながら表す種類の文であり、それぞれ感想・感情を述べる機能の文、意見を述べる機能の文である。

プロフィシェンシーを考えると、上の作文の目的を単に感想を書き表すためとするのではなく、文の構成要素としての機能をも考えに入れれば、事実を述べる文とそれを根拠に感想・感情や意見を述べる文の産出練習になると考えられる。そうすると、(1)の「のだ」の誤用については、感想文や意見文において、事実を述べるときには、「のだ」は使わない方がよい[3]と指導することができるのではないだろうか。

　事実を述べる部分と意見や感想を述べる部分の書き分けは、大学などに在籍する学習者であれば、レポートや論文を書くことにも直結しやすく、実際使用の日本語を書くことにもつながると考えられる。

　さらに、感想文と意見文の書き分けも、特に学部レベルでは指導が必要となることもある。留学生に限ったことではないが、学部生の導入教育時期の場合、感想文と意見文の区別がついていない人も散見されるからである。例えば、講義を聞いた後で感想ではなく意見を書くように求めても、「びっくりした」「すごいと思った」などが文章の中心になっていることがある。加えて言えば、事実や事態を述べる文が文章構成のほとんどを占める報告文や解説文においては、事実を述べる文にも「のだ」を使うことがある[4]が、意見文における使い方の違いも示すことができるだろう。

　日本語教育の現場においては、単に感想文や意見文を書くように指示するだけでなく、文章の構成要素と表現形式の対応を考慮した作文指導がプロフィシェンシーを高めるために望ましいと考えられる。

　以上、作文を実際使用の日本語に結び付けるために、機能を重視した作文指導について「のだ」を例にして考えてみた。プロフィシェンシーを重視した作文にするために、単にテーマを提示するだけの作文から、具体的な場面設定をしたタスク型の文章産出活動への移行を提案したい。それを実現するためには、実生活上の文章の種類と、文章の構成要素としての機能およびその日本語表現の対応を分析した教材の開発が望まれる。

　次節では、プロフィシェンシーをより高めるための文章指導のポイントについて考えてみたい。

4. プロフィシェンシーをより高めるための日本語教育

　日本語を書くプロフィシェンシーをより高めるには、1節で見たプロフィシェンシー・ガイドラインにおける現在のレベルより、さらに上のレベルになるようにすることが基本である。そのためには、学習者の書く能力が現在どのレベルに該当するのかを見極め、次のレベルへつながるタスクを用意することになろう。

　表1には、「事実に基づく叙述や描写をする」「個人の経験を描写したり叙述したりする」「詳細に書く」などの記述がみられる。これらはcan-do statementsとして記載されているのだが、実際、どのように書けば「〜ができる」と評価されるのだろうか。本節では、単にガイドラインのレベルを一段階あげることだけを考えるのではなく、基準の中身のいくつかをより詳しく見ていくことによって、プロフィシェンシーを高めることを考えたい。

　ガイドラインが示している「〜ができる(書ける)」には「程度」があることを前提にして、「より良く〜ができる(書ける)」とは具体的にどのようなことかを作文標本を見ながら整理し、学習者のプロフィシェンシーをより高めるための日本語教育を、以下、考えていきたい。

4.1　読み手に対する意識―書くべき情報
　次の(2)の作文標本は、留学生が書いた就職活動における「自己PR」の文章例である。

(2)　去年の夏休みに入って、私は関西空港でアルバイトをしました。各異国からのお客様が沢山関西空港を使用していて、空港中に山ほどある仕事が分かれていました。その中で私が担当した仕事は空港内の案内人と荷物を運ぶ分野でした。初めは、非常に緊張していた自分は不安でいっぱいだったが、事前に案内のことについて先輩に教えてもらったり、どのように荷物を運んだりとかも勉強しました。

　　自分は北京語、台湾語、日本語3か国の外国語を話すことができて、そして簡単な英会話も少し話せます。接客という対人関係のある仕事

が得意であって、相手を喜んでもらうことや外国人との触れ合うことも大好きです。
　今の私にとって自分の一番得意なことをして、関西空港の中で自分が貢献できることを活躍したい。どうしてもこの業界で働きたい意志だけは何があっても自分のベストを尽くして、魂を捧げるぐらいお客様達の需要に答えて関西空港で働きたいです。

　(2)の自己PR文は、自分で思い描いた会社の就職活動場面で書く文章という想定である。就職活動における自己PR文には、どのような構成要素としての機能が含まれているのだろうか。この種の自己アピールする文章では、自分の経験を述べること、自分の取得している資格を述べること、それらを証拠として自分の特質(特に会社にとって役に立つ特質)を述べること、その会社で働く意欲を示すことは最低限必要な要素となるだろう。これらを機能に置き換えてみると、事実を述べる、能力を述べる、希望・意欲を表明するとなる。
　(2)の作文標本を検討してみよう。まず、文体が統一されていないことに気が付く。デス・マス体とダ・デアル体の混同が5行目や下から3行目で表れている。統一された文体にすべきである[5]。
　語彙や文文法レベルででも誤用が見られるのだが、ここでは、特に、機能面から不適切・不十分な日本語使用を捉えてみたい。
　希望する会社の仕事を既に体験していること、語学能力や性格など会社にとって役に立つ特質を述べていること、意欲を示していることは一応できているように見える。しかしながら、これで十分かというと決してそうだとは言えない。
　語学能力や性格などの特性は、資格や体験などの事実に基づいて述べなければ、根拠なしに書いているに過ぎない。自分のことを知らない人には、その情報が伝わらない。読み手が必要としている情報を予測して書かなければ、自己PR文において自分の持っている能力を表明できているとは言えない。
　最後の意欲を示す文は、希望を表明する文なのだが、「〜たいです」は小

学生が夢を語る文であればいいが、大人が職業上の希望を表明する文としては不適切で、「〜たいと考えています」等に直した方がいいだろう。書き手と読み手の社会関係を捉えて書かなければ、これも「できている（書けている）」とはみなされない。

　実際使用の文書には、ある特定の読み手が存在している。読み手が持っている情報、望んでいる情報によって、必要な情報を取捨選択し、提示しなければならない。また、社会関係を把握して表現を選択しなければ、「よくできる」ことにならないのである。

4.2　具体的・詳細に書く能力

　次も(2)と同様の自己PR文の作文標本である。

(3)　はじめまして。私は○○大学○○学部4年生である、ジョアン・スミスと申します。今回の北米地域マネージャー職務に応募させていただきありがとうございます。

　　　私は来日して、5年間になりました。アメリカ出身ですが、先祖はスペインと中国です。したがって、私は英語、日本語、スペイン語、中国語が話せますし、スペインと中国の文化を少しでも理解できるようになったと思います。アルバイトでも英語と日本語の通訳や翻訳をしています。

　　　以上のごとき、私は語学がよくできます。貴社にとっては英語や日本語が話せるのはおろか、スペイン語、中国語が話せる自分が大変役立つと思っております。そのため、条件を満たしている私はこの仕事にふさわしい人材だと思います。

　(3)も、先述した情報の不足が見られる。「したがって、私は英語、日本語、スペイン語、中国語が話せますし、〜」「以上のごとき、私は語学がよくできます」とあるが、先祖が何人であろうと、現在どれぐらい話せるのか、語学ができるのかは分からない。この場合、アルバイトをした事実は書いてあるのだが、そこで具体的にどのような通訳や翻訳をしたのかを詳しく

述べると読み手に伝わりやすくなり、より良い自己 PR 文になるだろう。

　学習者の書いた文章を読んでいると、しばしば、具体性・詳細性に欠けたものに出くわす。漠然としたことは書けても、それだけでは「できる」とはみなされない。日本語能力の問題というよりも、捉え方、認識の仕方の問題だと思われる。焦点を当ててより詳しく観察した結果を書いたり、部分を順に見ていったりすることもプロフィシェンシーをあげるために必要である。

　なお、最後の「そのため、条件を満たしている私はこの仕事にふさわしい人材だと思います」については、判断するのは読み手であり、書き手が断定するのは僭越なので、不適切と言えるだろう。これは前節の読み手を意識した書き方に属する問題点である。

4.3　理解語彙を使用語彙へ

　上で見た具体性と詳細性の問題は、観察力不足・認識力不足の問題と、第二言語としての日本語能力不足の問題、特に語彙・表現能力不足の問題との2 面があると考えられる。

　後者の語彙・表現能力不足については、読めば理解できるのだが、産出時にはすぐに出てこないという問題とも関係している。学習者の習得した語彙がどのように記憶されているかは十分研究が進んでいるわけではないが、学習者は語彙をカテゴリー化する際、基本レベルカテゴリーを学習者の日本語のレベルに応じて作り上げていると考えられる（由井 2003）。基本レベルの語彙とは、想起しやすい、意味範囲が広い、学習者が基本的と認識しているレベルの語彙である。意味範囲については必ずしも母語話者の言語体系と一致しているとは限らない。

　書く際に語彙が想起できない時、ストラテジーとして辞書を使用することもある。辞書から適切な語彙を選択するのもプロフィシェンシーのうちではある。しかし、本章では、一般的な辞書ではない、語彙・表現の能力を伸ばすための教材を次節で紹介し、理解語彙を使用語彙に持っていく 1 つの提案としたいと思う。

5. プロフィシェンシーを高めるための教材

　書くプロフィシェンシーを高めるには、3節で述べたように、いわゆる作文を実際使用の日本語に結び付ける教材開発が望まれる。また、4.1節で見たように、具体的な場面設定をした産出練習によって読み手を意識した練習も必要である。4.2節で見た具体性・詳細性の練習については、口頭能力では、例えば、OPIでインタビューをしながら、いつ、どこで、誰が、誰と、どのように、何を、どうしてのような疑問を投げかけたり、「それは具体的には？」などの突き上げをしたりすることができる。書く練習に置き換えると、添削時にそのようなコメントを書いて、再度書かせることも可能ではあろう。一方で、一回目に書いているときにそれらを意識するような教材開発も期待される。

　4.3節で述べた理解語彙から使用語彙に持っていく教材としては、学習者用のシソーラスが考えられる。具体性と詳細性については、類義語の並列使用や上位語・下位語の使い分けが有効だと考えられるからである。次の表2に示すのは、まだまだ改良の余地が残っている未完成の教材ではあるが、一例として示しておきたい。

　この教材は、小説や映画などの登場人物を一人決めてその人物がどのような人かエピソードを添えて紹介するという課題のときに使うものである。

表2　学習者用表現シソーラス（人物評価に関する語彙・表現

人物評価に関する語彙・表現
いい性格・好ましい性格
いい(人／方)　　素晴らしい　　立派な
好ましい(人物)　感じがいい　　好感の持てる　　気味がいい
明るい　　愛想がいい　　人当たりのいい
やさしい　　親切な　　人柄な　　思いやりのある
好青年　　好男子
面白い　　おかしい　　楽しい　　巧みな(話術)　　人を飽きさせない
おとぼけキャラの
賢い　　頭のいい　　頭脳明晰な　　(頭が)クリアな

目から鼻に抜けるような　　頭が切れる　　　切れ者　　頭の回転の速い
一を聞いて十を知る
才能がある／豊かな　　　才能に恵まれた
元気のいい　　　活発な　　　はきはきした(言い方)
勇気がある　　　　肝が太い／大きい　　　肝が据わっている　　　太っ腹な
度胸がある
おおらかな　　　おだやかな　　　温和な　　　親しみやすい
努力家　　　がんばり屋　　　コツコツ型の　　　　忍耐強い
我慢強い　　　気が長い　　　辛抱強い
勤勉な　　　　真面目な　　　几帳面な　　　慎重な　　　まめな
正直な
しっかりしている　芯の強い　　　理性的な　　　ゆるぎのない
思慮深い　　　分別のある
律儀な　　　誠実な　　　公平な　　　裏のない　　　裏表のない
情に厚い／深い　　　思いやりのある　　　家庭的な　　　世間ずれしていない
おとなしい
社会性のある　　　気が利く　　　気を配る(ことができる)
配慮の行き届いた　　細やかな心遣いのできる
人の気持ちを汲み取る　　　情に厚い　　　情の濃い(深い)　　　懐の深い
臨機応変に対応できる(機に臨み変に応ず)　　　よく気の回る
世渡り上手な
指導力がある)　　押さえが利く
(あちこちに)顔が利く　　　顔が広い　　　気前のいい
さっぱりした　　　竹を割ったような　　　はっきりした
単純な　　わかりやすい　　ナイーブな　　素朴な　　無邪気な
うぶな　　　純粋な
素直な　　　気が置けない(友人)　　付き合いやすい　　　気の合う
社交的な
気さくな　　　おしゃべりな　　　ざっくばらんな　ユーモラスな
積極的な
襟を抜いて／胸襟を開いて語り合える　　　信頼できる
まともな(考え方をする)　　　ポジティブ思考の
フレキシブルな／柔軟な考え方をする
プロフェッショナルな仕事の仕方をする　　　責任感の強い　正義感の強い
楽観的な　　　溌剌とした　　　陽気な　　　愛嬌のある
ナイスガイ　　　人懐っこい
神様のような　　仏のような　　徳の高い　　霊性の高い　　慈悲深い
慈愛に満ちた(眼差しの)
奉仕精神旺盛な　　　心の清い　　　嘘のつけない　　　禁欲的な　　信心深い
カリスマ性のある

┌─────────────────────┐
│ ちょっと変な性格 │
└─────────────────────┘

大袈裟な　　　奇を衒ったような(服を着た)　　　目立ちたがり屋
気を引こうとする

ふざけた　　新しがり屋　　飽きっぽい
とっちゃんぼうや（みたいな人）　　現実的な
過激なことを言う　　回りくどい（言い方）　奥歯に衣着せた言い方をする
理屈っぽい　　理屈屋　　皮肉屋　　得意げに（話す）
アグレッシブな　　青臭い
個性的　　凝り性の　　凝り屋　　完ぺき主義の　　理想主義の
うれしがり屋
照れ屋　　恥ずかしがり屋　　はにかみ屋　　澄まし屋　　内気な
おどおどした　　人見知りする　　内向的な　　引っ込み思案の
殻に閉じこもった　　世間が狭い　　付き合いにくい
世話好きの　　世話焼きの　　お節介な　　おしゃべりの
気が若い
気が多い　　移り気な　　何でも屋
せっかちな
暢気な
無頓着な　　面倒くさがり屋　　㊟ずぼらな
〜なのが／するのが玉に瑕　　　　がさがさした
気を回しすぎの　　くよくよする　　よく気に病む　　神経質な
潔癖症の
豪傑の　　熱血漢の　　血の気の多い　　型破りな
おめでたい
変人　　天邪鬼な　　へそ曲がりの　　無骨な　　がさつな
ワイルドな　　あくの強い

> 悪い性格・嫌われやすい性格

あくどい　　浅ましい　　下品な　　㊟えげつない（ことをする）
卑怯な　　ずるい　　悪賢い
阿漕な　　抜け目のない　　ちゃっかりした　　笠に着る
恩着せがましい
愛想がない　　愛想の悪い　　暗い　　陰気な　　むっつり屋
気難しい　　気に障る
厚かましい　　ずうずうしい　　かわいげのない　　生意気な
呆れた　　付き合いの悪い
執念深い　　恨みがましい　　ねっちりした　　執着心の強い
いい加減な　　だらしない　　わがままな　　人の言うことを聞かない
聞く耳を持たない　　分からず屋　　意地っ張りな
石頭の　　頭が固い　　強情な　　偏屈な　　コチコチ頭の
話のわからない　　頑固な
きつい　　厳しい　　気の強い　　強情な　　融通が利かない
憎たらしい　　人に牙を剥く　　意地悪な
うそつきの　　大口をたたく　　人の悪口を言う
思わせぶりな言い方をする
見栄っ張りの　　二枚舌の　　表裏のある　　腹を見せない
腹黒い　　気を許せない

けちな　　　金に細かい　　　倹約家の　　　しまり屋
しみたれた　　　計算高い
勘定高い　　　浅ましい　　　欲張りな　　　金に汚い　　　さもしい
始末屋　　　せこい　　　したたかな　　　打算的な
(〜だと)決めてかかる　　　思い込みの強い／激しい
冷たい　　　息の詰まる　　　杓子定規な　　　気詰まりな　　　堅物の
堅苦しい
気が荒い　　　乱暴な　　　荒くれの
嫉妬深い　　　人の足を引っ張るようなことをする　　　ひどいことをする
根性悪な　　　性根の腐った　　　穢(きたな)い　　　腹黒い　　　卑劣な
よこしまな
自己愛の強い　　　利己主義の　　　自己チューの　　　自己中心的な
わがままな
軽率な　　　ふざけた　　　雑な(考え方／やり方)
気が短い　　　怒りっぽい　　　消極的な
興を醒ますようなことを言う
虚に乗ずる(相手の油断につけこむ)ようなことをする
嫌がらせをする　　　風上にも置けない　　　たちが悪い
駄目な　　　ひどい　　　箸にも棒にもかからない
手がつけられない
生意気な　　　無神経な　　　柄の悪い　　　育ちの悪い　　　卑賤な
㊛いけずな　　　人でなし　　　残酷な　　　情け容赦もない　　　極悪非道の
悪の権化
いじけた　　　拗ねた　　　僻んだ
悪魔のような　　　鬼のような　　　無慈悲な

|頼りない性格|

駄目な　　優柔不断な　　　あいまいな　　　あやふやな(態度)
はっきりしない
歯がゆい　　　生温い　　　しまらない　　　情けない　　　うじうじした
お人好し　　　だまされやすい　　　しんねりむっつりした
気が小さい　　　気の弱い　　　肝が小さい　　　腰抜けの　　　小心者
ぐずぐずしている　　　もたもたしている　　　のろのろしている
のろま

|外見・態度・雰囲気・置かれている状況について|

かわいそう　　　哀れな　　　気の毒な
気持ち悪い　　　㊛㊓きもい　　　むさくるしい
粋な　　　格好いい　　　おしゃれな　　　しゃれている　　　雰囲気のある
甘い(マスク)　　　魅力的な
水も滴るいい男／女　　　水の滴るような　　　色気のある
㊓フェロモンプンプン
エレガントな　　　ゴージャスな　　　上品な
渋い　　　貫禄がある　　　どっしりしている　　　威厳がある

```
押し出しのいい
いかめしい    にらみが利く    毅然とした    どんと構えた
堂々とした
気高い   ノーブルな   高潔な    高貴な   やんごとない
清々しい
```

表2の特徴は、品詞・分析単位にこだわらずに慣用的フレーズも含め、機能の面から語彙・表現を整理し、提示していることである。もちろん、心内辞書の開発に役に立つように、さらに整理を進め、類義、対義、包摂等々関係付けをして提示したほうがよいし、例文もあったほうがよい。

使い方の例としては、課題をいったん書かせ、特に人物評価に関する表現をマークして返却する。そして、類義表現の並列表記や上位語と下位語の関係を考えた上で、表現を選択し、2回目に、より詳細に・具体的に書く練習をするという方法を取ることができる。

このシソーラスは、上級レベルのものであるが、さらに、レベルに応じた学習者用シソーラス作りが必要となるのは言を俟たない。さらに、この教材によって、自己評価する際に使える表現と、他者評価の際に使える表現の違いも指導できる。

類義表現の使い分け能力は、より高いレベルで話す能力の基盤にもなると考えられるので、書く能力から日本語能力全般へと広げることも期待できる。

6. おわりに

以上、書く能力について、プロフィシェンシーに基づいて見てきた。これまでの作文のように、単に語彙や文型の正確な産出を求めるだけでなく、実際使用に結び付ける作文教育のあり方の試案を示した。

また、プロフィシェンシーを高めるための日本語教育についても、特に、情報提示のあり方と具体性と詳細性を高める指導に関して概観してきた。本章で扱ったのは、プロフィシェンシーのうちの一部分であり、他にも、社会言語学的能力である丁寧さなども日本語では特に大切に扱わなければいけな

い事項である。

　今後は、さらに書くプロフィシェンシーをくまなく検討し、バランスよく学習者の日本語能力が伸ばせるような教材開発を試みていきたい。

注

1　牧野(2001: 18–19)の改訂版の表は以下の通り

判定の基準(概要)

	機能・タスク	場面／話題	テキストの型
超級 (Superior)	裏付けのある意見が述べられる。言語的に不馴れな状況に対応できる。	フォーマル／インフォーマルな状況で、抽象的な話題、専門的な話題を幅広くこなせる。	複段落
上級 (Advanced)	詳しい説明・叙述ができる。予期していなかった複雑な状況に対応できる。インフォーマルな状況で具体的な話題がこなせる。	フォーマルな状況で話せることもある。	段落
中級 (Intermediate)	意味のある陳述・質問内容を、模倣ではなくて創造できる。サバイバルのタスクを遂行できるが、会話の主導権を取ることはできない。	日常的な場面で身近な日常的な話題が話せる。	文
初級 (Novice)	機能的な能力がない。暗記した語句を使って、最低の伝達などの極めて限られた内容が話せる。	非常に身近な場面において挨拶を行う。	語、句

正確さ

	文法	語彙	発音
超級 (Superior)	基本構文に間違いがまずない。低頻度構文には間違いがあるが伝達に支障は起きない。	語彙が豊富。特に漢語系の抽象語彙が駆使できる。	だれが聞いてもわかる。母語の痕跡がほとんどない。
上級 (Advanced)	談話文法を使って統括された段落が作れる。	漢語系の抽象語彙の部分的コントロールができる。	外国人の日本語に慣れていない人にもわかるが、母語の影響が残っている。
中級 (Intermediate)	高頻度構文がかなりコントロールされている。	具体的で身近な基礎語彙が使える。	外国人の日本語に慣れている人にはわかる。
初級 (Novice)	語・句のレベルだから文法は事実上ないに等しい。	わずかの丸暗記した基礎語彙や挨拶言葉が使える。	母語の影響が強く、外国人の日本語に慣れている人にもわかりにくい。

正確さ（つづき）

	社会言語学的能力	語用論的能力（ストラテジー）	流暢さ
超級 (Superior)	くだけた表現もかしこまった敬語もできる。	ターンテイキング、重要な情報のハイライトの仕方、間のとり方、相づちなどが巧みにできる。	会話全体が滑らか。
上級 (Advanced)	主なスピーチレベルが使える。敬語は部分的コントロールだけ。	相づち、言い換えができる。	ときどきつかえることはあるが、一人でどんどん話せる。
中級 (Intermediate)	常体か敬体のどちらかが駆使できる。	相づち、言い換えなどに成功するのはまれ。	つかえることが多いし、一人で話し続けることはむずかしい。
初級 (Novice)	暗記した待遇表現だけができる。	語用論的能力はゼロ。	流暢さはない。

2　由井(2005)等にはメモの例がある。
3　浜田他(1997)、名嶋(2003)参照。
4　ジャーナリスティックな文章における意見文と学術的な文章における意見文では「のである」「のだ」の使用に関して違いがあるので、文章の種類には注意を払う必要がある。

5 　書き言葉における文体の使い分け基準は、話し言葉とは違い、フォーマルかカジュアルかというだけではなく、読み手へ直接語りかけるタイプか、それとも自己の思想や事態のまとめを読み手が読み解いていくタイプかなどによる。社内の研修報告書のように、デス・マス体で書く語りかけの部分と、ダ・デアル体で書く事実の要約・報告部分とが、一枚の文書の中に両方が入っているものもあるので、文書の種類によって、どちらが望ましいかを学習者に示さなければならない。

参 考 文 献

鎌田(2000)「OPI(オーラル・プロフィシェンシー・インタビュー)」鎌田修・川口義一・鈴木睦編著『日本語教授法ワークショップ』凡人社

神尾暢子(1989)「文章の種類」山口佳紀編『講座日本語と日本語教育第5巻　日本語の文法・文体(下)』明治書院

佐治圭三(1976)「作文指導」国立国語研究所『国語シリーズ別冊4日本語と日本語教育(文字・表現編)』大蔵省印刷局

田中真理・坪根由香里・初鹿野阿れ(1998)「第二言語としての日本語における作文評価基準——日本語教師と一般日本人の比較——」『日本語教育』96号

田中真理・初鹿野阿れ・坪根由香里(1999)「第二言語としての日本語における作文評価———「いい」作文の決定要因——」『日本語教育』98号

名嶋義直(2003)「いわゆる『論述文』におけるノダの使用条件—学習者の作文を中心に—」『日本語教育』118号

浜田麻里・平尾得子・由井紀久子(1997)『大学生と留学生のための論文ワークブック』くろしお出版

牧野成一(1991)「ACTFLの外国語能力基準およびそれに基づく会話能力テストの理念と問題」『世界の日本語教育』第1号　国際交流基金日本語国際センター

牧野成一(2001)「OPIの理論と日本語教育」牧野成一他『ACTFL-OPI入門—日本語学習者の「話す力」を客観的に測る—』アルク

由井紀久子(2003)「日本語学習者の語彙選択」『ヨーロッパ日本語教育：第7回ヨーロッパ日本語教育シンポジウム報告・発表論文集』7号(ヨーロッパ日本語教師会・ハンガリー日本語教師会)

由井紀久子(2005)「書くための日本語教育文法」野田尚史編『コミュニケーションのための日本語教育文法』くろしお出版

ACTFL(2002)ACTFL Writing Proficiency Test Familiarization and ACTFL Proficiency Guidelines-Writing(Revised 2001), ACTFL Writing Proficiency Test.

あとがき

　本書は「プロフィシェンシーの自立と発展」をテーマに 10 編の論文を「プロフィシェンシーとは何か」「プロフィシェンシーのインパクト」「プロフィシェンシーと教室活動」という三部構成にしてまとめたものである。折しも、日本語教育界はアメリカ、ヨーロッパにおける外国語教育の影響から「日本語能力試験」の見直しを行い、従来の学習時間数や教科書準拠の能力規定ではなく、コミュニケーション上の課題遂行能力に基づいたレベル設定 (N1 〜 N5) を始める。これは、まさしく、本書がミクロ的、かつ、マクロ的に直視してきたプロフィシェンシーという概念の具現化のひとつと言って差し支えないであろう。本書に第四部を加えるならば、「プロフィシェンシーの具現化」というタイトルになるであろうが、それは次の企画としたい。

　思えば、本書のきっかけとなった 2006 年 6 月の南山大学日本語教育シンポジウム『プロフィシェンシーと日本語教育』から、はや、3 年が経とうとしている。その間、編者の一人は第一子を授かり、別の一人は最愛の伴侶を見つけ、最年長の一人は還暦を迎えた。めでたいことである。本書の完成に一方ならぬお世話をいただいたひつじ書房房主松本功さんと編集担当の森脇尊志さんに心からお礼を申し上げたい。

2009 年春

編者一同

執筆者紹介（掲載順、＊は編者）

＊鎌田 修（かまだ おさむ）南山大学人文学部・人間文化研究科教授
『日本語の引用』（ひつじ書房、2000）、「KY コーパスとこれからの日本語教育」（『日本語教育』130 号、2006）、「直接引用句の創造」（『言語』38 (2)、2007）、『プロフィシェンシーを育てる―真の日本語能力をめざして』（凡人社、2008、共編著）

坂本 正（さかもと ただし）南山大学人文学部・人間文化研究科教授
『多様化する言語習得環境とこれからの日本語教育』（スリーエーネットワーク、2008、共著）、『The JET Programme Japanese Language Course Intermediate Level Book 1~6』（財団法人自治体国際化協会、2008、共著）

宇佐美まゆみ（うさみ まゆみ）東京外国語大学大学院総合国際学研究院教授
『言葉は社会を変えられる』（明石書店、1997、編著）、Discourse politeness in Japanese conversation: Some implications for a universal theory of politeness. (Hituzi Syobo, 2002)、「ポライトネス理論研究のフロンティア―ポライトネス理論研究の課題とディスコース・ポライトネス理論」（『社会言語科学』11 (1)、2008）

春原憲一郎（はるはら けんいちろう）財団法人海外技術者研修協会理事兼 AOTS 日本語教育センター長
『日本語教師の成長と自己研修―新たな教師研修ストラテジーの可能性をめざして』（凡人社、2006、共編著）、『移動労働者とその家族のための言語政策―生活者のための日本語教育』（ひつじ書房、2009、編著）、『こどもにほんご宝島』（アスク、2009、監修）

嶋田和子（しまだ かずこ）イーストウエスト日本語学校副校長
「日本語学校におけるアカデミック・ジャパニーズ―予備教育の新たな取り組み」（『アカデミック・ジャパニーズの挑戦』、ひつじ書房、2006）、『目指せ、日本語教師力アップ！―OPI でいきいき授業』（ひつじ書房、2008）、『プロフィシェンシーを育てる―真の日本語能力をめざして』（凡人社、2008、共編著）

迫田久美子(さこだ くみこ) 広島大学大学院教育学研究科教授
『日本語教育に生かす第二言語習得研究』(アルク、2002)、『講座・日本語教育　第3巻　言語学習の心理』(スリーエーネットワーク、2006、編著)、『プロフィシェンシーを育てる―真の日本語能力をめざして』(凡人社、2008、共編著)

*堤 良一(つつみ りょういち) 岡山大学大学院社会文化科学研究科准教授
『やわらかアカデミズムシリーズ　よくわかる　学びの技法』(ミネルヴァ書房、2003、共著)、「文脈指示における指示詞の使い分けについて」(『言語研究』122号、日本言語学会、2002)、「談話中に現れる間投詞アノ(ー)・ソノ(ー)の使い分けについて」(『日本語科学』23号、国立国語研究所、2008)

*山内博之(やまうち ひろゆき) 実践女子大学文学部国文学科教授
『OPIの考え方に基づいた日本語教授法―話す能力を高めるために』(ひつじ書房、2005)、『誰よりもキミが好き！―日本語力を磨く二義文クイズ』(アルク、2008)、『プロフィシェンシーから見た日本語教育文法』(ひつじ書房、2009)

ボイクマン総子(ぼいくまん ふさこ) 筑波大学留学生センター非常勤講師
『生きた素材で学ぶ　中級から上級への日本語』(The Japan Times、1998、共著)、『聞いて覚える話し方　日本語生中継　初中級編1』(くろしお出版、2006、共著)、『ストーリーで覚える漢字300』(くろしお出版、2008、共著)

由井紀久子(ゆい きくこ) 京都外国語大学外国語学部教授
『大学生と留学生のための論文ワークブック』(くろしお出版、1997、共著)、「書くための日本語教育文法」(『コミュニケーションのための日本語教育文法』、くろしお出版、2005)、「見出しの文末形式の意味」(『日本語の教育から研究へ』、くろしお出版、2006)

プロフィシェンシーと日本語教育

発行	2009年5月22日　初版1刷
定価	5600円＋税
編者	©鎌田 修・山内博之・堤 良一
発行者	松本 功
装丁者	上田真未
印刷所	三美印刷株式会社
製本所	田中製本印刷株式会社
発行所	株式会社 ひつじ書房
	〒112-0011 東京都文京区千石 2-1-2 大和ビル 2F
	Tel.03-5319-4916 Fax.03-5319-4917
	郵便振替 00120-8-142852
	toiawase@hituzi.co.jp　http://www.hituzi.co.jp

ISBN978-4-89476-424-8

造本には充分注意しておりますが、落丁・乱丁などがございましたら、小社かお買上げ書店にておとりかえいたします。ご意見、ご感想など、小社までお寄せ下されば幸いです。